D1878699

निराला

[आलोचना]

राधाकृष्ण प्रकाशन

निराला

रामविलास शर्मा

ISBN : 978-81-7119-285-4

निराला (आलोचना)
© संतोष शर्मा

पहला (राधाकृष्ण) संस्करण : 1991
नौवाँ संस्करण : 2023
This book is printed on **Print on Demand** Technology : 2025
मूल्य : ₹595

प्रकाशक
राधाकृष्ण प्रकाशन प्राइवेट लिमिटेड
जी-17, जगतपुरी, दिल्ली-110 051

शाखाएँ : अशोक राजपथ, साइंस कॉलेज के सामने, पटना-800 006
पहली मंजिल, दरबारी बिल्डिंग, महात्मा गांधी मार्ग, प्रयागराज-211 001
1, अनमोल सोराबजी संतुक लेन, धोबी तलाव, मरीन लाइंस, मुम्बई-400 002
वेबसाइट : www.radhakrishnaprakashan.com
ई-मेल : info@radhakrishnaprakashan.com

NIRALA
Criticism by Dr. Ram Bilas Sharma

इस पुस्तक के सर्वाधिकार सुरक्षित हैं। प्रकाशक की लिखित अनुमति के बिना इसके किसी भी अंश को, फोटोकापी एवं रिकॉर्डिंग सहित इलेक्ट्रॉनिक अथवा मशीनी, किसी भी माध्यम से, अथवा ज्ञान के संग्रहण एवं पुन:प्रयोग की प्रणाली द्वारा, किसी भी रूप में, पुनरुत्पादित अथवा संचारित-प्रसारित नहीं किया जा सकता।

गढ़ाकोला, मगड़ायर

और

ऊँचागाँव

के

साहित्य-प्रेमियों को

क्रम

प्रथम संस्करण की भूमिका

मुझसे कई लोगों ने पूछा कि निराला पर पुस्तक लिखने की क्या ज़रूरत है? यहाँ पर संक्षेप में मैं इस प्रश्न का उत्तर दे दूँ। यह सभी लोग जानते हैं कि उनका व्यक्तित्व एक उपन्यास के अच्छे-खासे हीरो का-सा है। उसमें काफी वैचित्र्य और नाटकीयता है। इसलिए उनके जीवन पर एक बड़ी रोचक पुस्तक लिखी जा सकती है। लेकिन ऐसी पुस्तक लिखना मेरा उद्देश्य नहीं है और न शायद उसे लिखने का अभी समय आया है। फिर भी उनके जीवन के एक संक्षिप्त अध्ययन से हमारे सामाजिक संगठन की असंगतियाँ, उसकी रूढ़िप्रियता और उसका खोखलापन बहुत-कुछ समझ में आ जाएगा। उनकी चिन्ताजनक परिस्थिति से अधिकांश पाठक परिचित होंगे। इसका उत्तरदायित्व सबसे पहले हमारी समाज-व्यवस्था पर है। उनका जीवन प्रत्येक सहृदय व्यक्ति के लिए एक चुनौती है कि वह इस सड़ी-गली व्यवस्था का अन्त करके एक नये समाज का निर्माण करे।

यह भी सभी लोग जानते हैं कि छायावाद के प्रवर्तकों में उनका अन्यतम स्थान है। प्रत्येक नये साहित्यिक आन्दोलन की तरह छायावाद का भी ज़ोरों से विरोध हुआ। उसकी प्रतिध्वनि अब भी पत्र-पत्रिकाओं में जब-तब सुनाई पड़ जाती है। विरोधियों में अधिकतर वे लोग रहे हैं जो पुराने साहित्य के समर्थक थे और एक पिटी हुई लीक छोड़कर साहित्य में नये प्रयोग करना प्राचीनता का अपमान समझते थे। इस विरोध में निराला को केन्द्र बनाया गया। उस साहित्यिक आन्दोलन और उस व्यक्तित्व में अवश्य ही कुछ ऐसी क्षमता होगी जिससे कि इन पुरानपंथियों के दल में खलबली मच गई और वे नये साहित्यिक प्रयोगों का प्राणपण से विरोध करने लगे। आज यह अत्यन्त आवश्यक है कि हम छायावादी कवियों के इस पक्ष की ऐतिहासिक दृष्टि से छानबीन करें। इस तरह की समीक्षा के बिना हम अपनी परम्परा की कड़ियाँ न जोड़ सकेंगे और न हमारे नये साहित्य का आन्दोलन सही प्रगति कर सकेगा। इसके साथ यह भी याद रखना चाहिए कि छायावाद में ऐसी असंगतियाँ भी थीं जिनसे उसका मार्ग अवरुद्ध हो गया। उसके कर्दममय जल में कुछ साहित्यिक अब भी तैरकर पार लगने का वृथा प्रयास कर रहे हैं। यह नहीं कहा जा सकता कि छायावाद की पतनोन्मुख प्रवृत्तियों से हिन्दी का नया साहित्य

अपनी रक्षा कर पा रहा है। घुन की तरह वे भीतर-ही-भीतर साहित्य के वट वृक्ष को खाती जा रही हैa। वह वृक्ष इस रोग का निदान किये बिना पृथ्वी-वायु से पूर्ण जीवनीशक्ति नहीं पा सकता। इसलिए छायावाद का प्रगतिशील पक्ष और इसके साथ उसकी पतनोन्मुख प्रवृत्तियाँ—इन दोनों की तुलना और मूल्यांकन की आवश्यकता है।

पिछले दस वर्षों में छायावाद के अनेक प्रसिद्ध लेखक काल्पनिक साहित्य की रचना से मुँह मोड़कर समाज के यथार्थ जीवन की ओर झुके और साहित्य में एक नई प्रगतिशील धारा के अगुआ बने—यह बात भी हिन्दी के पाठकों से छिपी नहीं है। इन कवियों में निराला और पंत का कार्य मुख्य है। 'सुधा' में 'देवी' और 'चतुरी चमार' लिखकर निराला जी ने अपने गद्य में साहित्य की नई दिशा की ओर संकेत किया था। कुछ दिन बाद पंत जी ने इलाहाबाद से 'रूपाभ' निकाला था और वह नये साहित्य का मुखपत्र बन गया था। निराला जी इसमें बराबर लिखते थे और इनके सहयोग से नये लेखकों को अपना नया मार्ग पहचानने में सहायता मिली। तब से वह क्रम टूटा नहीं है। गद्य और पद्य, दोनों में ही वे निरन्तर प्रयोग करते रहे हैं। छायावाद से उत्तरकाल की इन रचनाओं का मूल्यांकन करना और शेष नये साहित्य में उसका स्थान निर्धारित करना आवश्यक है। बहुत-से आलोचक उनके नये प्रयोगों को वैसे ही हँसकर उड़ा देना चाहते हैं जैसे किसी समय उनके पूर्ववर्ती समालोचकों ने उनकी छायावादी रचनाओं को उड़ाना चाहा था। इसके विपरीत उनके कुछ प्रयोगों को हम अपना नया साहित्यिक आदर्श मान बैठे, तो भी लाभ के बदले हानि ही ज़्यादा होगी।

ऊपर की आवश्यकताओं का ध्यान रखते हुए मैंने यह पुस्तक लिखने की चेष्टा की है। जीवनी वाले भाग में मैंने उन अंशों पर ज़्यादा ज़ोर दिया है जिनका सम्बन्ध उनके साहित्य से अधिक है। वह दो युगों के प्रतिनिधि साहित्यकार हैं। विषम परिस्थितियों में उन्होंने साहित्य की साधना की है। उनका संघर्षमय जीवन हम नये साहित्यिकों के लिए एक चिरन्तन प्रेरणा है। सन् '34 से अब तक उनके जीवन-प्रवाह और साहित्य-सर्जन को मैं यथेष्ट मनोयोग से देखता रहा हूँ। बारह वर्ष तक इतने निकट सम्पर्क में रहने के कारण उन पर पूर्ण तटस्थता से लिखना मेरे लिए प्राय: असम्भव है। फिर भी साहित्य के हित को ध्यान में रखते हुए मैंने यही प्रयास किया है कि कहीं उनकी अनुचित प्रशंसा न हो और कहीं भी उनके साहित्य की कमज़ोरियों पर पर्दा डालने से हमारी नई साहित्यिक प्रवृत्तियों का अनहित न हो। यह कहने की ज़रूरत नहीं कि उनकी रचनाओं का उचित स्थान निर्देशन करने में मेरा हृदय नि:शंक रहा है।

निराला जी के मित्रों की संख्या बहुत बड़ी है। उनमें अधिकांश से निराला जी के जीवन और साहित्य के बारे में बहुत-सी बातें मालूम हुई हैं। उनके अलग-अलग नाम न लेकर यहाँ मैं एक साथ ही उनके प्रति अपनी कृतज्ञता प्रकट करता हूँ।

निराला जी के साहित्य और व्यक्तित्व के बारे में सबसे अधिक जानकारी उन्हीं से हुई है। उनके सिवा उनके सम्बन्धियों से भी मुझे बहुत-सी बातें मालूम हुई हैं। इनमें निराला जी की स्नेहमयी सासुजी का उल्लेख करना आवश्यक है जिनके हृदय में अपनी युवती कन्या की स्मृति इस तरह सुरक्षित है मानो उन्होंने उन्हें कल ही विदा किया हो। साहित्य संसार से दूर विश्व के प्रकाश में न आनेवाली हमारे गाँव की वीर नारियों की वह प्रतीक हैं। वैधव्य के गाढ़े दिन काटते हुए उन्होंने कवि के पुत्र श्री रामकृष्ण और पुत्री स्वर्गीया सरोज का लालन-पालन किया और इस प्रकार कन्या के निधन होने पर वे कवि को जीवन का कठिन भार वहन करने में सहायता देती रहीं। धीरता, शील और सौम्यता की इस मूर्ति के बिना निराला जी का जीवन क्या होता, उनकी कठिनाइयाँ कितनी बढ़ जातीं, उनके रचना-कार्य में और कितनी विघ्न-बाधाएँ आ खड़ी होतीं, यह कहना कठिन है। यह तो निर्विवाद है कि द्वेष और विरोध की ज्वाला से बचकर निराला जी को डलमऊ में बराबर स्नेह की शीतल छाया मिली है। इसके लिए निराला-साहित्य का प्रत्येक पाठक उस जननी के प्रति, जिसने निराला को उसके जीवन की सबसे बड़ी कविता दी, कृतज्ञ रहेगा।

पुस्तक समाप्त करते हुए मुझे समाचार मिला कि इस वीर माता की एकमात्र जीवित संतान श्री रामधनी द्विवेदी का दीर्घकालीन रुग्णता के बाद शरीरान्त हुआ। वृद्धावस्था में अनेक कष्टों के बाद उन्हें यह पुत्र का बिछोह भी सहना पड़ा। कोई आश्चर्य नहीं कि निराला जी एकाएक डलमऊ छोड़कर बाहर निकल गए। मुझे विश्वास है कि यह दुखिनी माँ और स्वयं निराला जी इन कठोर प्रहारों को वैसे ही सहन करेंगे जिस तरह उन्होंने जीवन में अन्य प्रहारों को सहा है। जिसने 'दुख का मुँह देखते-देखते उसकी डरावनी सूरत को बार-बार चुनौती' देने की बात लिखी थी, वह विपत्तियों से टूट नहीं सकता; हम सदैव उससे नई प्रेरणा, नई दृढ़ता और नये उत्साह का साहित्य पाने की आशा कर सकते हैं।

—रामविलास शर्मा

आगरा
अक्तूबर, 1946

द्वितीय संस्करण की भूमिका

यह पुस्तक आठ-नौ साल पहले लिखी गई थी। तब से अब तक देश और साहित्य में अनेक परिवर्तन हो चुके हैं। भारत अब उपनिवेश न रहकर अर्द्ध-उपनिवेश हो गया है; अंग्रेज़ों का शासन यहाँ नहीं है यद्यपि यह जर्जर सामन्ती ढाँचा अब भी है जिससे निराला-साहित्य का घनिष्ठ सम्बन्ध है। साहित्य-संसार में निराला की विजय अब असन्दिग्ध है। वह साहित्य-प्रेमियों के हृदय में तो पहले ही घर कर चुका था; अब उसने विश्वविद्यालयों के हिन्दी शिक्षा-नवीसों का हृदय भी छू लिया है। विद्यामन्दिरों के द्वार उसके लिए भी खुल गए हैं। यह हर्ष की बात है।

निराला हमारे युग के हैं, इस युग के बहुत निकट हैं। उनका मूल्य आँक सकना अभी कठिन है; कितना कठिन, यह आजकल उनके स्वास्थ्य और उस स्वास्थ्य के प्रति हिन्दी और देश के कर्णधारों के रुख को देखकर समझा जा सकता है। निराला जी बहुत दिन से शारीरिक और मानसिक रूप से अस्वस्थ हैं, बहुत आन्दोलन करने पर उनके लिए शासन की ओर से बहुत थोड़ा-सा धन व्यय किया जाने लगा है। वह धन बहुत ही अपर्याप्त है; इसके सिवा उनकी देखभाल की भी कोई व्यवस्था नहीं है। शासन की उदासीनता से अधिक दुखदायी प्रयाग के साहित्यकारों की उदासीनता है जो निराला के लिए एक होकर कदम नहीं उठा पाए। हिन्दी-प्रेमियों से निवेदन है कि वे अपने युग-निर्माता कलाकार को तिल-तिलकर घुलने न दें; वे संगठित होकर एक दशक आन्दोलन चलाएँ जिससे शासन को बाध्य होकर उनकी परिचर्या का उचित प्रबन्ध करना पड़े।

पुस्तक में जहाँ-तहाँ थोड़ा-बहुत संशोधन किया है, अन्त में 'जीवन-दर्शन और कला' पर एक अध्याय और जोड़ दिया है। इस पुस्तक को लिखने का मूल उद्देश्य यह रहा है कि साधारण पाठकों तक निराला-साहित्य पहुँचे; दुरूहता की जो दीवाल खड़ी करके विद्वानों ने निराला को उनके पाठकों से दूर रखने का प्रयत्न किया था, वह दीवाल ढह जाए, इस उद्देश्य को ध्यान में रखने से पाठक अधिक सहानुभूति के साथ यह पुस्तक पढ़ सकेंगे।

—रामविलास शर्मा

गोकुलपुरा, आगरा
18-12-54

तृतीय संस्करण की भूमिका

निराला जी पर मेरी पुस्तक का यह तीसरा संस्करण है। इसे पढ़ते समय यह स्मरण रखना आवश्यक है कि मूल पुस्तक सोलह वर्ष पहले लिखी गई थी। उस समय निराला जी के प्रशंसकों की संख्या इतनी बड़ी न थी, जितनी आज है। साधारण हिन्दी पाठक आज उन्हें जितना महान साहित्यकार मानते हैं, उतना उस समय न मानते थे। इस अवधि में मुझे अपनी मान्यताओं में कोई भी मौलिक परिवर्तन करना ज़रूरी नहीं मालूम हुआ। वे मेरी दृष्टि में जितने महान अपने जीवनकाल में थे, उतने ही आज भी हैं।

निराला जी के सम्बन्ध में बहुत जगह क्रिया वर्तमान काल के रूप में है। उसे बदलना मैंने उचित नहीं समझा। आखिर पुस्तक निराला जी के जीवनकाल में लिखी गई थी, न कि उनके निधन के पश्चात्। अन्तिम तीन अध्याय इस संस्करण में नये जोड़े गए हैं। इनमें पहला मैंने निराला जी के एक काव्य-संकलन के लिए भूमिका रूप में लिखा था। अनेक कारणों से वह काव्य-संकलन नहीं निकला। उसकी वह भूमिका यहाँ पहली बार प्रकाशित हो रही है। दूसरा लेख मेरे कुछ लेखों का समुच्चय है जिन्हें मैंने निराला जी के देहावसान के बाद लिखा था। तीसरे और अन्तिम लेख 'हिन्दुस्तान' साप्ताहिक में प्रकाशित निराला सम्बन्धी बच्चन जी के लेखों का प्रत्युत्तर है।

आशा है, अपने नवीन संस्करण में यह पुस्तक निराला-साहित्य के प्रेमियों के लिए अधिक सुपाठ्य होगी।

—रामविलास शर्मा

26 नवम्बर, 1962
30, नई राजामंडी, आगरा

भूमिका

पैंतालीस साल पहले निराला पर यह पुस्तक जब मैंने पूरी की थी, तब किसी समकालीन साहित्यकार पर पुस्तक लिखने का चलन कम ही था। इस दृष्टि से बच्चन सिंह ने निराला पर पुस्तक लिखकर महत्त्वपूर्ण काम किया था। याद नहीं, पहले उनकी पुस्तक निकली या मेरी, किन्तु थोड़े ही समय के अन्तर से निराला पर दो पुस्तकों का प्रकाशन यह विज्ञापित करता है कि निराला-विरोधी प्रचार अब क्षीण हो रहा था और लोग उनके साहित्य के अध्ययन की आवश्यकता महसूस कर रहे थे। निराला ऊटपटाँग लिखते हैं, उन्हें छंदशास्त्र का ज्ञान नहीं है, वह बँगला कविताओं से भाव उधार लेकर रचना करते हैं—यह प्रचार तो उनके कवि जीवन के आरम्भ में ही शुरू हो गया था। सन् '32 में जब उनका लेख 'वर्तमान धर्म' भारत में छपा, तब छायावाद के विरोधियों ने अपना प्रचार अभियान तेज किया और इस अभियान के नेताओं ने उन्हें पागल करार दे दिया। युद्धकाल में जब निराला भारी कठिनाइयों और कष्टों में जीवन बिता रहे थे, तब उनके पागलपन को खूब उछाला गया और कुछ साहित्यकारों ने उन्हें पागलखाने में दाखिल कराने की राय भी दी। निराला के पाठक यह याद रखें कि इस पुस्तक की पृष्ठभूमि में यह निराला-विरोधी प्रचार विद्यमान था।

निराला के निधन के बाद अनेक पत्रिकाओं ने विशेषांक निकाले, बहुत से संस्मरण प्रकाशित हुए, निराला ने बहुत बड़े साहित्यकार के रूप में प्रतिष्ठा पाई। एक ही विवादी स्वर सुनाई दिया, 'साप्ताहिक हिन्दुस्तान' में बच्चन का : 'यह मतवाला—निराला' लेख में। शायद यह विवादी स्वर अन्तिम था, उसके बाद ऐसे आक्रमण निराला पर नहीं हुए। लेकिन निराला का नाम न लेते हुए अथवा संक्षेप में उल्लेख मात्र करते हुए छायावाद पर आक्रमण बराबर होते रहे। निराला प्रमुख छायावादी साहित्यकार थे, इसलिए परोक्ष रूप में आक्रमण उन पर भी होता था। निराला के विरोधियों में सबसे पहले अराजकतावादी थे। ये अपने को अराजक कहते थे लेकिन राजदरबारों से जुड़ी रीतिवादी कविता के परम प्रशंसक थे। विरोधियों में राष्ट्रवादी थे जो किसानों के सामन्ती उत्पीड़न को राष्ट्र के लिए अहितकर न मानते थे। और निराला के विरोधियों में ऐसे प्रगतिवादी-प्रयोगवादी थे जो मानते थे, अब

तक जो साहित्य रचा गया है, वह बेकार है; साहित्य में युगान्तर वे उपस्थित करेंगे। स्वयं छायावादी कवियों में ऐसे लोग थे जिन्हें लगता था, निराला की ख्याति उनके यश को निगल जाएगी और उत्तर छायावादियों में ऐसे रचनाकार थे जो छायावाद से निराशा, अकेलेपन, कुंठा आदि के भाव उधार लेते थे और दावा करते थे कि वह छायावाद की ज़मीन से अलग हटकर अपनी कविता का विकास कर रहे हैं।

निराला के इस व्यापक विरोध का मूल कारण यह था; छायावाद की साधारण कमज़ोरियाँ उनके यहाँ कम-से-कम हैं, प्रगतिशील साहित्य की सामन्तविरोधी विशेषताएँ उनके यहाँ अधिक-से-अधिक हैं। भारत के स्वाधीन होने पर पूँजीवादी संस्थानों से जुड़े हुए लेखकों ने जनजीवन से अलग हटकर हिन्दी साहित्य को अन्तर्मुखी बनाने का भगीरथ प्रयास किया। निराला इस प्रयास में बाधक थे। कारण यह कि प्रेमचन्द के समान वह किसानों से जुड़े हुए थे और उनका अन्तर्जगत् भी बाहरी परिवेश से कटा हुआ नहीं था। निराला का जीवन-संघर्ष भारतीय जनता के संघर्ष से सम्बद्ध था। पिछले चालीस-पैंतालीस साल में जो कविता लिखी गई है, वह आत्मकेन्द्रित अधिक है, वस्तुकेन्द्रित कम। निराला जितना आत्मकेन्द्रित थे, उतना ही वे वस्तुकेन्द्रित थे और वस्तुजगत् की छवि उनके अन्तर्जगत् में खूब दिखाई देती थी।

1990-91 का भारत गहरे आर्थिक और राजनीतिक संकट में है। यह संकट एक दिन में नहीं पैदा हुआ।

आया मज़ा कि लाखों आँखों में दम घुटा है,
पट ली है बैठने को गोरे की साँवले से।

(देखें, इस पुस्तक का पृ. 158)। संकट की शुरुआत बहुत पहले हो गई थी, वह निरन्तर गहरा होता गया है। पूँजीवादी संस्थानों से जुड़े हुए लेखकों ने वर्तमान समाज-व्यवस्था को स्वीकार करके इस संकट के गहरा होने में मदद की है। निराला संकट की ओर ले जानेवाली साहित्य की धारा के विरोध में खड़े थे। यह उनका ऐतिहासिक महत्त्व है। देश आर्थिक-राजनीतिक संकट में फँसा हो और संस्कृति फल-फूल रही हो, ऐसा नहीं होता। देश की बहुसंख्यक निर्धन, निरक्षर जनता 'तुझे बुलाता कृषक अधीर' की स्थिति में है। निराला इस जनता को समृद्ध और सुसंस्कृत बनाने के लिए संघर्ष करते रहे थे। यह बात आकस्मिक नहीं है कि मेरी पुस्तक सन् '46 में पूरी हुई थी। उस साल भारतीय जनसंघर्षों ने लगभग एक अखिल भारतीय क्रान्ति का रूप ले लिया था। उस साल प्रगतिशील द्वैमासिक 'नया साहित्य' ने निराला का अभिनन्दन करते हुए अपना विशेषांक निकाला था। शायद वह निराला पर केन्द्रित किसी भी पत्रिका का पहला विशेषांक था। उसमें पहली बार इस पुस्तक की काफी सामग्री प्रकाशित हुई थी।

निराला जैसे पैंतालीस साल पहले प्रासंगिक थे, वैसे आज भी हैं। सवाल उन्हें पूजने का नहीं है, उनसे सीखने का है : उनके पद्य से ही नहीं, गद्य से भी। इस पुस्तक में निराला के गद्य और पद्य, दोनों के अध्ययन का प्रयास किया गया था। मैंने निराला पर सन् '34 से लिखना शुरू किया था। दस-बारह साल में जो लिखा था, उसका विकास, विस्तार और परिणति इस पुस्तक में है। निराला की मृत्यु के बाद मैंने उन पर जो कुछ लिखा, वह बहुत जगह गुणात्मक रूप में भिन्न है; किन्तु मेरा अनुमान है, बहुत-सी आधारभूत समस्याएँ इस पुस्तक में विद्यमान हैं और निराला-सम्बन्धी अनेक मूल स्थापनाएँ भी। कम-से-कम निराला-सम्बन्धी आलोचना-साहित्य के सन्दर्भ में यह पुस्तक अब भी प्रासंगिक है। प्रत्यक्ष देखी-सुनी बातों को तुरन्त लिखने में ताज़गी रहती है, बात को सोचकर, बिसूर कर लिखने का ढंग दूसरा होता है। निराला के व्यक्तिगत जीवन के बारे में यहाँ जो कुछ कहा गया है, वैसा कुछ इससे पहले न कहा गया था और उसकी ताज़गी बाद के लेखन में नहीं है।

मुझे प्रसन्नता है कि अशोक महेश्वरी के प्रयत्न से मेरी इस पुस्तक का नया संस्करण पाठकों तक पहुँच सकेगा।

—रामविलास शर्मा

दिल्ली
10 जून, 1991

1

बैसवाड़े का जीवन

भरे-पूरे परिवार में निराला जी का जन्म हुआ था। माता थीं, पिता थे, चाचा थे, सभी कुछ था। अवध में अपना गाँव छोड़कर यह परिवार बंगाल की एक रियासत में जा बसा था। हिन्दुस्तान की दूसरी रियासतों की तरह बंगाल की शस्य-श्यामला भूमि पर महिषादल का भी एक राज्य था। वन, प्रकृति, आम, नारियल, कटहल, बाँस के पेड़, तालाब, नदियाँ, बेला, जुही, हरसिंगार, सब कुछ था; लेकिन जनता भूखी थी। यहीं पर संवत् 1953 की वसंतपंचमी को पंडित रामसहाय त्रिपाठी के घर बालक सूर्यकुमार का जन्म हुआ। तीन वर्ष की अवस्था में बालक के जीवन में एक कभी न पूरा होनेवाला अभाव छोड़कर माता स्वर्ग चली गई। कवि को 'अनगिनत आ गए शरण में जन-जननि' से उस अभाव की पूर्ति करनी पड़ी। पिता पंडित रामसहाय अवध के सीधे-सादे किसान थे, जो सिपाही बन गए थे। स्वभाव की रुक्षता पहले से कुछ और बढ़ गई थी। यद्यपि अभी उनकी वैसी अवस्था न थी, फिर भी उन्होंने दूसरा विवाह नहीं किया। पत्नी की मृत्यु के उपरान्त वे सत्रह साल तक और जीवित रहे और इन्फ्लुएंजा से उनकी अकाल मृत्यु हुई।

यह आशा की जा सकती थी कि पत्नी के अभाव में वे अपना सारा स्नेह अपनी एकमात्र संतान पर उड़ेल देंगे। यह सम्भावना भी थी कि बहुत लाड़-प्यार से वे अपने प्यारे इकलौते बेटे को बिगाड़ देंगे। परन्तु ऐसे भय या आशंका का कोई कारण न रहा। एक बार हाज़त रफा करने के बाद बालक ने यूरोपवासियों की तरह आधुनिक ढंग से बैंगन के पत्ते से कागज़ का काम लिया। ज्योंही निवृत्त होकर रसोईघर में जाना चाहता था कि भाभी ने रोक लिया और झरोखे से जो कुछ देखा था, उसे पिताजी से निवेदन कर दिया। पिताजी ने गरजकर डाँट बताई, लेकिन इतना काफी नहीं था। बालक को टाँग पकड़कर उठा लिया और तालाब तक ले जाकर अपने हाथ से कई बार डुबकियाँ लगवाईं, जैसे किसी गन्दी चीज़ को साफ कर रहे हों! इस तरह बालक की अपवित्रता निवारण करके अब उसे निकट से छूने योग्य समझकर उन्होंने उसे वास्तविक दंड देना शुरू किया।

दूसरी बार बालक ने पिता को सुझाया—तुम्हारे मातहत इतने सिपाही हैं, तुम इस राजा को लूट क्यों नहीं लेते? पिता ने सोचा कि यह भी किसी दुश्मन का जाल है जो इस तरह भेद लेना चाहता है। पुत्र से वह रहस्य जानने की चेष्टा करने लगे और चिरंजीव इस सूझ के लिए अपनी मौलिक प्रतिभा की दुहाई देने लगे। परन्तु पिता को विश्वास न हुआ; जब बालक बेसुध हो गया, तभी ताड़न-क्रिया बन्द हुई।

तीसरी बार अपने गाँव में वेश्या के लड़कों के हाथ से पानी पीने के कारण फिर वही दशा हुई। "मारते वक्त पिताजी इतने तन्मय हो जाते थे कि उन्हें भूल जाता था कि दो विवाह के बाद पाये हुए इकलौते पुत्र को मार रहे हैं। मैं भी स्वभाव न बदल पाने के कारण मार खाने का आदी हो गया था। चार-पाँच साल की उम्र से अब तक एक ही प्रकार का प्रहार पाते-पाते सहनशील भी हो गया था, और प्रहार की हद भी मालूम हो गई थी।"

मातृहीन भावुक-हृदय बालक पर इस व्यवहार का क्या प्रभाव पड़ा होगा, पाठक सहज ही कल्पना कर सकते हैं। घर के बाहर भी उसका जीवन सुखी नहीं था। तुलसीदास की रामायण पढ़कर उसने हनुमान की उपासना करना सीखा था। सरोवर से लाल कमल लाकर वह उनका सिंगार करता था। इस वीर भावना के साथ ऊँच-नीच और छोटे-बड़े के विचार का मेल न खाता था। राज्य में कायस्थ, ब्राह्मण, कुलीन और अकुलीन का प्रश्न राष्ट्रीय समस्या की तरह हल न हो पाता था। स्वामी प्रेमानन्द जी के महिषादल पधारने पर ब्राह्मण और कायस्थ एक ही पाँति में भोजन पाने बैठे। कायस्थों को गर्व हुआ कि उन्हीं की जाति के संन्यासी का अब इतना आदर हो रहा है। इस पर विप्र वर्ग का भी ब्रह्मतेज जागा। एक ब्राह्मण ने नवयुवक की ओर इंगित करके अपमानजनक शब्द कहे। जब स्वामी जी गढ़ का मन्दिर देखने गए, तब भी युवक को उनके साथ जाने से रोका गया। एक ब्राह्मण ने बड़े मार्के की बात कही : "देवता राजा के हैं, किसी प्रजा के नहीं।"

इस तरह की प्रतिकूल परिस्थितियों में भी बालक पिता से पाये हुए उद्धत स्वभाव के कारण अपने जीवन के सभी काम निर्भीक भाव से करता रहा। स्कूल की शिक्षा नवीं कक्षा तक मिली, फिर अनेक प्रतिभाशाली साहित्यकारों की तरह उसने स्कूल को नमस्कार किया। खेल-कूद में उसे काफी दिलचस्पी थी और क्रिकेट और फुटबाल का अच्छा खिलाड़ी था। सहपाठियों में उसके जीवन का अकेलापन बहुत कुछ दूर हो जाता था। संगीत की भी उसे शिक्षा मिली और 'चोटी की पकड़' का 'बिन्दा कहत करो हमसों न रार' तभी से उसके कंठ में बैठा हुआ है। राजा साहब के बड़े हारमोनियम पर युवक कभी-कभी गाता भी था।

सम्पूर्ण बाल्यकाल महिषादल में नहीं बीता। जब-तब वह अपने गाँव भी आया करता था। कानपुर-रायबरेली लाइन पर बीघापुर स्टेशन से लगभग दो कोस पर गढ़ाकोला गाँव बसा हुआ है। लोन नदी को पार करने पर गाँव के कच्चे घर दिखाई

पड़ने लगते हैं। और घरों की तरह चौपाल, छप्पर, दहलीज़, आँगन, खमसार और अटारी के नक्शे पर पंडित रामसहाय का मकान भी बना हुआ है। अवध का यह भाग बैस ठाकुरों की बस्ती के कारण बैसवाड़ा कहलाता है। ताल, छोटी नदियाँ और नाले, घनी अमराइयाँ यहाँ की शोभा हैं। इसे हम अवध का हृदय कह सकते हैं। अवधी का सबसे मधुर रूप यहीं बोला जाता है। इस भाषा में ओज और कोमलता, दोनों का ही विचित्र सम्मिश्रण है। यहाँ के किसान परिश्रमी, ताल्लुकेदार सरकारी पिट्ठू, छोटे ज़मींदार कमर टूटने पर भी निरंकुशता की परम्परा को निबाहते जाने वाले, विप्र वर्ग दंभी और निम्न जातियाँ बहुत ही सताई हुई हैं। यहाँ के काफी लोग बम्बई और कलकत्ते में नौकरी करते हैं, परन्तु शिक्षा और व्यवसाय में उन्होंने विशेष उन्नति नहीं की। कुछ दिन पहले हर गाँव में दो-चार परिवार ऐसे निकल आते थे जिनके लोग फौज में सिपाही, हवलदार या सूबेदार तक होते थे। बड़ी-बड़ी दाढ़ी या गलमुच्छे रखने वाला पेंशनभोगी यह वर्ग अब मिट-सा गया है।

अनेक दृष्टियों से पिछड़े होने पर भी बैसवाड़े की भूमि ने हिन्दी को अनेक साहित्यिक दिये हैं। पंडित प्रतापनारायण मिश्र अचलगंज के पास बेत्थर गाँव के निवासी थे। इसी के पास झगड़पुर में कवि शिवमंगल सिंह 'सुमन' का जन्म हुआ है। पंडित महावीरप्रसाद द्विवेदी के जन्मस्थान दौलतपुर को सभी लोग जानते हैं। पंडित नन्ददुलारे वाजपेयी मगड़ायर गाँव के हैं; और इसी तरह हितैषी जी आदि अन्य साहित्यिकों ने भी पुरवा तहसील के गाँवों में जन्म लिया है। 'सरस्वती' सम्पादक श्री देवीदत्त शुक्ल निराला जी के चरित-नायक कुल्लीभाट के लंगोटिया यार रह चुके हैं।

हिन्दी को बैसवाड़े की इस देन का यह कारण है कि जनसाधारण में अब भी साहित्य की एक जाग्रत् और सजीव परम्परा विद्यमान है। आज भी कोई ऐसा गाँव न होगा जिसमें दो-चार सौ कबित्त याद रखने वाले दो-चार कविता-प्रेमी न निकल आएँ। शाम को किसी शिवाले पर कबित्त कहने वालों में होड़ होती है तो सुनने वालों का मेला लग जाता है। जीवन के हर काम में और बात-बात में कवियों की उक्तियाँ उद्धृत करना यहाँ की बोलचाल की विशेषता है।

हल जोतते समय किसान अक्सर कह बैठते हैं : "बित्त कबित्त सबै भूले जब हाथ परी हर कै मुठिया," लेकिन भूलने पर भी इन वित्तहीन किसानों के कंठ से ऐसे मौके पर कभी-कभी कबित्त के वे टुकड़े फूटते हैं कि सुनकर एक बार चार्ल्स लैम्ब भी इनकी उद्धरण-चातुरी की दाद देता। गिरधर कविराय की कुंडलियाँ, तुलसीदास की रामायण, घाघ भड्डरी की सूक्तियाँ और सैकड़ों दोहे और छंद लोगों की ज़बान पर हैं। आल्हा का तो पूछना ही क्या! आल्हा अवध की अपनी चीज़ है। कौन ऐसा युवक होगा जिसने सुरती न खाई हो और आल्हा न गाया हो! आल्हा गाने में समय नष्ट होता देखकर और घर के काम-धन्धे रुकते जानकर बड़े-बूढ़ों ने चेतावनी दी

थी कि जो आल्हा गाएगा उसे जूड़ी आयगी, जो संगति करेगा उसे ताप हो जाएगा और जो मूर्ख अपनी चौपाल में सुनने वाले ठलुओं को इकट्ठा करेगा, उसका तो वंश ही नाश हो जाएगा। लेकिन अनेक पौराणिक वाक्यों की तरह जनता पर इस रूलिंग का भी कोई असर नहीं हुआ।

आल्हा से कुछ ही कम रिवाज नौटंकी का है। जब-तब नगाड़े की कड़-कड़-धुम के साथ आधी रात को टीप पर 'मुझको मरने का खौफो-खतर ही नहीं' जैसे टुकड़े सुनाई पड़ जाते हैं। नौटंकी-प्रेमियों का एक अलग ही वर्ग है। तिरछी दुपल्ली टोपी, जुल्फें तेल में चुचुवाती हुईं, मुँह में दुहरा, सुरती या पान, एक पैर में लम्बी धोती और दूसरे में उठी हुई, बहुत शौकीन हुए तो कान पर बीड़ी या चूने की गोली, हाथ में तेलवायी लाठी और पैरों में नुकीला जूता या शहर का स्लीपर, यह इनकी धजा है। गाँव के ठलुए, छैल और गुंडे बहुधा इसी वर्ग के होते हैं।

शूद्रों और निम्न जातियों में संत कवियों का, विशेष कर कबीर की वाणी का, बड़ा प्रचार है। इस साहित्य पर उनका इतना अधिकार है कि वे किसी भी साहित्य महारथी को पछाड़ सकते हैं। निराला जी चतुरी को अपने रेखाचित्र में इस बात का प्रमाणपत्र दे चुके हैं। होली के दिनों में फाग और सावन में झूले के गीत सारी प्रजा की सम्पत्ति है। नारी समुदाय ने अपने लोकगीतों की अलग रक्षा की है। तिथि-त्योहार जाने दीजिए, साँझ को मन्दिर में जल चढ़ाने जाएँगी तो गाएँगी, पानी भरने जाएँगी तो गाएँगी, चक्की पीसेंगी तो गाएँगी—मतलब यह कि जहाँ चार स्त्रियाँ इकट्ठी हुईं तो वे या तो एक-दूसरे की बुराई करेंगी या फिर गीत गाएँगी। काव्य और संगीत के साथ कथाओं के रूप में एक विशाल गद्य-साहित्य भी है जो अभी पुस्तकों में लिपिबद्ध होकर मुद्रित नहीं हुआ। शायद ही कोई अभागा बालक हो जो सोने के पहले दो-चार कथाएँ न सुन लेता हो। बड़े-बूढ़ों ने अपनी जान बचाने के लिए यह नियम बना लिया है कि दिन में कथा न सुनाएँगे। शास्त्र की दुहाई देकर वे कहते हैं कि जो दिन में कथा सुनाएगा, वह रास्ता भूल जाएगा और सुनने वाले का मामा खो जाएगा। इसी गद्य-साहित्य के अन्तर्गत वे हज़ारों कहावतें और मुहावरे हैं, जिनसे इस जनपद की भाषा आश्चर्यजनक रूप से समृद्ध है। भाषा और साहित्य की इस लोक-परम्परा के कारण ही निर्धनता और अशिक्षा के बावजूद इस भूमि ने आचार्य द्विवेदी और कवि निराला को उनकी रचनाओं के लिए प्रेरणा दी है।

बालक सूर्यकुमार ने पिता से अच्छी काठी पाई थी। चौदह वर्ष की अवस्था ही में कसरत-कुश्ती का शौकीन वह एक अच्छा युवक बन गया। बैसवाड़े में, देश के बहुत-से अन्य भागों की तरह, बचपन में ब्याह करना एक गौरव की बात समझी जाती है। अल्प अवस्था में सूर्यकुमार का भी विवाह हो गया। सासुजी ने लड़के को बुलाकर देख लिया, मन बैठा लिया और बात पक्की कर ली। परन्तु यह जानकर कि उनकी बिटिया को दूर परदेश जाना पड़ेगा, उन्होंने यह शर्त रक्खी

कि छः महीने वह सासरे रहेगी और छः महीने मायके। श्वसुर उन्हें परदेश भी न ले जाएँगे।

विवाह वर के योग्य हुआ। स्वर्गीया मनोहरा देवी रूपवती और गुणवती, दोनों थीं। रंग कवि का-सा था, यानी खुलता गेहुँआ, मुँह कुछ लम्बा-सा, घने लम्बे केश, गाने में अत्यन्त निपुण, सौ-डेढ़ सौ स्त्रियों में धाक जमाने वाली, विवाह के समय साहित्य में कवि से अधिक योग्य। गौने से कवि का रोमांस शुरू हुआ। अपनी शिक्षा जारी रखने के लिए फिर महिषादल आना पड़ा लेकिन 'वामा वह पथ में हुई वाम सरितोपम'—शिक्षा का क्रम आगे न चल सका। कुछ दिन तक डलमऊ रहे। दूध-बादाम में सास का दिवाला निकालते-निकालते छोड़ा। रूह की मालिश कराई, कुल्ली की संगति की। गंगा के किनारे एक हाथ से कैथे फेंककर और दूसरे से लोकते हुए क्रिकेट का शौक पूरा करते थे। वैवाहिक जीवन का सुख अधिक दिन तक नहीं बदा था। श्रीमती मनोहरा देवी ने एक पुत्र और एक कन्या को जन्म देकर इन्फ्लुएंजा की बीमारी में शरीर त्याग किया। उस समय युवक पति महिषादल में था। पत्नी की मृत्यु मायके में, माँ की गोद में हुई। सब कुछ समाप्त होने के बाद सूर्यकुमार भी वहाँ आ पहुँचा। इस बज्रपात से उसका बुरा हाल था। घंटों श्मशान में बैठा रहता। कहीं कोई चूड़ी का टुकड़ा, हड्डी या राख मिल जाती, तो उसे हृदय से लगाये घूमा करता। इन्फ्लुएंजा में इतने मनुष्य नष्ट हुए थे कि गंगा के किनारे दिन-रात चिताओं की जोत कभी मन्द न होती थी। अवधूत टीले पर बैठा युवक कवि घंटों तक बहती हुई लाशों का दृश्य देखा करता।

डलमऊ को अगर एक मनहूस जगह कहा जाए तो बेजा न होगा। जीवन से अधिक यह मृत्यु का स्थान है। किसी समय वह व्यापार की मंडी था। पृथ्वीराज और जयचन्द के समय इसका राजनीतिक महत्त्व भी था। राजाओं के विशाल किले के ध्वंसावशेष उसके ऐतिहासिक गौरव के साक्षी हैं। आज भी कतकी के दिनों में बड़े-बड़े आम और इमली के बगाइच जन-समूह से भर जाते हैं। धनुषाकार गंगा नगर को घेरे हुए है। अनेक स्थानों से नदी का चौड़ा पाट, दूसरी ओर की बनराजि और किले से कोसों तक फैले हुए मैदानों का दृश्य दिखाई देता है। परन्तु अब नदी पर धनी व्यापारियों के बजरों की भीड़ नहीं होती। व्यवसाय नष्ट हो गया है। मकान खँडहर हो गए हैं। जगह-जगह कच्ची मिट्टी के स्तूप-से बन गए हैं जिनमें जहाँ-तहाँ मानो बिलों में प्रवेश करके मनुष्य नामधारी जीव जीवन-व्यापार में लगे रहते हैं। नगर में अधिकतर गंगा-पुत्रों की बस्ती है। घाट की ज़मींदारी में ज़्यादा गुंजाइश न होने से बहुत से लोग नगर छोड़कर बाहर जा रहे हैं। धर्मभीरु किसान यात्रियों से पैसा झटकना, फुर्सत में जुआ खेलना, दलबन्दी करके गंगा के किनारे लम्बी-लम्बी लाठियाँ लेकर युद्ध करना—यह भी यहाँ की संस्कृति में

शामिल है। वैसे दो-चार विद्वानों, संगीतज्ञों और अन्य गुणीजनों से डलमऊ कभी खाली नहीं रहा। प्रथम महायुद्ध के बाद इन्फ्लुएंजा से जब घर के घर खाली हो रहे थे, तब डलमऊ और उसके श्मशान क्या रहे होंगे, इसकी कल्पना डलमऊ जाकर ही की जा सकती है।

इस महामारी में कवि की पत्नी की ही मृत्यु नहीं हुई; पिता, चाचा आदि एक के बाद एक सभी स्वर्ग सिधारे। चार भतीजे और अपनी दो संतान का भार इक्कीस साल के युवक के कन्धों पर पड़ा। कन्या को, जो अभी सवा साल की थी, नानी ने पाल-पोसकर जीवित रक्खा। नौकरी की खोज शुरू हुई। महिषादल में नहीं पटी और उसे छोड़ना पड़ा। कलम की मज़दूरी का अभ्यास शुरू हो गया। मौलिक रचना, अनुवाद, जो काम मिलता, उसे उठा लेते। इस समय की अनेक प्रारम्भिक रचनाएँ, उपन्यास, नाटक आदि भी नष्ट हो गए। आचार्य द्विवेदी से परिचय हुआ और उन्होंने बाबू शिवप्रसाद गुप्त को एक पत्र लिखा कि ज्ञान मंडल में इन्हें कुछ कार्य दे दें। प्रयत्न विफल ही रहा। अक्तूबर, सन् 1921 में प्रताप प्रेस से बातचीत चली। मालिक लोग बीस-पच्चीस रुपये देने को राज़ी थे। उधर रामकृष्ण मिशन को एक सम्पादक की आवश्यकता थी। उस जगह का विज्ञापन भी निकला। द्विवेदी जी ने स्वामी माधवानन्द जी को पत्र लिखा और कानपुर में मुलाकात होने पर कम-से-कम पचास रुपये मासिक वेतन पर इन्हें रख लेने को कहा। दिसम्बर, सन् '21 में द्विवेदी जी ने निराला जी को लिखा : "जान पड़ता है, स्वामी जी ने बहाना कर दिया है। पसन्द किसी और ही को किया होगा। खैर, उनकी इच्छा। इधर बनारस जाने में भी आपने देर कर डाली।" आगे चलकर निराला जी ने रामकृष्ण मिशन में काम किया और साल भर तक 'समन्वय' का सम्पादन किया। इसी समय 'रामचरितमानस' पर उन्होंने वे निबन्ध लिखे जिनमें सप्त सोपान आदि की नई व्याख्या करके उन्होंने तुलसीदास को रहस्यवादी सिद्ध किया है।

सन् 1923 में बाबू महादेव प्रसाद सेठ ने 'मतवाला' निकाला। साल भर तक निराला जी वहाँ रहे। 'मतवाला' के पहले अंक में रक्षाबन्धन पर कविता छपी है, और इसी के साथ 'मतवाला' के सम पर गढ़ा हुआ 'निराला' नाम भी प्रकाशित हुआ है। अठारहवें अंक में 'जूही की कली' छपी है जिसके साथ पहली बार कवि का पूरा नाम पंडित सूर्यकान्त त्रिपाठी 'निराला' प्रकाशित हुआ है। उनके जीवन में बहुत दिनों के बाद ऐसा सुखद वर्ष आया था। महादेव बाबू बड़ी खातिर करते थे। बहुत दिनों के बाद अवरुद्ध साहित्यिक प्रतिभा को प्रकाश में आने का अवसर मिला था। शाम को भाँग छानना, दिन-भर सुरती फाँकना, थियेटर देखना, साहित्यिकों से सरस वार्तालाप करना, मुक्त छंद में कविता लिखना, छद्म नामों से हिन्दी के आचार्यों की भाषा में व्याकरण और मुहावरों की भूलें दिखाना, और यों समस्त हिन्दी संसार को चुनौती देना—उनके जीवन का कार्यक्रम था। उस समय ऐसा लगता

था कि मुंशी नवजादिकलाल, बाबू शिवपूजन सहाय, और पंडित सूर्यकान्त त्रिपाठी 'निराला' एक तरफ और सारी खुदाई एक तरफ है। बंगाल में स्वामी विवेकानन्द और रवीन्द्रनाथ ठाकुर का कार्य देखकर हिन्दी-भाषी प्रान्तों में साहित्यिक और सामाजिक क्रान्ति करने के लिए प्रबल आकांक्षा जाग उठी थी परन्तु साधन कम थे और विरोध अधिक था।

ग्रहों की विशेष कृपा होने से निराला जी साल-दो साल तक ही एक जगह पैर जमाकर रह सकते थे। साल भर बाद ही वह 'मतवाला' से अलग हो गए और अगले पाँच वर्ष अस्थिरता, आर्थिक चिन्ता, शारीरिक और मानसिक रोग में बीते। कलकत्ते से चलते हुए उन्होंने बाबू बालमुकुन्द डागा, पंडित लक्ष्मण नारायण गर्दे, पंडित सकलनारायण शर्मा और पं. जगन्नाथ प्रसाद चतुर्वेदी से अपनी योग्यता के प्रमाणपत्र लिये। चतुर्वेदी जी नई कविता, विशेष रूप से मुक्त छंद के प्रबल विरोधी थे। कवि-सम्मेलनों में वे निराला जी की नकल उतारा करते थे। सम्वत् 1983 में अपने दिये हुए प्रमाणपत्र में उन्होंने विरोध का ज़िक्र न करते हुए लिखा था : "आपके निराले ढंग के पद्यों ने हिन्दी संसार में युगान्तर-सा उपस्थित कर दिया है।" पता नहीं, कहाँ तक इन प्रमाणपत्रों ने आर्थिक प्रश्न हल करने में सहायता की!

सन् '26 से '28 तक का समय उनकी घोर अस्वस्थता का समय भी था। इन वर्षों में प्रसादजी, शान्तिप्रिय द्विवेदी, विनोदशंकर जी व्यास, पंडित कृष्णबिहारी मिश्र, प्रेमचन्द जी आदि ने उन्हें जो पत्र लिखे हैं, उनमें बराबर बीमारी की चर्चा है। कभी बुखार तो कभी पैर में फोड़ा, तो कभी और कुछ। उस समय आज की तरह का भारी शरीर नहीं था। 'सुधा' में छपे हुए उनके पुराने चित्र में उनका बहुत कुछ वही हुलिया है जो आजकल उनके पुत्र पंडित रामकृष्ण त्रिपाठी का है। प्रेमचन्द जी ने फरवरी, सन् '28 में अपने पत्र में लिखा था : "मीयादी बुखार क्या इसीलिए आपकी ताक में बैठा था कि घर से निकलें तो धर दबाऊँ। किस्मत ने वहाँ भी आपका साथ न छोड़ा। बीमारी ने तो आपको दबा डाला होगा। पहले ही कहाँ के ऐसे मोटे-ताज़े थे।" रोग और आर्थिक कष्टों से यह लड़ाई अधिकतर गढ़ाकोला के उसी कच्चे मकान में हुई। जब-तब कलकत्ता जाते रहते थे। बाज़ार के काम से जो कुछ मिलता, उसमें से खाने-खरचने के बाद यथाशक्ति भतीजों को भी भेजते थे। उनके पुराने कागज़-पत्रों में कुछ मनीआर्डर की रसीदें हैं जिनसे पता लगता है कि गृहस्थी के प्रति वे नितान्त उदासीन न थे। सन् '26 में पंडित मन्नीलाल शुक्ल, मार्फत रामगोपाल त्रिपाठी, के नाम कलकते से पचास रुपये भेजे थे। कलकत्ते से भी वे घर की छोटी-छोटी बातों के लिए निर्देश किया करते थे। एक उदाहरण काफी होगा। सितम्बर, सन् '27 में उन्होंने अपने भतीजे श्री केशव प्रसाद को लिखा था : "तुमने जो लोगों के दाम दे दिये और अनाज खरीद लिया, सो अच्छा किया।

पंडित जी ने बाग का चारा 22) में बेच डाला, यह भी अच्छा हुआ। देखना, पेड़ न चर जाएँ, जो पौधे हैं। रुपया पंडित जी को हम बहुत जल्द भेजते हैं।...तुम लोगों को जड़ावर भेजेंगे।" सन् '29 में एक पत्र में उन्होंने बाग बेच डालने का जिक्र किया है और लिखा है : "खर्च की तकलीफ हो तो बर्तन बेच डालना। तकलीफ न सहना।" शायद इन्हीं सब बातों को सोचकर 'सरोज स्मृति' में उन्होंने लिखा था :

दुख ही जीवन की कथा रही
क्या कहूँ आज, जो नहीं कही।

इसी समय उन्होंने 'ध्रुव', 'प्रह्लाद', 'राणा प्रताप', 'रवीन्द्र-कविताकानन', 'हिन्दी-बंगला शिक्षा', 'रामकृष्ण वचनामृत', आदि पुस्तकें लिखीं या अनुवाद कीं। 'हैक वर्क' या बाज़ार का काम उन्हें बराबर करना पड़ा लेकिन प्रकाशकों की ठग-विद्या के कारण इसे भी वे जमकर नहीं कर सके। पत्रों के सम्पादक काम माँगने पर क्वालिफिकेशन पूछते थे।

चंडीदास के पदों का अनुवाद करने के लिए इसी वर्ष छतरपुर से भी बुलावा आया। उस समय बाबू गुलाबराय महाराज साहब के प्राइवेट सेक्रेटरी थे। उन्होंने लिखा : "लाला शिवपूजन से ज्ञात हुआ है कि आप बंगला भाषा और ब्रजभाषा के अच्छे ज्ञाता है और ब्रजभाषा में कविता भी करते हैं। श्री महाराज साहब को एक ऐसे ही विद्वान की आवश्यकता है। वह श्री चंडीदास के ग्रंथों का पद्यानुवाद कराना चाहते हैं।" वहाँ जाने पर इन्हें ज्वर हो आया और सत्रह दिन तक बीमार पड़े रहे। उन्होंने अद्वैत आश्रम, अलमोड़ा के अध्यक्ष स्वामी विश्वेश्वरानन्द जी को बंगला में लिखे हुए अपने पत्र में काम न मिलने की चर्चा की थी। सत्तर रुपये विदाई लेकर घर वापस आ गए। रामायण की टीका करने का विचार कर रहे थे। लेकिन बाबू शिवपूजन सहाय ने उन्हें लिखा : "हिन्दी वालों की दशा आप जानते हैं। टीका के लिए अभी मालदार कोई नहीं सूझता।" आगे चलकर इस तरह की सटीक रामायण का कुछ अंश गंगा-पुस्तक-माला से प्रकाशित हुआ था।

अन्यत्र रवीन्द्रनाथ ठाकुर की रचनाओं का अनुवाद करने की बात भी चल रही थी। कौपीराइट के झगड़े के कारण राय श्रीकृष्णदास को अनुवाद कराने का विचार छोड़ना पड़ा। सन् '28 के शुरू में 'माधुरी' के सम्पादक ने पूछा कि सम्पादन विभाग में जगह मिलने पर क्या वह सम्पादक की जिम्मेदारियों को निभा सकेंगे? हिन्दी, अंग्रेजी आदि भाषाओं के बारे में उनकी योग्यता की जाँच करते हुई यह भी पूछा गया था : "प्रूफरीडिंग का कैसा अभ्यास है?" हिन्दी में प्रूफरीडर और सम्पादक, ये दोनों शब्द पर्यायवाची से हैं। सम्पादक के पत्र के उत्तर में उन्होंने जो कुछ लिखा हो, अगले महीने 'माधुरी' कार्यालय ने लिख भेजा : "इन शर्तों पर अभी आपको न बुला सकूँगा।"

सन् '29 से उन्होंने स्थायी रूप से गंगा-पुस्तक-माला कार्यालय में काम करना शुरू किया। 'सुधा' के लिए वे सम्पादकीय नोट लिखते थे और उसके सम्पादन का सारा भार सँभालते थे। यहीं पर 'अप्सरा', 'अलका' उपन्यास और 'लिली' की कहानियाँ लिखीं। उनका अध्ययन-क्रम भी पहले की अपेक्षा सुव्यवस्थित हुआ। विश्वविद्यालय के छात्रों का एक ऐसा दल भी तैयार हुआ जो इनके साहित्य का समर्थन करता था और अपने साहित्य के लिए इनसे प्रोत्साहन पाता था। अचल, कुँवर चन्द्रप्रकाश सिंह, रामरतन भटनागर 'हसरत', दयानन्द गुप्त आदि उनके निकट सम्पर्क में आनेवाले तरुण साहित्यिक थे। वैसे दस साल के भीतर निराला जी का साहित्यिक अकेलापन दूर हो चुका था।

कलकत्ते के मित्रों में श्री शिवपूजन सहाय मुख्य थे। उनकी मैत्री पर श्रद्धा का गहरा रंग चढ़ा हुआ था। ब्राह्मणों के प्रति उनकी भक्ति सतयुग की याद दिलाती है। उनकी सरलता और सौजन्य के पीछे विनोदी स्वभाव और दुनिया की तीखी पहचान छिपी है। 'मतवाला' काल के बाद कई वर्षों तक वे अपने पत्रों से निराला जी की बराबर खोज-खबर लेते रहे। कवि के प्राथमिक विकास के दिनों में शिवपूजन सहाय जी उन साहित्यिकों में थे जिन्हें कवि के उज्ज्वल भविष्य पर पूर्ण विश्वास था। उस संघर्ष काल में इस तरह की आस्था, मैत्री और सद्भावना की बड़ी आवश्यकता थी। विनोदशंकर जी व्यास श्रद्धा और प्रेम के साथ निराला जी की खातिर भी खूब करते थे। भाँग-बूटी छानकर नाव खेते हुए गाना-बजाना भी होता था। उन्हें इस बात की चिन्ता रहती थी कि ऐसे प्रतिभाशाली व्यक्ति की शक्ति और समय का दुरुपयोग अनुवाद वगैरह छोटी-मोटी बातों में खर्च न हो। लेकिन मौलिक रचनाओं से जीविका चलाना कठिन था, दूसरे लेखकों की तरह सिर्फ पैसा कमाने के लिए वह मौलिक पुस्तकें लिख भी न सकते थे।

प्रसाद जी इनसे स्नेह ही न करते थे, इनकी देखभाल भी करते थे। रुग्णावस्था में उन्होंने औषधि आदि का प्रबन्ध करने में बड़ी सहायता की थी। तभी श्री सुमित्रानन्दन पंत से पत्र-व्यवहार शुरू हुआ और एक ही साहित्यिक आन्दोलन में काम करने के कारण साक्षात् परिचय न होने पर भी सहज मैत्री सम्बन्ध स्थापित हो गया। 'पल्लव' की भूमिका में आक्षेप करने के कारण निराला जी ने 'पल्लव' पर एक ध्वंसात्मक लेख लिखा। आगे भी 'भारत' आदि पत्रों में वादविवाद चला, परन्तु इससे उनकी मैत्री में कभी अन्तर नहीं आया। शायद ही किसी युग के तीन कवियों में ऐसा स्नेह सम्बन्ध रहा हो, जैसा प्रसाद, निराला और पंत में था और शायद ही किन्हीं दो व्यक्तियों के स्वभाव में इतना अन्तर हो जितना पंत और निराला के। फिर भी दोनों ने न जाने कितने दिन घंटों एक साथ रहकर बिताये हैं। इसका यही कारण है कि वे एक-दूसरे को जितनी अच्छी तरह जानते-पहचानते हैं, उतना शायद दूसरा नहीं।

श्री शान्तिप्रिय द्विवेदी पंत जी से मिलने के पहले निराला जी को ऐसे पत्र लिखते थे मानो स्वर्ग के पते पर किसी देवता को लिख रहे हों। आगे चलकर निराला जी से बहुत-सी बातों में मतभेद हुआ और उनकी श्रद्धा भी पंत जी पर अधिक हुई। जिस समय निराला जी ने लखनऊ में स्थायी रूप से रहना शुरू किया था, उस समय श्री नन्ददुलारे बाजपेयी हिन्दू विश्वविद्यालय, बनारस में अध्ययन कर रहे थे। अपने अध्ययनकाल से वे निराला जी के समर्थक बन गए। वे निर्भीक और निर्द्वन्द्व प्रकृति के व्यक्ति हैं। आँख मूँदकर किसी की बात मानना उन्होंने सीखा ही न था। अपने पत्रों में कवि की अनेक रचनाओं के प्रति शंका ही न प्रकट करते थे, कभी-कभी ऐसी सम्मति भी देते थे जो एक श्रद्धालु विद्यार्थी के लिए धृष्टता हो सकती थी। अपने स्वतंत्र चिन्तन के कारण ही वे कवि के अगले विकास में बराबर उसके समर्थक रहे। कुछ समय तक उन्होंने 'भारत' का सम्पादन किया जिसमें निराला जी का 'वर्तमान धर्म' लेख प्रकाशित हुआ। इसे प्रसिद्ध करने का श्रेय पं. बनारसीदास चतुर्वेदी को है, वर्ना लोग उसे भूल गए होते। कुछ ऐसे साहित्यिक वादविवादों के कारण बाजपेयी जी को 'भारत' छोड़ना पड़ा।

कुँवर चन्द्रप्रकाश सिंह, रामरतन भटनागर 'हसरत' दूसरी कोटि के मित्र थे। इनमें चन्द्रप्रकाश जी को निराला जी पर सबसे ज़्यादा श्रद्धा थी। उनके गीतों पर महाकवि की शैली की छाप है। 'अप्सरा' के बारे में वादविवाद होने पर उन्होंने उसमें हिस्सा लिया था। 'हसरत' संक्षिप्त से आदमी हैं। सड़क पर चलते हुए अगर ऊपर को मुँह उठाकर न देखें, तो कवि के शब्द उनके कानों तक पहुँचने के बदले हवा में विलीन हो जाएँ। लखनऊ 'कालिका भंडार' से इन्होंने अनगिनत रसगुल्ले खाये होंगे, लेकिन परिस्थितियों के कारण उनकी उर्वर प्रतिभा अभी तक प्रकाश में नहीं आई। दुर्भाग्य से इधर रामरतन जी का अधिकांश समय सस्ती और घटिया आलोचना-पुस्तकें तैयार करने में लगा है। अंचल जी से हिन्दी के पाठक अच्छी तरह परिचित हैं। उस समय यह भी लखनऊ विश्वविद्यालय में पढ़ते थे। हीवेट रोड पर मैजेस्टिक होटल में इन सब लोगों का जमघट रहता था। सामने के मकान में श्री हर्षवर्द्धन नैथाणी रहते थे जिनका जिक्र 'देवी' में आया है। साहित्य और चित्रकला से इन्हें बड़ा प्रेम था लेकिन सरकारी नौकरी के चक्कर में साहित्यिक विकास नहीं हुआ। इन सब मित्रों में सीतापुर के स्वर्गीय श्री बलभद्र दीक्षित 'पढ़ीस' भी थे। यद्यपि वह 'हसरत' और अंचल से पहली पीढ़ी के लेखक थे, फिर भी उनका मुख्य रचनाकाल इसी समय का है। वे बहुत ही सरल प्रकृति के निरभिमानी और स्नेहशील व्यक्ति थे। 'हिरनी' कहानी की घटना निराला जी को उन्हीं से मालूम हुई थी। ग्रामीण भाषा में उच्चकोटि की रचनाएँ करना उन्होंने अभी शुरू किया था।

कुल मिलाकर कलकत्ते से अबकी फिज़ा में बड़ा अन्तर था। विरोध और अकेलेपन के बदले अब उन्हें सहयोग और समर्थन मिल रहा था। आर्थिक दृष्टि

से वे विशेष सुखी या समृद्ध न थे, फिर भी पहले जैसा कष्ट न था। मैली तहमद, लम्बे रूखे बाल, कुर्ता गले में बँधा हुआ, फटी चप्पल या नंगे पैर, इस वेश में अमीनाबाद की सारी स्थायी जनता उन्हें पहचानती थी।

उनके साथ अपनी स्वच्छ वेशभूषा में कभी पंत जी चलते थे, तो वह दृश्य देखने योग्य होता था। ऐसा कन्ट्रास्ट अत्यन्त दुर्लभ था।

भार्गव मैजेस्टिक होटल टूटने पर वह मकान लेकर रहने लगे। 58 नं. नारियल वाली गली के दुमंजिले मकान में वह कई साल तक रहे। कभी रामकृष्ण जी और स्वर्गीया सरोज आकर साथ रहती थीं। सरोज के चले जाने पर वे उसमें बहुधा अकेले ही रहे। कलकत्ते के बालकृष्ण प्रेस और गढ़ाकोला के घर की तरह इस मकान का भी साहित्यिक महत्त्व है। 'तुलसीदास', 'प्रभावती', 'गीतिका' के अधिकांश गीतों की रचना इसी समय हुई। गंगा-पुस्तक-माला के संचालक श्री दुलारेलाल भार्गव से उनकी अच्छी ही निभी। निराला जी सम्पादन-कार्य ही न करते थे, दुलारेलाल जी की साहित्यिक कार्यवाही में भी सहायता करते थे। 'दुलारे दोहावली' की पहली भूमिका उन्होंने लिखी थी और उसके दोहों के बारे में भी परामर्श दिया था। 'वीणा' में एक दोहे के अनेक अर्थ करके उन्होंने अपनी समझ में दोहावली का बड़ा अच्छा समर्थन किया था। उनके प्रिय मित्र बनारसीदास जी चौबे ऐसे मौकों की ताक में ही रहते थे; अपनी समझ में उन्होंने भी खूब फायदा उठाया। गंगा-पुस्तक-माला से अलग होने के समय 'गीतिका' प्रेस में जा चुकी थी। उस समय जितने गीत लिखे गए थे, निराला जी ने उनकी टीका भी की थी। सौदा न पटने के कारण पुस्तक प्रेस से मँगा ली गई और वह फिर लीडर प्रेस में छपी। लखनऊ छोड़ने पर अधिकतर वे इलाहाबाद ही रहे। सालभर तक मकान बन्द पड़ा रहा। पिछला किराया उतारने के लिए नया चढ़ाते रहे। लीडर प्रेस से लौटकर एकमुश्त किराये की बड़ी रकम अदा की। 'गीतिका', 'अनामिका', 'निरुपमा' पुस्तकें लीडर प्रेस से प्रकाशित हुईं।

इसके बाद कुछ दिन के लिए वे फिर लखनऊ में आकर रहने लगे। नारियल वाली गली से थोड़ा आगे चलकर भूसामंडी हाथीखाना में उन्होंने मकान लिया। यह पहले कांग्रेसी मंत्रिमंडल का ज़माना था। इन्हीं दिनों पं. श्रीनारायण चतुर्वेदी से भी उनका परिचय हुआ। चतुर्वेदी जी प्राचीन साहित्य के प्रेमी हैं। छायावाद के प्रति उनकी वैसी सहानुभूति नहीं है। आर्यनगर में उनके घर पर अक्सर साहित्यिक विवाद हुआ करता था। भूसामंडी के मकान में रहते हुए निराला जी ने इंडियन प्रेस के लिए बंकिम बाबू के उपन्यासों के अनुवाद का काम लिया। दो-तीन उपन्यास अनुवाद करने के बाद मालूम हुआ कि इंडियन प्रेस के व्यवस्थापक अनुवाद के शब्दों के हिसाब से इन्हें काफी रुपया दे चुके हैं। निराला जी के अनुसार यह हिसाब-किताब गलत था और उन्होंने काम बन्द कर दिया।

महायुद्ध छिड़ चुका था जब वे कर्वी गए। वहाँ बुरी तरह बीमार पड़ गए और उनकी वास्तविक स्थिति से उनके अधिकांश मित्र अपरिचित ही रहे। इसी बीमारी से करीब 70 पौंड वज़न कम हो गया। उस बार स्वास्थ्य गिरने से वे फिर अच्छी तरह सँभल नहीं पाए। दारागंज, प्रयाग में उन्होंने एक छोटा-सा मकान लिया जिसके एक भाग में उसके मकान-मालिक भी रहते थे। इसकी छत इतनी नीची थी कि आदमी उसे हाथ उठाकर छू सकता था। निराला जी के लिए यह मकान कठघरे जैसा था। इसी में 'चोटी की पकड़', 'काले कारनामे', 'नये पत्ते', 'बेला' आदि पुस्तकें उन्होंने लिखीं। प्रातःकाल गंगा नहाते थे और स्वयं भोजन पकाते थे। बर्तन धोना, घर साफ करना—जब भी वे उसे साफ करते हों—उनका अपना काम था। इसमें रहते हुए उनकी दशा बराबर चिन्ताजनक रही। श्रीमती महादेवी वर्मा ने साहित्यकार संसद के द्वारा और वैसे भी उनकी देखरेख करने का प्रयत्न किया। कुछ लोगों की धारणा है कि निराला जी को जो कुछ रुपया मिलता है, वे सब खा-पी डालते हैं। इसके विपरीत सत्य यह है कि अधिकांश वे दान कर देते हैं। कहीं कोई कवि-सम्मेलन हुआ, बुलावा आने पर बड़े ही व्यावसायिक ढंग से सौदा पटाया, पेशगी रुपया मँगाकर कपड़े-लत्ते बनवाये, जिसमें दरी, चादर, रज़ाई, तकिया, जूते वगैरह सभी कुछ शामिल हैं। दूसरे कवि-सम्मेलन तक उनके पास जूते छोड़कर शायद और कुछ भी नहीं रह जाता। इसीलिए फिर पेशगी माँगने और पहले से अच्छा सौदा पटाने की ज़रूरत पड़ती थी। जिस तरह जवानी में वह बच्चों के लिए खर्च भेजते थे, उसी तरह अब भी गृहस्थी की ओर उनका बराबर ध्यान रहता था। पहली पुत्रवधू का देहान्त होने पर उन्होंने रामकृष्ण जी का दूसरा विवाह किया और इन सब कामों में काफी रुपया खर्च किया। अब भी यथासम्भव वह उनकी सहायता करते हैं।

2

साहित्य की पृष्ठभूमि

निराला जी उन थोड़े-से साहित्यिकों में हैं, जो अपनी जीविका के लिए साहित्य पर ही निर्भर रहते हैं। परन्तु जो साहित्य वे लिखते हैं या लिख सकते हैं, उससे जीविका चल नहीं सकती या उतने बड़े पैमाने पर उसकी सृष्टि नहीं हो सकती। इसलिए अनुवाद वगैरह के कामों में उन्हें बराबर अपनी शक्ति नष्ट करनी पड़ती है। नये लेखक के लिए अर्थ की समस्या ही एकमात्र समस्या नहीं है। साहित्यिक दुनिया में प्रवेश पाने के लिए भी उसे भगीरथ प्रयत्न करना पड़ता है। जो लोग पहले से जगह घेरे हुए हैं, वे नये आदमी को शक की निगाह से देखते हैं—खास तौर से उस आदमी को जो उनका टाट उलटने पर तुला हुआ हो। नये लेखकों को यह जानकर शायद कुछ संतोष हो कि पत्रिकाओं के विद्वान सम्पादक उन्हीं की रचनाएँ वापस नहीं करते। 'जुही की कली' भी वापस की गई थी। सन् '35 में भी एक प्रतिष्ठित पत्रिका ने श्री सुमित्रानन्दन पंत के ऊपर निराला जी का एक बड़ा सुन्दर लेख वापस कर दिया था। वह लेख सदा के लिए नष्ट हो गया। इसी तरह पं. महावीरप्रसाद द्विवेदी पर भी उनका एक संस्मरणात्मक लेख विनाश के गर्भ में विलीन हो गया। न जाने कितने लेख और कितनी रचनाएँ प्राथमिक काल में नष्ट हुई होंगी। सम्पादकों द्वारा वापस की हुई रचनाओं का ज़िक्र करते हुए उन्होंने लिखा है :

लौटी रचना लेकर उदास,
ताकता हुआ मैं दिशाकाश,
बैठा प्रान्तर में दीर्घ प्रहर,
व्यतीत करता था गुन-गुन कर,
सम्पादक के गुण; यथाभ्यास,
पास की नोचता हुआ घास,
अज्ञात फेंकता इधर-उधर,
भाव की चढ़ी पूजा उन पर।

ज्ञान-मंडल काशी में काम दिलाने के लिए सन् '21 में आचार्य द्विवेदी जी ने कोशिश की थी। इसलिए निराला जी के साहित्यिक जीवन का आरम्भ सन् '20 से मानना असंगत न होगा। सन् '20 की 'सरस्वती' में बंगला और हिन्दी-व्याकरण पर उनका एक तुलनात्मक लेख प्रकाशित हुआ था जिसका गद्य वैसा ही पुष्ट और मार्जित है, जैसा 'मतवाला' काल का। इसमें सन्देह नहीं कि अनुकूल परिस्थिति होने पर वे सन् '19-'20 में ही प्रकाश में आ गए होते। परन्तु इसके लिए उन्हें चार साल तक राह देखनी पड़ी। सन् '23 में 'मतवाला' निकला और उसमें अपने और दूसरे नामों से वह कविता, कहानी, लेख, आलोचना आदि सभी कुछ लिखने लगे। 'निराला' नाम से कविताएँ तो लिखते ही थे, श्रीमान् गरगजसिंह वर्मा 'साहित्य-शार्दूल' के नाम से 'चाबुक' लिखते रहे जिसके कुछ लेख इसी नाम के संग्रह में आ चुके हैं। 'जनाब आली' के नाम से एक लम्बी कहानी लिखी थी, जिसकी बोलचाल की भाषा और यथार्थवादी वर्णन उनके बाद के रेखाचित्रों की बानगी देते हैं। एक कहानी जिसका नाम 'क्या देखा' है, 'सुकुल की बीवी' नाम के संग्रह में आ गई है।

'मतवाला' के बाद उनकी रचनाएँ जहाँ-तहाँ छपने लगीं। कवि सम्मेलनों में सभापति के आसन की शोभा बढ़ाने के योग्य भी वे समझे जाने लगे। 'सुधा', 'माधुरी' वगैरह से उन्हें पारिश्रमिक मिलने लगा। फिर भी मौलिक पुस्तकें नहीं निकल रही थीं। कलकत्ते से 'अनामिका' नाम से उनका पहला कविता-सग्रह प्रकाशित हुआ, जिसमें 'मतवाला' काल की कुछ ही रचनाएँ आई हैं। ठीक तरह उनका पहला कविता-संग्रह सन् '29 में प्रकाशित हुआ। इस तरह सन् '19 से '29 तक उन्हें पुस्तक-प्रकाशन के लिए कुल मिलाकर दस साल तक रुकना पड़ा। साहित्य-सेवा का कार्य अव्यवस्थित रूप से होने के कारण बहुत-सी रचनाएँ अधूरी रह जाती थीं या सिर्फ विज्ञापन के प्रकाश में एक बार चमक कर रह जाती थीं। 'चमेली' का कुछ भाग 'रूपाभ' में निकला था, लेकिन आठ साल के बाद वह अभी तक पूरा नहीं हुआ। 'निरुपमा' के दो अध्याय 'सुधा' में निकले थे, लेकिन वह पूरी हुई इलाहाबाद में, 'सुधा' छोड़ने के कई साल बाद। एक उपन्यास 'उच्छृंखल' नाम से 'सुधा' में विज्ञापित हुआ था लेकिन उसकी कल्पना उनके मन में ही रही। एक बार उनसे इतना ज़रूर सुना था कि इसका हीरो प्रचलित नायक परम्परा के विपरीत बहुत से कार्य करेगा, जैसे यदि साधारण नायक नायिका की मुख-छवि देखेगा तो उच्छृंखल का ध्यान हमेशा उसकी चोटी पर जाएगा। इस विचार से तो नहीं, लेकिन नाम से फायदा उठाकर श्री नरोत्तमप्रसाद नागर ने इलाहाबाद से 'उच्छृंखल' नाम का एक पत्र निकाला था।

किसी ज़माने में 'उषा' नाटिका के लिए बड़ी-बड़ी तैयारियाँ की गई थीं। निराला जी अनिरुद्ध बनने वाले थे और उषा के लिए श्री सुमित्रानन्दन पंत पर

नज़र थी। पंत जी के पार्ट करने में सन्देह होने के कारण बड़ी-बड़ी मूँछों वाले 'पढ़ीस जी' भी उम्मीदवारों में थे। 'उषा' के सफल अभिनय के लिए वे अपनी मूँछों का बलिदान करने के लिए तैयार थे। कुँवर चन्द्रप्रकाश सिंह, श्री रामरतन भटनागर 'हसरत' आदि लेखक सैनिक, द्वारपाल आदि के पार्ट से ही संतुष्ट थे। लेकिन इस 'उषा' नाटिका की रूपरेखा 'सुधा' के विज्ञापन के पीले पन्नों में ही रह गई।

उनकी साहित्य-साधना के मुख्यत: तीन केन्द्र रहे हैं—कलकत्ता, लखनऊ और गढ़ाकोला। आगे चलकर प्रयाग भी। अपने वातावरण के प्रति उनकी संज्ञा सदैव जाग्रत् रहती है। वे उस कोटि के कवि नहीं हैं जो अपने में खो जाएँ और वातावरण की उन पर प्रतिक्रिया न हो। बंगाल को वह अपनी जन्मभूमि समझते हैं। रोमांटिक कविता और बंगाल उनके लिए पर्यायवाची शब्द हैं। उनका कहना है : "बंगाल मेरी जन्मभूमि है, इसलिए मुझे बहुत प्रेम है। सिटी लाइफ का जो उपयोग और आनन्द मुझे कलकत्ता में मिला, वह लखनऊ में नहीं। लेकिन लखनऊ में 14 साल में मेरा साहित्य-सर्जन कलकत्ता के 'परिमल' से अधिक ही महत्त्व रखता है। पंडित दुलारेलाल भार्गव की कृपा से लखनऊ में मुझे बहुत तरह की सहूलियतें रहीं, लेकिन कलकत्ता का मुक्त, निष्कपट वातावरण लखनऊ में नहीं मिला। कुछ साहित्यिक मित्र...लखनऊ से ही मुझे अपना प्रकाश दिखा सके।" बंगाल की जलवायु, वहाँ के नदी-तालाब, उन्हें बहुत पसन्द हैं। प्रकृति के अलावा शिक्षा और अध्ययन की दृष्टि से भी कलकत्ते का वातावरण विचारोत्तेजक है। बंगला भाषा और साहित्य से प्रेम होने पर भी हिन्दी पर आक्षेप होते, तो वे बंगाली विद्वानों से लोहा लेते। विद्यासागर कालेज में कविता और भाषण, दोनों से ही उन्होंने अपनी भाषा और साहित्य की प्रतिष्ठा की रक्षा की। अपना अभ्युदय-काल सभी को सुनहरा लगता है। कलकत्ते में निराला जी ने अपना प्रथम साहित्यिक उत्थान देखा; वहीं पर यश के प्रकाश में उनकी आँखें खुलीं। कलकत्ता जवानी की उच्छृंखलताओं की क्रीड़ा भूमि रहा। द्वार खोलने वाली अरुण पंख तरुण किरण की स्मृति वहाँ की है। इसके विपरीत गढ़ाकोला और लखनऊ उनके संघर्ष की भूमि रहे हैं। लखनऊ और कलकत्ते की तुलना करते हुए वे कहते हैं :

"स्वास्थ्य लखनऊ में बहुत अच्छा हुआ। परन्तु मैं स्वास्थ्य का दुर्बल कभी भी नहीं था। लखनऊ का जो प्रभाव मुझ पर पड़ा है, वह मेरे साहित्य के लिए बहुत बुरा नहीं, पर बहुत अच्छा भी नहीं। क्योंकि मेरी पहले की भाषा देखने पर आसानी से समझ में आ जाएगा कि बैसवाड़ी—मेरे घर की बोली—ही मुझ पर गालिब थी। लखनऊ के वातावरण से बैसवाड़े का वातावरण मुझे बहुत पसन्द है, कविता के लिए कलकत्ते का। लखनऊ में मुझे एक फायदा हुआ। कलकत्ते की मेरी चढ़ी

आँख लखनऊ में झुक गई। मैं समतल पर आ गया। यों एकान्तप्रिय मैं कलकत्ता में भी था, लखनऊ में मुझे आपने देखा ही है।

"बंगाल में पैदा होने के कारण प्रचुर जलाशयता मुझे बहुत पसन्द है। लखनऊ में इसकी कमी थी, अब भी नमी शहर में बहुत है। मेरी बंगला की नफासत लखनऊ की सीढ़ियों से उतरते-उतरते उतर ली। मैं समझा, लखनऊ की भाषा में ही कहूँ, 'खार जारे इश्क में मुश्किल जो है मंज़िल में है।' जब तब मेरी आँख खुली है, मैं कलकत्ता को भूल नहीं सकता और लखनऊ की श्रेष्ठता मेरी निगाह में आधुनिक नहीं, प्राचीन है।"

लखनऊ में उन्होंने कई बार अपना अध्ययन-क्रम चलाने की सफल और असफल कोशिश की है। अंग्रेज़ी भाषा और साहित्य में पहले की अपेक्षा उनकी गति बहुत अच्छी हो गई है। यह बात सही है कि आवेश में वे अंग्रेज़ी में भी बोलने लगते हैं जो सिर्फ खड़ी बोली जानने वालों को या अंग्रेज़ी का साधारण ज्ञान रखने वालों को बड़े असमंजस में डाल देता है। करीब दस साल से लगातार इस बात की धमकी देने पर कि वह अंग्रेज़ी में लिखना शुरू कर देंगे, हिन्दी-भाषियों के सौभाग्य से उनकी वह धमकी अभी तक अमल में नहीं आई। पढ़ने का तरीका भी उनका अपना है। एक पन्ना पढ़ेंगे तो उसके हाशिए अर्थ से रँग डालेंगे। बर्नार्ड शॉ के 'गेटिंग मैरिड' और शेली के 'अलास्टर' का प्रत्येक पृष्ठ 'रँग गई पग-पग धन्य धरा' का उदाहरण बना हुआ है। महिषादल के हाईस्कूल में प्राप्त किये हुए अंग्रेज़ी व्याकरण के अनुपम ज्ञान का उपयोग वह हर अंग्रेज़ी के अध्यापक पर करते हैं। शेक्सपियर की सौनेटों को लेकर वह गाफिल खिलाड़ी को पलक मारते चित कर देते हैं। जब से कुछ बड़े-बड़े कांग्रेसी नेताओं से मुलाकात की है, या उनसे विशेष सम्पर्क हो गया है, तब से वह अंग्रेज़ी उच्चारण के पीछे पड़ गए हैं। डिक्शनरियों में भी एक ही नहीं, कई से उनका घनिष्ठ परिचय है। बहुत दिन तक वे इनसे तकिये का काम भी लेते रहे हैं। शायद उस भार से व्यथित होकर उन डिक्शनरियों ने अपना संचित कोष लुटाना शुरू कर दिया है।

लखनऊ की साहित्यिक कार्यवाही में उन्होंने ग्रामीण जीवन से ही अधिक लाभ उठाया है। 'अप्सरा' में कलकत्ते की कहानी है लेकिन 'अलका' और 'निरुपमा' में तो लखनऊ और गढ़ाकोला का अनुभव जुड़ा हुआ है। इसी तरह उनके रेखाचित्रों और कहानियों में अधिकांश का सम्बन्ध या तो ज़िला उन्नाव के गाँवों से है, या लखनऊ से। 'चतुरी चमार', 'कुल्ली भाट', 'बिल्लेसुर बकरिहा' और अपनी इधर की रचनाओं में निराला जी ग्रामीण जीवन के नये चित्रकार के रूप में उपस्थित हुए हैं। किसी समय रवीन्द्रनाथ की कविता और स्वामी विवेकानन्द की दर्शन-सम्बन्धी रचनाओं ने उनके रोमांटिक कवि को जगाया था।

सन् '33 के आसपास गोर्की के अध्ययन और प्रगतिवाद के नये आन्दोलन ने उनके ग्रामीण जीवन के अनुभव को साहित्य-सर्जन के लिए एक अमूल्य निधि बना दिया। यह अनुभव अधिकतर उन्होंने गढ़ाकोला में रहकर प्राप्त किया था। उसी कच्चे मकान में रहकर उन्होंने चतुरी के लड़के को हिन्दी पढ़ाई थी, उसी में रहकर उन्होंने चार-पाँच साल तक भयानक रोगों से लोहा लिया था। यहीं पर उन्होंने 'पल्लव' की विस्तृत आलोचना लिखी थी। गढ़ाकोला एक गढ़ बन गया जहाँ परास्त होने पर उन्हें शरण लेनी पड़ती थी। यह कहना कठिन है कि यदि निराला जी का समस्त जीवन महिषादल और कलकत्ते में ही बीता होता तो आज उनका साहित्यिक रूप क्या होता। यदि वह रोमांस की भूमि छोड़कर यथार्थ के जीवन के ठोस धरातल पर आ सके हैं तो इसका श्रेय उस टूटे-फूटे गढ़ाकोला को भी है।

निराला जी का सामाजिक जीवन शहर में केन्द्रित नहीं है। उसकी शाखा-प्रशाखाएँ दूर-दूर तक लखनऊ, उन्नाव और रायबरेली में फैली हुई हैं। समाज में जिस रूढ़िवाद से उन्हें मोर्चा लेना पड़ा है उसका केन्द्र भी यही गाँव है। शहर के व्यवसायियों, छोटे-मोटे दुकानदारों, विद्यार्थियों, शिक्षकों आदि को वह इतनी अच्छी तरह नहीं जानते जितनी अच्छी तरह वह छोटे-बड़े ज़मींदारों, पंडे-पुरोहितों, गंगापुत्रों, कचहरी के कीड़ों, खेतिहर किसानों और शूद्रों को जानते हैं। शहर में पैर न जमा सकने के कारण वह गाँव में अपनी रक्षा करने के भाव से जा टिकते हैं और पैर जमाकर लड़ने के लिए गाँव के जीवन से नया उत्साह, अनुभव और नई प्रेरणा पाते हैं।

उनकी इधर की रचनाओं का सम्बन्ध इलाहाबाद से रहा है। काव्य में उनके नये प्रयोग यहीं हुए हैं। यहाँ का साहित्यिक वायुमंडल उनके अधिक अनुकूल नहीं रहा। यहाँ पर उन्होंने साहित्य में एक नई दरबारी परम्परा के दर्शन किये जहाँ बीसवीं सदी के साहित्यिक नवाब अपने मुसाहबों को इकट्ठा करके अपनी साहित्यिक अभिरुचि का परिचय दिया करते हैं। इन दरबारों में सताये हुए लेखक, लेखक बनने के उम्मीदवार, ठग प्रकाशक और उनके दलाल मान-सम्मान की भावना जूतों के साथ बाहर उतारकर अन्नदाता नवाबों के पाँव पलोटते हैं। ये साहित्य-प्रभु हिन्दी के सम्पूर्ण नवीन साहित्यिक विकास को अपनी हिस्टीरिया की हँसी में उड़ा देना चाहते हैं। समाज के नैतिक कर्णधार अश्लीलता के नाममात्र से मूर्छा खाने वाले साहित्यकार, नायिका-भेद की शुद्ध साहित्यिक परम्परा के उत्तराधिकारी ऐसे गहरे पैठते हैं कि रसराज कान-मुँह-नाक से उनके प्राणों तक पहुँच जाता है। निराला जी के स्वास्थ्य पर इस वातावरण का सुन्दर प्रभाव नहीं पड़ा।

इसके सिवा युद्ध छिड़ने के बाद दिन पर दिन आर्थिक संकट बढ़ता ही गया। जीवन की छोटी-मोटी समस्याएँ सुलझने के बदले और जटिल होती गईं।

इतने छोटे मकान में, जिसे दरबा कह सकते हैं, इसके पहले उन्हें शायद ही कभी रहना पड़ा हो। इसके साथ कर्वी में भयानक बीमारी और उसके बाद भी स्वास्थ्य का न सुधरना उनकी साहित्यिक प्रगति में बाधक रहे हैं। पिछले दो-तीन वर्षों में उन पर और दूसरे छायावादी कवियों पर भद्दे ढंग से आक्षेप किये गए। यह सब होते हुए भी युद्धकाल और उसके बाद जितनी संख्या में और जितनी अच्छी रचनाएँ वे कर सके हैं, उतनी और उस कोटि की रचनाएँ अन्य कवियों में दुर्लभ हैं। हो सकता है कि अपने समाज और साहित्य की माँग को देखते हुए ये रचनाएँ काफी न हों!

3

एक आकर्षक व्यक्तित्व

इस युग के सभी साहित्य-प्रेमी जानते हैं कि निराला का व्यक्तित्व उनके साहित्य से कम रोचक और आकर्षक नहीं है। व्यक्तित्व की सूक्ष्म तलवार के लिए उन्हें म्यान भी ऐसा अच्छा मिला है कि बहुत-से लोग उसी को देखते रह जाते हैं। युक्तप्रान्त के निवासियों में वह असाधारण रूप से लम्बे हैं। गोमती के किनारे फुटबाल का मैच खत्म होने पर भीड़ में उन्हें ढूँढ़ने में दिक्कत न होती थी; उस विशाल मुंड-समुदाय में उनका सिर ऊपर उठा हुआ दिखाई देता था। कोई भी फील्ड के किसी भी कोने से देख सकता था कि कविवर मत्त-गयंद-गति से इस प्रवाह में बहते-ठेलते हुए बढ़ रहे हैं। दूसरे प्रान्त के लोगों को देखते हुए भी वे यू.पी. की नाक रखने के लिए काफी हैं। बहुत कम पंजाबी और पठान उनके डीलडौल का मुकाबला कर सकते हैं। लखनऊ के रायल सिनेमा में बैठे हुए पठान को यह यकीन दिलाना मुश्किल था कि निराला इसी मुल्क का है और पश्तो नहीं बोल सकता।

लड़कपन में उन्हें कुश्ती-कसरत का शौक था। इस बात को उनके जानने-पहचानने वाले ही नहीं, उनके साहित्य से थोड़ा-बहुत परिचय रखने वाले लोग भी जानते हैं। डलमऊ में दूध-बादाम पीकर उन सस्ते सतयुग के दिनों में भी उन्होंने दो सौ रुपये का बिल सासुजी से गवहों के नेग में वसूल किया। महिषादल और गढ़ाकोला में कलकतिया धोती और पम्प शू के बावजूद वह दंगलों में हिस्सा लेते रहे। हिन्दी छंदों की अपेक्षा उन्हें कुश्ती के दाँव कहीं ज्यादा याद हैं। धोबीपाट, कलाजंग, सखी, बहल्ली, घिस्सा, कुली, वगैरह-वगैरह रियाज के साथ बरजबान है। थ्योरी और प्रैक्टिस, दोनों में ही वह फर्स्ट क्लास पा चुके हैं। अगर कोई श्रद्धालु श्रोता मिल गया तो गामा और रवीन्द्रनाथ की कला पर घंटों तक उनकी तुलनात्मक विवेचना चला करती है। उनसे कुश्ती की चर्चा करना खतरे से खाली भी नहीं है। थ्योरी के साथ वह जब प्रैक्टिस समझाने लगते हैं, तब विद्यार्थी सावधान न हुआ तो पक्के फर्श पर उसे ऐसी शिक्षा मिल सकती है कि वह उसे ज़िन्दगी भर याद रक्खे।

मैंने उन्हें कुश्ती लड़ते कभी नहीं देखा। सन् '30-'31 में खोपड़ी घुटाये हुए लखनऊ के सबदलबाग से, जहाँ आजकल सुन्दर बाग की भव्य इमारतें हैं, होकर लाल कुएँ की तरफ कुश्ती लड़ने जाया करते थे। तब मेरा साहित्य से बहुत थोड़ा सम्बन्ध था और साहित्यकारों से तो बिलकुल ही नहीं। इसलिए मैंने तब यह न सोचा था कि इनके साथ जाकर कुश्ती देखना आगे काम देगा। उनसे मेरी पहली मुलाकात सन् '34 में हुई। श्रीराम रोड पर मेरे नामराशि श्री रामविलास पांडेय की पुस्तकों की दुकान थी। लखनऊ के साहित्यकारों का यह अड्डा भी था। निराला जी अक्सर यहाँ तमाखू खाने आया करते थे। मेरे पास 'परिमल' नहीं था, यद्यपि कविताएँ पढ़ चुका था। उन्होंने मेरे हाथ से पुस्तक लेकर पन्ने पलटते हुए कहा : "शायद ये बाद की रचनाएँ आपको पसन्द न हों।" उनका लक्ष्य मुक्त छंद की रचनाओं की ओर था। मैंने कहा : "इन्हीं की वजह से तो मैं किताब खरीद रहा हूँ। वैसे तो कविताएँ पढ़ चुका हूँ।" फिर उन्होंने अपने उपन्यासों के बारे में पूछा। मैंने कहा : "मैंने उन्हें पढ़ा है लेकिन पढ़कर खुशी नहीं हुई। ऐसा लगता है, कोई नौसिखिया लेखक अपने व्यक्तिगत अनुभव लिख रहा है।" मैंने सिर्फ 'अप्सरा' उपन्यास पढ़ा था, उसी के आधार पर यह राय दी थी। बात उनको उतनी ही बुरी लगी जितनी मुक्त छंद के बारे में मेरी राय अच्छी लगी होगी। फिर भी उन्होंने ज़ाहिर नहीं होने दिया। तमाखू की पीक थूकने के बहाने अपना भाव छिपा लिया। मुझसे वादा किया कि अपने सब उपन्यास खरीदकर मुझे पढ़ने को देंगे। वैसा ही उन्होंने किया भी। प्रकाशक से मिलने वाली सभी प्रतियाँ मित्रों को भेंट हो चुकी थी। मैं सोचता था, इनके बराबर किताबें लिखने पर कोई भी आदमी इन्हें अलमारी में सजाकर अपने बड़प्पन के खयाल से खुश होता। उनका घर हिन्दी, बँगला की किताबों और अखबारों से भले ही भरा-पूरा हो, उसमें उनकी अपनी किताबें नहीं थीं। वे अपनी पुस्तकें इतनी उदारता से बाँटते हैं कि घर में कोई प्रति रह नहीं सकती। जब मैं उनके साथ रहता था, वे मुझे भेंट की हुई पुस्तकें भी दूसरों को भेंट कर दिया करते थे। कभी-कभी मेरे लिए नई प्रतियाँ खरीद लाते थे, कभी भूल जाते थे। वैसे उन्हें अपनी पुस्तकों की संख्या ही नहीं, पृष्ठ-संख्या तक का ध्यान रहता है। गुणात्मक सृजन से ही संतोष नहीं होता, वे उसके परिणाम का भी ध्यान रखते हैं।

'अप्सरा' मैंने फिर पढ़ी। दो लम्बे कागज़ों पर मैंने संक्षेप में अपनी आलोचना लिखी। सुनने पर कई बातें उन्होंने स्वीकार कीं, कई का प्रतिवाद किया। आगे चलकर उनकी प्रकृति का जो परिचय मिला, उसे देखते हुए उनके अत्यन्त धीर और शिष्ट व्यवहार पर आश्चर्य होता है। उन दिनों 'देशदूत' के वर्तमान सम्पादक श्री ज्योतिप्रसाद मिश्र 'निर्मल' 'अभ्युदय' में निराला जी की कविता और उनके व्यक्तित्व पर बड़े भद्दे ढंग से आक्षेप कर रहे थे। वे सब लेख मैंने पढ़े और हिन्दी

के वादविवाद की परम्परा से परिचय प्राप्त किया। उन दिनों ऐसा मालूम होता था कि कहीं निर्मल जी लखनऊ आ गए तो बीच अमीनाबाद में वह दंगल देखने को मिलेगा कि अद्धा और सादिक की सभी कुश्तियाँ हेच मालूम होंगी। किसी के ज़रिये इलाहाबाद यह सन्देश भी पहुँचाया कि उस शुभ घड़ी के लिए उन्होंने चमरौधा जूता भिगोकर रख छोड़ा है। निर्मल जी ने अपने लेख में इस सूचना को स्वीकार किया और इस बात पर हर्ष प्रकट किया कि नंगे पाँव चलने के बाद कविवर को चमरौधा तो नसीब हुआ। कुछ दिन बाद निर्मल जी लखनऊ पधारे। कालेज से लौटने पर मैंने देखा कि केला और संतरों से उनका सत्कार किया जा रहा है।

उन दिनों निराला जी का स्वास्थ्य काफी अच्छा था। पैर में सायटिका की शिकायत करने पर भी काफी घूम लेते थे। इस तरह घूमते हुए या पार्क में बैठकर वह सैकड़ों कविताएँ सुना डालते थे। रवीन्द्रनाथ की कविताएँ तो उन्हें ढेरों याद थीं। छोटी कविताएँ ही नहीं, 'सूरदासेर प्रार्थना' जैसी रचनाएँ सुनाते हुए भी शायद ही कहीं एकाध कड़ी भूलते हों। कविता पढ़ते हुए वह पूर्ण तल्लीन हो जाते थे, भावपूर्ण स्थलों पर उन्हें कंठावरोध हो आता था और सारा शरीर पत्ते जैसा काँप उठता था।

अवध के किसान कहा करते हैं कि खोदने से पानी निकलता है और घोखने से विद्या आती है। निराला जी अंग्रेज़ी ही नहीं, संस्कृत, बँगला, हिन्दी और उर्दू की जिन रचनाओं को घोखना शुरू करते हैं, उनसे पानी निकालकर ही छोड़ते हैं। 'कुमारसम्भव' पढ़ते थे तो श्लोकों को कापी में उतार लेते थे। कोई भी संस्कृत जानने वाला मित्र या साहित्य-प्रेमी मिलता, तो उन्हीं की चर्चा करते। इसी तरह 'मेघदूत' का भी उन्होंने अध्ययन किया था। आगे चलकर उर्दू गज़लों की भी उन्होंने यही गति की।

साहित्य के साथ उन्हें संगीत से भी प्रेम है। कुछ पक्के गाने उन्होंने लड़कपन में सीखे थे जो अभी तक उनके साथ हैं। 'गीतिका' की भूमिका में उन्होंने प्राचीन संगीत-पद्धति का तीव्र विरोध किया है परन्तु कुछ अपने ही गीत, जैसे 'नयनों के डोरे लाल गुलाल भरे खेली होली'—वह पुरानी तर्ज़ पर ही गाते हैं। उनका विशेष विरोध भातखंडे पद्धति से है। श्रीरामकृष्ण त्रिपाठी की शिक्षा इसी पद्धति के अनुसार मैरिस म्यूजिक कालेज में हुई है। उनको भर्ती हुए दो ही साल हुए थे कि गुरुभक्ति अधिक उद्दंड हो उठी। अक्सर इस बात पर बहस होती कि 'चंडीदास' फिल्म के गाने अच्छे हैं या इनके स्कूल में सिखाई जाने वाली बन्दिशें। निराला जी कहते—'तज के सब संसार' के लोच की ज़रा नकल करके तो दिखाओ। रामकृष्ण जी नकल तो कर लेते लेकिन लोच न आ पाता। विजयी पिता की हँसी से खीझकर वह चुनौती देते—ज़रा कोमल निषाद या कड़ी मध्यम तो लगाकर दिखाइए। लेकिन कवि इस झाँसे में कभी न आते।

महादेव बाबू से उन्होंने उर्दू की काफी गज़लें सुनी थीं। तभी से उन्हें गज़लें गाने का भी शौक है। बंगाल में रहकर बँगला गीत गाना भी उनके लिए स्वाभाविक था। रवीन्द्रनाथ की 'जामिनी ना जेते', 'सकल गरब दूरि करि दिबो', 'अहा जागि पोहाल विभावरी' आदि गीत उन्हें बहुत प्रिय हैं। यह तो नहीं कहा जा सकता कि उसकी अदायगी टैगोर स्कूल की है, परन्तु अपने ढंग से वह उन्हें गाते हैं और वह बहुत सुन्दर ढंग होता है। यह संगीत-चर्चा तब और भी सुन्दर होती है जब उनके हाथ में हारमोनियम आ जाता है। कभी-कभी गाते-गाते वह इतने तन्मय हो जाते हैं कि उँगलियाँ द्रुत वेग से ही नहीं चलाते बल्कि उनका प्रहार इतना सबल हो जाता है मानो वह तबले के बोल भी हारमोनियम से ही निकालकर मानेंगे। उस समय उन्हें यह ध्यान नहीं रहता कि इस क्रिया से हारमोनियम की क्या दशा होगी। इससे भी ज्यादा मग्न वह ताल देने में होते हैं। छंद-शास्त्र में नित्य नये प्रयोग करने वाले कवि को ताल से भी दिलचस्पी हो, इसमें आश्चर्य ही क्या! वह भावावेश में उठ-उठ बैठते हैं, और सम आने पर गायक के इतने नज़दीक हाथ ले जाकर चुटकी बजाते हैं कि अपरिचित हो तो बेचारा गाना ही भूल जाए। मुख-मुद्रा ऐसी हो जाती है कि श्रोताओं के लिए धैर्य धारण करना कठिन हो जाता है। मेरे धैर्य की सबसे कठिन परीक्षा उस बार हुई जब श्री भगवतीचरण वर्मा 'हम दीवानों की क्या हस्ती' सुना रहे थे। निराला जी भी एकदम मस्त होकर पैर को ढोलक बनाकर ताल दे रहे थे। पहलेपहल वर्मा जी के मुँह से कविता सुनने का सौभाग्य मिला था। मैंने कमरे से बाहर निकल जाने में ही खैर समझी।

निराला जी के गाने की एक विशेषता यह है कि उसमें शब्दों के स्वर-सौन्दर्य को पूर्ण प्रसार मिलता है। विशेष रूप से उनके अपने नये गीतों में इस तरह का स्वर-सौन्दर्य प्रचुर मात्रा में है। भातखंडे स्कूल के गायक उनके गीतों को स्वर-बद्ध करते हुए बहुधा इस सौन्दर्य की रक्षा नहीं कर पाते। उनके गीतों में ऐसा स्वाभाविक स्वर-प्रवाह है कि वह रूढ़िवादी गायक के बन्धन स्वीकार नहीं करता।

गाने की अपेक्षा लिखने में उनकी तल्लीनता और भी बढ़ जाती है। वह जो कुछ लिखते हैं, बड़े ही मानसिक और शारीरिक परिश्रम के साथ भावों के समान अक्षरों को भी सँवारते हुए। किसी को पोस्टकार्ड लिखना होता है तो भावों को शब्द-रूप देते-देते तीन-चार कार्ड बिगाड़ देना कोई असाधारण बात नहीं है। कविता लिखने का परिश्रम उनके मुँह पर साफ झलक उठता है। नारियल वाली गली में 'तुलसीदास' लिखते हुए मैंने उन्हें देखा है। आठ-नौ बजे तक हीवेट रोड के पैरागॉन रेस्तराँ से चाय पीकर वह लौट आते थे। नीचे के कमरे में तीन-चार घंटों तक वह 'मोगल दल बल के जलदयान' से युद्ध करते थे। बारह-एक बजे अपने प्रयास के फलस्वरूप एक-दो पन्ने लिये हुए जब ऊपर आते थे, तब मालूम होता था, कोई मज़दूर छह घंटे मिट्टी के पास तपकर बाहर आया है। उनके चेहरे

पर एक तनाव-सा होता था और आँखों में थकन के साथ संतोष की झलक भी। साहित्य-रचना उनके लिए सचमुच एक तपस्या है और नरेन्द्र शर्मा की ये पंक्तियाँ उन पर भी लागू होती हैं :

वह हिन्दी का लेखक था,
खून सुखाकर लिखता था।

उन पर दुरूहता का दोष लगाया जाता है, लेकिन इसका कारण जल्दबाज़ी नहीं है। खाना पकाने, सोने और लिखने में वह कभी जल्दी नहीं करते। रचना को अलंकृत करने की चाह और व्यंजना में वक्रता लाने की उत्कंठा कभी-कभी उन्हें दुरूह बना देती है। पद्य ही नहीं, गद्य की भी पांडुलिपि तैयार करने में वह ढेर-के-ढेर पन्ने खराब कर डालते हैं। गंगा-पुस्तक-माला से काम छोड़कर जब वह इलाहाबाद जा रहे थे, तब लिखे-अधलिखे, पूरे-अधूरे, तिहाई-चौथाई सैकड़ों पन्ने उनके कमरे में बिखरे हुए थे। इस शंका से कि इन पन्नों का उपयोग उनकी कला का प्राथमिक परिपक्व रूप दिखाने के लिए किया जाएगा, उन्होंने उन सबको नष्ट कर दिया।

रोमांटिक कवि अपनी एकान्तप्रियता के लिए प्रसिद्ध हैं। निराला जी स्वयं अकेले घूमने और चिन्तन में डूबे रहने के काफी आदी हैं। फिर भी संगत, सभा, समाज से जितना प्रेम उन्हें है, उतना शायद ही किसी दूसरे कवि को हो। अधिकतर शहर में मकान लेकर वह अकेले ही रहते रहे हैं। लेकिन चाय पीने और साहित्य-चर्चा करने के लिए वह दूर-दूर से मित्रों को पकड़ लाते थे।

पाक-शास्त्र में वह साहित्य-शास्त्र के समान ही अपने को आचार्य मानते हैं। दस-पाँच मित्रों को इकट्ठा करके खिलाने में उन्हें उतना ही आनन्द आता है, जितना उन्हें कविता सुनाने में। ऐसा भी होता है कि भूनते हुए खाद्य-पदार्थ जल गया तो सोंधा कहकर उसे गले उतारते हैं। भोजन बहुत अच्छा बनने पर मित्रगण तारीफ करते हुए इतना उड़ा जाते हैं कि कवि के पल्ले यों ही कुछ थोड़ा-सा पड़ जाता है।

आम और खरबूज़ों की उन्हें खास पहचान है। सफेदे की ढेरी के आस-पास वह ऐसे मँडराते हैं, जैसे कमल पर भौंरा—खास तौर से तब, जब गाँठ में पैसे कम हों। एक बार अमीनाबाद में मलिक की दुकान के सामने एक ढेरी वाले को दिखाकर कहा : "इससे जाकर पूछो कि इतने में न देगा।" मैंने पूछा : "आप क्यों नहीं जाते?" उन्होंने जवाब दिया—"मैं उससे कई बार कह चुका हूँ और अब तक वह मुझे पहचान गया है।" वह ढेरी हम लोगों को बदी न थी।

निराला जी के लिए यह जरूरी नहीं है कि मिलने-बोलने के लिए बड़े साहित्यकार ही हों। स्कूल कालेज जानेवाले लड़कों से भी वह बड़े स्नेह से मिलते

हैं। वास्तव में वह बड़े-छोटे का खयाल बहुत कम करते हैं। गाँव के किसानों और चमारों से वह बड़े अपनपौ से मिलते हैं। संस्कृत के पुराने पंडित उन्हें अपने घर का ही समझते हैं जब तक कि अभ्यासवश वह कभी-कभी अंग्रेज़ी नहीं बोल जाते। साहित्य से अनभिज्ञ लोगों से मिलते हुए वह बहुधा इस बात का ध्यान रखते हैं कि वह उनके स्तर से ऊँचे न उठ जाएँ। उनके हर काम में वह बड़े उत्साह से शामिल होते हैं। एक बार के.सी. डे लेन, सुन्दर बाग, लखनऊ में, मछलियों में मगरमच्छ की तरह, छोटे लड़कों से वह कबड्डी भी खेले थे।

कविता-पाठ और भाषण में भी कुछ विशेषताएँ ध्यान देने योग्य हैं। दुरूहता, अस्पष्टता आदि के आक्षेप होने पर भी वह अपनी कविता लेकर जनता के सामने आने की ताब रखते हैं। मुक्त छंद का विरोध होने पर न जाने कितनी सभाओं में उसे सुनाकर उन्होंने विरोध शान्त किया है। मुक्त छंद की रचनाओं की नाटकीयता, स्वर का उत्थान-पतन और उसके सहज प्रवाह द्वारा भाव-प्रदर्शन करना उनके पाठ की विशेषताएँ हैं। चाहे 'जुही की कली' के समान सौन्दर्य-प्रधान रचना हो, चाहे 'समर में अमर कर प्राण' जैसी वीररसपूर्ण कविता हो, वह अपने उदात्त और मन्द स्वरों से भाव-सौन्दर्य के समान रूप से प्रकट कर सकते हैं। गायन के समान कविता-पाठ में भी उनकी सफलता का कारण स्वर का सहज रूप में पूर्ण प्रसार है।

समर में अमर कर प्राण
गान गाये महा सिन्धु से।

इन पक्तियों को पढ़ते हुए 'प्राण' और 'गान' के आवर्त को वे स्वर खींचकर प्रकट करते हैं। उनकी कविता अनुप्रास और शब्द-सौन्दर्य से पूर्ण होती है। उसका आनन्द पढ़ने पर ही आता है, मन में गुनगुनाने से अशरीरी भाव-सौन्दर्य ही पल्ले पड़ता है। जब वह मंच पर 'कम्पित जंगम, नीड़ विहंगम, ऐ न व्यथा पाने वाले' कहते हुए बादल को सम्बोधित करते हैं तो उनका स्वर ही क्रान्ति का भाव-चित्र बन जाता है।

छंदबद्ध रचनाओं में भी स्वर-प्रवाह में यथेष्ठ वैचित्र्य रहता है। वह तुकान्त छंदों की पंक्तियों की सीमा लाँघते हुए भाषा की स्वाभाविक यति-गति के अनुसार पढ़ते हैं। उदाहरण के लिए 'सरोज-स्मृति' का पाठ करते हुए जहाँ विराम लगा होता है, वहीं रुकते हैं, चाहे विराम पंक्ति के बीच में हो चाहे अन्त में। 'राम की शक्ति-पूजा' जैसी रचना में दीर्घ पंक्तियाँ लहरों की तरह पछाड़ खाती हुई गिरती हैं। उञ्चास पवनों का चलना, समुद्र की लहरों का आकाश छूना, अन्धकार का जल की तरह बहना, रावण का अट्टहास, राक्षसों और वानरों के पद-चाप से पृथ्वी का हिलना आदि-आदि क्रियाएँ पाठ द्वारा अच्छी तरह व्यक्त होती हैं। 'राम

की शक्ति-पूजा' उनकी सबसे ओजपूर्ण रचना है। और वैसी ही पूर्ण तल्लीनता, से वह उसे सुनाते भी हैं। मंच पर खड़े हुए ऊँचा हाथ उठाकर 'चमकती दूर हो ताराएँ ज्यों कहीं पार' का भाव वही प्रदर्शित कर सकते हैं। वैसे ही 'हो श्वमित पवन उञ्चास पिता पक्ष से तुमुल' का भाव दर्शाते हुए उनके केश-गुच्छ झटका खाती हुई गर्दन के आसपास असाधारण रूप से चंचल हो उठते हैं। 'तुलसीदास' में दो छोटी पंक्तियों के बाद एक दीर्घ पंक्ति आती है और इस तरह के दो टुकड़ों से एक छंद बनता है। इसके प्रवाह में अधिक समरसता है। मानो बाज पक्षी धीर गति से बादलों के ऊपर उड़ान भरता हुआ मीलों तक यों ही उड़ता चला जाए और उसके पंख थकें नहीं। 'बादल राग' वाली कविताओं में विप्लव-सम्बन्धी उनकी प्रसिद्ध रचना में ओज और करुणा का विचित्र सम्मिश्रण है। उसमें बादल का गर्जन और चातक की पुकार, दोनों हैं। 'तुझे बुलाता कृषक अधीर' कहते हुए उनका स्वर व्यथित हो उठता है और 'ऐ जीवन के पारावार' में भविष्य के प्रति उनका संयत आत्म-विश्वास प्रकट होता है। उन पर 'बादल राग' की ये पंक्तियाँ अच्छी तरह लागू होती हैं :

मुक्त! तुम्हारे मुक्त कंठ में
स्वरारोह अवरोह विधान,
मधुर मन्द्र, उठ पुन: पुन: ध्वनि
छा लेती है गगन, श्याम कानन
सुरभित उद्यान।

कविता-पाठ की स्वाभाविकता उनकी बातचीत में भी होती है। वे अपनी धारा-प्रवाह बैसवाड़ी के लिए प्रसिद्ध हैं। यद्यपि वे बंगाल को अपनी मातृभूमि कहते हैं, परन्तु जो भाषा जाने-अनजाने उनके मुख से निकल पड़ती है, वह बैसवाड़ी है। यही एक भाषा है जिसे वह चौबीस घंटों में सबसे ज़्यादा बोलते हैं और जिसके आधार पर उन्होंने अपने सबसे अकृत्रिम गद्य की रचना की है। महिषादल में भी उनके घर की बोली अवधी ही थी।

उनकी बातचीत को ज्यों-की-त्यों उद्धृत करना अत्यन्त कठिन है। गोर्की ने टॉल्स्टॉय के बारे में लिखा था कि उनकी बातचीत में कभी-कभी ऐसी ग्रामीणता आ जाती है जो शिष्ट नागरिक व्यवहार के प्रतिकूल है लेकिन जो टॉल्स्टॉय की बातचीत में बिलकुल नहीं अखरती। यही बात निराला जी के लिए भी कही जा सकती है। किसी गम्भीर वाद-विवाद में वह अचानक इस ग्रामीणता का पुट दे सकते हैं और तब उनका तर्क अकाट्य हो जाता है।

उनकी तर्क-प्रणाली में हमेशा तर्क ही की प्रधानता नहीं होती। एक बार कालिदास और रवीन्द्रनाथ की तुलना करते हुए वह कालिदास के दोष दिखाने

लगे। 'शकुन्तला' नाटक से उस स्थल का हवाला दिया जहाँ प्रथम मिलन के बाद शकुन्तला दुष्यन्त से विदा होती है। कालिदास ने उपमा दी है : यष्टि के समान उसका शरीर तो आगे बढ़ता था परन्तु पताका के समान उसका मन पीछे की ओर उड़ रहा था। निराला जी ने कालिदास के अज्ञान की चर्चा करते हुए कहा कि यष्टि आगे चलेगी तो पताका उसके आगे कैसे उड़ेगी? यह तो अत्यन्त अस्वाभाविक क्रिया है। लगभग आधे घंटे की बहस के बाद वह यह मानने के लिए तैयार हुए कि कालिदास के श्लोक में पताका पीछे के भी उड़ सकती है लेकिन इस शर्त पर कि "तुम्हारा मतलब सही हो सकता है लेकिन हम जो कह रहे हैं, वह भी बिलकुल गलत नहीं है।"

एकाध बार उनके बंगाली मित्रों से भी उनकी बहस सुनी है। उस समय हिन्दी के समर्थन में उनकी दलीलें सुनकर यह नहीं मालूम होता कि यह बँगला को कभी अपनी मातृभाषा भी कहते होंगे। उनके तर्क के चक्र पर बड़े-बड़े लेखक धुनी हुई रूई की तरह इधर-उधर उड़ते हुए दिखाई देते हैं। इसी तरह कभी हिन्दी पर कोप होता है तो सुनने वाले को ऐसा लगता है कि हिन्दी-भाषी होने से बढ़कर लज्जा की बात और कोई नहीं हो सकती। इस तरह के एकांगीपन के बावजूद यह कहा जा सकता है कि बँगला साहित्य से उन्हें स्थायी प्रेम है और हिन्दी की गौरवपूर्ण परम्परा की रक्षा करते हुए वे सदा इस बात के लिए प्रयत्नशील रहते हैं कि हिन्दी और हिन्दी-भाषी जनता की उत्तरोत्तर उन्नति हो। नये लेखकों को वह बराबर प्रोत्साहन देते हैं। मील-दो मील जाकर उनकी रचनाएँ सुनना और उनका मन बढ़ाना उनके लिए अपनी प्रतिष्ठा के प्रतिकूल नहीं होता। उनके सम्पर्क में आने वाला शायद ही कोई युवक साहित्यिक होगा जिसने उनसे प्रेरणा और उत्साह न पाया हो। मेरी पीढ़ी के कई ऐसे लेखक हैं जिन्होंने उनसे हिन्दी लिखना सीखा है। हिन्दी के बहुत-से अशुद्ध प्रयोगों का ज्ञान मुझे पहले-पहल उन्हीं से हुआ। बँगला साहित्य की थोड़ी-बहुत जानकारी भी उन्हीं के सम्पर्क से हुई। एक जगह उन्होंने अपने को विलास का कवि कहा है और इससे सन्देह नहीं कि ऐश्वर्य और विलास के प्रति उनका प्रबल आकर्षण है। वह हर चीज़ ग्रैंड स्टाइल में करना चाहते हैं। मालिश हो तो रूह से, दूध-बादाम पिया जाए तो महीने में दो सौ रुपये का और फटेहाल रहा जाए तो वह भी रोटी फिल्म के अभिनेताओं की तरह एक आन-बान के साथ। चादर पर दवात लुढ़क गई है लेकिन आप उसी की तहमद लगाये अमीनाबाद में घूमते चले जा रहे हैं। बाल रखाते हैं तो कंधों को छूते हुए और बनवाते हैं तो छुरे से मुड़ाकर ही दम लेते हैं। अलबत्ता उन्हें इस बात का बड़ा ध्यान रहता है कि सभा-समाज में जाएँ तो कोई उनके वेश की ओर उँगली न उठाये। शायद वे समझते हैं कि जब तक वे सभा-समाज में नहीं जाते, तब तक उन्हें ज़्यादा लोग देखते नहीं हैं। भीड़भाड़ वाले शहर में भी उन्हें तनहाई मालूम

होती है। उन्हें यह ध्यान नहीं रहता कि उनका रूप, आकार और वेशभूषा हर हालत में देखने वालों का ध्यान आकर्षित करती है। कुछ दिन से उन्होंने तहमद को तिलांजलि देकर या उसी को बीच से मोड़कर घुटनों तक की लुंगी अपनाई है।

जब सभा-समाज में जाते हैं, विशेष रूप से जब उन्हें कवि-सम्मेलन का सभापतित्व करना होता है, तब वह अपने नखशिख का बड़ा ध्यान रखते हैं। दस साल पहले वह ऐसा अवसर आने पर धोबी को अर्जेंट कपड़े दिया करते थे, लेकिन अब उनकी भूषा इस योग्य नहीं होती कि अर्जेंट धुलाई के बाद वह उनका साथ दे सके। अब धोबी के बदले उन्हें बजाज और दर्जी की शराण लेनी पड़ती है। एक श्रद्धालु मित्र ने उन्हें अपने यहाँ कवि-सम्मेलन का निमंत्रण देते हुए अनेक बार अपनी श्रद्धा का उल्लेख करते हुए उनसे निराश न करने की प्रार्थना की और पहुँचने पर उनकी सेवा में पत्रम् पुष्पम् भेंट करने का वचन दिया। पत्र दिखाते हुए निराला जी ने कहा : "इनकी श्रद्धा लेकर चाटें? बिना ऐडवांस के कपड़े कैसे बनेंगे?"

नारियल वाली गली का मकान जब कभी झाड़ा-बुहारा जाता था तो मुझे तुरन्त सन्देह होता था कि आज कहीं कवि-सम्मेलन होने वाला है। फर्श पर बिखरी हुई किताबें अलमारियों में पहुँच जाती थीं। ढेरों अखबार जो पतझड़ के पत्तों की तरह फैले होने थे, किसी कोने में या अलमारी के ऊपर तरतीब से रख दिये जाते थे। दरवाज़े के पास तमाखू की पीक के दाग धुँधले पड़ जाते थे। उस दिन कविवर सन्दल सोप से स्नान करते। यत्न से बनवाई हुई दाढ़ी और गाल सन्दल के स्पर्श से चमक उठते। विधिपूर्वक तैयार किया हुए भोजन पाकर गद्दे के अभाव में फर्श पर रज़ाई बिछाकर गहरी निन्द्रा में निमग्न हो जाते। चार-पाँच बजे अर्जेंट धुलाये कपड़े निकालकर कान्तिमान शरीर की शोभा बढ़ाते। इत्र की शीशी बालों में लुढ़का लेते। यद्यपि इस क्रिया से एक बार छींकें आने लगी थीं और माथे में दर्द भी होने लगा था। इस सब तैयारी के बाद वे कविता के ध्यान में खो जाते। मानी बात है कि मंच पर उनका रंग खूब जमता।

फिर भी जिस बेखुदी से वह घर पर या किसी मित्र के यहाँ कविता सुनने या गाने लगते हैं, वह रंग कुछ दूसरा ही होता है। एक दिन भोजन के बाद की नींद से उठकर वह 'नयनों के डोरे लाल गुलाल भरे होली' गाने लगे। मैं ऊपर के कमरे में सो रहा था या तन्द्रा में था। स्वर सुनकर उठ बैठा और बिना उनके जाने हुए नजदीक आकर गीत सुनने लगा। वह इतने बेसुध होकर गा रहे थे कि बिना रियाज के भी उनके स्वर छंद के शब्दों की तरह सच्चे लग रहे थे। उनकी मुरकी और कन देखकर मैं यह समझा कि कोई पुरानी चीज़ गा रहे हैं। गीत समाप्त होने पर मैंने प्रशंसा के स्वर में पूछा : "आप किसकी होली गा रहे थे?" एक क्षण तक उत्तर दिये बिना वे मेरी तरफ ऐसे देखते रहे मानो मुझसे कोई भारी अपराध हुआ हो।

फिर स्वर को यथेष्ट मुलायम करके बोले : "हमारी है और किसकी होगी?" इसी प्रकार एक बार कवि श्री शिवमंगलसिंह 'सुमन' के यहाँ उन्होंने बँगला के गीत गाये थे। ड्राइनिंग रूम में भोजन करके 'सुमन' के छोटे बच्चे अरुण से खेलते हुए 'अहा जागि पोहालो विभावरी' आदि और अपने प्रिय बँगला के गीत गाने लगे। स्वर को बढ़ाने की ज़रूरत न थी क्योंकि श्रोता तीन-चार ही थे। जब वह धीमी आवाज़ में गाते हैं, तब स्वर पर नियंत्रण खूब रहता है।

अकेले रहने के कारण बीमारी में तीमारदार भी कोई नहीं रहता और वह ग़ालिब की पंक्तियाँ गुनगुनाते ही नहीं, उन्हें जीवन में चरितार्थ भी करते हैं। एक बार लखनऊ में देखा कि अन्धाधुन्ध बुखार चढ़ा है, घर में कोई पानी देने वाला भी नहीं है। मैंने कहा : "दवा ला दूँ और यहाँ रहकर आपकी देखभाल करता रहूँ।" उन्होंने ऐसे ढंग से सिर हिलाया कि इसरार करना नामुमकिन हो गया। गढ़ाकोला में वे भयानक रूप से बीमार पड़े थे और मगडायर के लोग बतलाते हैं कि उस समय भी वह अपने तीमारदार खुद ही थे। उससे भी खराब बीमारी उन्होंने कर्वी में पाई जब सत्तर पौंड वज़न कम हो गया था। मैंने उन्हें निरोग होने पर इलाहाबाद में देखा था। खोपड़ी घुटाये हुए धुँधली रोशनी में वह एक कुल्हड़ से रबड़ी खा रहे थे। मैंने उन्हें दरवाज़े से देखा लेकिन पहचान न पाया और एक आदमी से पूछने लगा : "निराला जी का कमरा कौन सा है?" तब तक उन्होंने आवाज़ देकर भीतर बुलाया। उनका शरीर कृश हो गया था, आँखें भीतर को धँस गई थीं और कमर कुछ झुकी हुई-सी मालूम होती थी। तब से अब तक उन्होंने बहुत कुछ स्वास्थ्य-लाभ कर लिया है, फिर भी सन् '34 की हालत तक फिर नहीं पहुँच पाए।

निराला जी के व्यक्तित्व में निर्भीकता और उद्दंडता कूट-कूटकर भरी है। श्मशान और नगर में वह पूर्ण स्वच्छंदता से बिचरते हैं। डलमऊ में अवधूत टीला उनका ठीहा है। महिषादल में भी वह मसान में घूमने जाया करते थे। 'जुही की कली' का सुहाग उन्होंने यहीं देखा था। बरकत की अँधेरी रात में खेतों और मैदानों को पार करते हुए उन्हें ज़रा भी भय नहीं होता। उनकी निर्भीकता दुःसाहस की सीमा तक पहुँची हुई है। इसका असर उनकी बातचीत पर भी है। वे बनावटी शिष्टाचार तोड़ते हुए निर्द्वन्द्व भाव से बातें करते हैं, सुनने वाला क्या सोचे और समझेगा, इसकी उन्हें परवाह नहीं रहती। जब उन्होंने महात्मा गांधी से कहा था : "मैं हिन्दी साहित्य सम्मेलन के सभापति महात्मा गांधी से मिलने आया हूँ, राजनीतिक नेता से नहीं",—तब भी उनका यही भाव था। फैजाबाद के प्रान्तीय साहित्य सम्मेलन में कुछ राजनीतिक नेताओं के हिन्दी साहित्य पर आक्षेप करने पर वहीं खड़े होकर उन्होंने मुँहतोड़ जवाब दिया। नेताओं के भक्तों ने 'बैठ जाओ, बैठ जाओ', कहकर उन्हें चुप करने का विफल प्रयास किया। पंडित जवाहरलाल नेहरू से रेल की मुलाकात, पंडित गोविन्दवल्लभ पंत से लखनऊ और दूसरी जगहों की भेंट के पीछे

हिन्दी के समर्थन का भाव काम करता रहा है। जो भी मनुष्य साहित्य को उचित स्थान नहीं देता, उसे ललकारने में वह कभी आगा-पीछा नहीं करते। इस सम्बन्ध में एक रोचक घटना का वर्णन सुना था। लखनऊ में एक हिन्दी-हितैषी राजा साहब आए थे। उनके यहाँ कई हिन्दी साहित्यिक पलते हैं, इसलिए वह अपने को हिन्दी साहित्य का मर्मज्ञ और बहुत-कुछ समझते हैं। मैंने सुना है कि एक-आध कवि ऐसे भी हैं जो रस-संचार के लिए उपकरण भी जुटाते हैं। हिन्दी लेखकों पर राजा साहब की कैसी दृष्टि पड़ती होगी, इसका अन्दाज़ लगाया जा सकता है। लखनऊ के एक प्रकाशक-सम्पादक-साहित्यिक ने उनके सम्मान में चाय आदि का प्रबन्ध किया। लेखक भी बुलाये गए। जब राजा साहब तशरीफ लाये तो सब लोग उठकर खड़े हो गए। और लोगों का कहना था कि निराला इतना अशिष्ट था कि उठकर खड़ा भी नहीं हुआ। एक वयोवृद्ध साहित्यिक सबका परिचय कराने लगे—गरीब-परवर, यह फलाने हैं, यह फलाने। इसी गरीब-परवर की धुन में वह निराला जी तक पहुँचे और अपना सम्बोधन दुहराया ही था कि कविवर खड़े हो गए और राजा साहब को मुखातिब करके बोले : "हम वह हैं, हम वह हैं जिनके बाप-दादों के बाप-दादों की पालकी तुम्हारे बाप-दादों के बाप-दादा उठाया करते थे।" राजा साहब की दृष्टि से तुरन्त ही अवज्ञा का भाव गायब हो गया।

4

सांस्कृतिक जागरण और 'परिमल'

निराला जी का जन्म ऐसे परिवार में हुआ था जहाँ महावीर जी के प्रति असीम श्रद्धा थी और वेश्या के लड़के के यहाँ पानी पीने पर ज़बर्दस्त मार पड़ती थी। हम कह सकते हैं कि उनके परिवार पर पुरानी संस्कृति की गहरी छाप थी। उनके घर के लोग राम और कृष्ण के उपासक, सामाजिक बन्धनों को मानने वाले और किसी तरह के भी विद्रोह से कोसों दूर रहने वाले थे। इस तरह के वातावरण की वास्तविक देन 'साकेत' और 'यशोधरा' हैं, न कि 'परिमल' और 'अनामिका'। लेकिन निराला जी का सम्बन्ध एकमात्र घरेलू वातावरण से न था। उन्हें शहर की हवा भी लग चुकी थी, जिसमें विद्रोह और उच्छृंखलता, दोनों के ही कीटाणु विद्यमान थे। बैसवाड़े की आल्हा-नौटंकी संस्कृति के अलावा युवावस्था में उनका सम्पर्क बंगाल की दो महान् सांस्कृतिक धाराओं से हुआ। एक तो श्री रवीन्द्रनाथ ठाकुर के नेतृत्व में बंगाल का नवीन सांस्कृतिक जागरण और दूसरा स्वामी विवेकानन्द का स्थापित किया हुआ श्रीराम कृष्ण मिशन। इन दोनों का उन पर स्थायी प्रभाव पड़ा है। और इसमें सन्देह नहीं कि अपने साहित्यिक जीवन के आरम्भकाल में उन्हें पहले इन्हीं से प्रेरणा मिली।

सन् '20 तक श्री रवीन्द्रनाथ बंगाल में ही नहीं, समूचे भारत में महाकवि और विश्वकवि के रूप में प्रसिद्ध हो चुके थे। बँगला कविता को पुरानी रूढ़ियों के दलदल से निकालकर उन्होंने प्रगति की समतल भूमि पर ला खड़ा किया था। अंग्रेज़ी के गीत साहित्य की तरह उन्होंने बँगला में नये छंदों की रचना की। उसे एक नई गीतात्मकता दी। समूची पौराणिक संस्कृति को उन्होंने अपने काव्य का विषय बनाया, उपनिषदों से लेकर मुसलमान संतों की बानी तक को उन्होंने नया रूप दिया। वे एक महान् सांस्कृतिक जागरण के अग्रदूत थे जिसकी किरणें बंगाल की सीमाओं को पार करके दूर के प्रान्तों तक फैल गई थीं।

उस समय भी कुछ ऐसे लोग थे जो रवीन्द्रनाथ की रचनाओं को शैली आदि रोमांटिक कवियों की नकल कहकर मुँह बिदकाते थे। इसी तरह आगे चलकर छायावादी साहित्य के आलोचकों ने भी उसे बँगला की नकल कहकर उसकी

खिल्ली उड़ानी चाही। वे इस बात को भूल गए कि ये दोनों आन्दोलन राष्ट्रीय जागरण के दो रूप हैं। बंग-भंग के आन्दोलन का रवीन्द्रनाथ पर गहरा असर पड़ा। नये राष्ट्रीय गौरव की भावना उनकी कविता में कूट-कूटकर भरी है। आगे चलकर उन्होंने स्वदेशी आन्दोलन में भी सक्रिय भाग लिया। चर्खे को लेकर गांधी जी से उनका विवाद चला लेकिन इसका यह मतलब नहीं है कि वे राष्ट्रीयता के विरोधी थे। इस विवाद में छायावादी कवियों ने भी हिस्सा लिया; निराला जी ने इस विपय पर एक लम्बा लेख लिखा जिसमें उन्होंने अपने आदर्श कवि की यथेष्ट भर्त्सना की। वह उस समय भी गांधीवाद के समर्थक नहीं थे, फिर भी नये राष्ट्रीय आन्दोलन का वह समर्थन करते थे और चाहते थे कि सभी साहित्यकार उसे आगे बढ़ाने में सहायक हों। राजनीति के सिवा रविबाबू ने बहुत-से सामाजिक सुधार भी किये थे और ब्राह्म-समाज के ज़रिये उन्होंने उस काम को पूरा किया जिसे राजा राममोहन राय ने शुरू किया था। निराला जी पर उनकी इस बहुमुखी प्रतिभा और कार्य-प्रणाली का बहुत प्रभाव पड़ा।

स्वामी विवेकानन्द का प्रभाव रविबाबू से कम व्यापक नहीं है। निराला जी ने सदा यही समझा है कि मनुष्यों में संन्यासी ही सबसे बड़ा है। इस बात को सभी लोग जानते हैं कि स्वामी विवेकानन्द का आन्दोलन संन्यासियों का वैराग्य मात्र न था। उसमें राजनीतिक दासता और सामाजिक रूढ़ियों को चुनौती भी थी। अपने को दीन और निकृष्ट समझने वाले पठित मध्य-वर्ग को विवेकानन्द ने गर्व करने के लिए वेदान्त का दर्शन दिया। अमरीका में दिये हुए व्याख्यान जितना हिन्दुस्तान में पढ़े गए उतना उस देश में नहीं। विश्व धर्म-सम्मेलन में विवेकानन्द की वाणी पददलित भारत की अप्रतिहत और अपराजिता वाणी के रूप में सुनाई दी। रामकृष्ण मिशन ने बाढ़-पीड़ितों की सहायता के लिए सार्वजनिक रूप से सेवामार्ग का प्रदर्शन किया। 'सेवा प्रारम्भ' नाम की कविता में निराला जी ने उसके इस रूप की चर्चा की है।

लेकिन इसके सिवा उनका एक आध्यात्मिक रूप भी है जो संसार को नश्वर और मिथ्या मानता है, जो वैज्ञानिक आविष्कारों का विरोधी है, जो संन्यासियों के चमत्कारी कार्यों में आस्था उत्पन्न करता है—उसका प्रभाव भी निराला जी पर पड़ा है। 'स्वामी शारदानन्द जी महाराज और मैं' नाम के लेख में उन्होंने इस तरह के चमत्कारों का वर्णन किया है। स्वामी जी उन्हें साक्षात् हनुमान मालूम होते थे। उन्होंने कवि के गले पर अपनी उँगलियों से कुछ लिख दिया और इन्हें ऐसा लगा कि भीतर ही भीतर वे अक्षर जल उठे हैं। स्वप्नों में नील समुद्र की लहरों पर शयन करती हुई महाशक्ति के भी दर्शन हुए। 'भक्त और भगवान' कहानी में उन्होंने एक संन्यासी का ज़िक्र किया है जिन्हें भक्त रामायण पढ़कर सुनाता है। यह संन्यासी स्वामी प्रेमानन्द जी हैं जिन पर 'अणिमा' में स्वतंत्र रूप से एक कविता आई है।

भक्त स्वयं निराला जी हैं। माँग में सिन्दूर लगाकर अंजनादेवी का रूप धारण करने वाली उनकी स्वर्गीया पत्नी मनोहरादेवी है। पर्वत और गदा लिये हुए महावीर की मूर्ति में भारत के मानचित्र की कल्पना करना निराला जी की अनोखी सूझ है। इस कहानी में रामकृष्ण मिशन और निराला जी के घर की संस्कृतियाँ मिलकर एक हो गई हैं। भक्त स्वामी प्रेमानन्द जी का उपासक है और हनुमान जी का भी। स्वामी जी हनुमान जी के ही अवतार मालूम होते हैं। स्वामी शारदानन्दजी, जिन्हें 'प्रबन्ध पद्म'—भक्त के कमलों की तरह—समर्पित है, हनुमान जी के अवतार बतलाये गए हैं। तरुण भक्त के बदले प्रौढ़ भक्त अपने कमल-रूपी निबन्ध संन्यासी हनुमान के चरणों में अर्पित करता है।

मिशन के साधुओं के साथ बहुत दिनों तक उनका घनिष्ठ सम्बन्ध रहा है। बाग बाज़ार कलकत्ते के 'उद्बोधन' कार्यालय में मिशन के साधुओं के साथ रहते हुए उन्होंने सन् '22 में स्वामी शारदानन्द जी के दर्शन किये थे। 'उद्बोधन' मिशन का मुखपत्र था। आगे चलकर उसके दूसरे पत्र 'समन्वय' का सम्पादन निराला जी ने किया। वह रामकृष्ण मिशन के कितना निकट थे, इसका पता इसी से चलता है कि मिशन के साधुओं ने उन्हें अपने पत्र का सम्पादक बना दिया था। 'समन्वय' के कार्यकर्ताओं के साथ वह बालकृष्ण प्रेस में रहते थे। 'मतवाला' और 'समन्वय' में कई कोस का अन्तर है लेकिन बालकृष्ण प्रेस से ही 'समन्वय' के बाद 'मतवाला' भी निकला और तब उसके सम्पादक-मंडल में 'समन्वय' के भूतपूर्व सम्पादक श्री सूर्यकान्त त्रिपाठी भी सम्मिलित थे। निराला जी मिशन को अपनी चीज़ समझते रहे हैं और लखनऊ में उसकी कार्यवाही में वह बराबर भाग लेते थे। वे उसके पुस्तकालय को पत्र-पत्रिकाएँ, पुस्तकें आदि देते थे और उत्सवों आदि में साधारण कार्यकर्ताओं की तरह शामिल होते थे। यह ज़रूर है कि इस तरह के उत्सवों में सभापतित्व के लिए जब बहुत बड़े-बड़े आदमियों की तलाश होती थी, तब वे कहा करते थे कि मिशन तभी कुछ काम कर सकेगा जब कसिया मेहतर उसका सभापति होगा।

रामकृष्ण मिशन ने 'परिमल' के कवि को अद्वैतवाद दिया। उसने उन्हें यह भी सिखाया कि मानव मात्र की सेवा वेदान्त के प्रतिकूल नहीं है। निराला जी के अन्दर एक अन्तर्द्वन्द्व का जन्म हुआ, यदि संसार और मनुष्य मिथ्या हैं तो इनकी सेवा में व्यर्थ समय क्यों लगाया जाए? इस मानसिक संघर्ष का चित्र उनकी 'अधिवास' कविता में मिलता है। वह पूछते हैं कि अधिवास कहाँ है? मानो संन्यासी उत्तर देता है कि अधिवास वहीं है जहाँ गति का अन्त हो जाता है। कवि फिर पूछता है कि जब तक उसके हृदय में करुणा है, क्या तब तक गति का अन्त हो सकता है? दुखी मानव को देखते ही उसके हृदय की वेदना उमड़ आती है और वह उसे गले से लगा लेता है। वह मानता है कि वह माया में फँसा हुआ है और उसकी गति रुक

नहीं सकती। फिर भी उसे दु:ख नहीं होता। वह गतिहीन अधिवास को नमस्कार करता है और पुकारकर कहता है :

छूटता है यद्यपि अधिवास
किन्तु फिर भी न मुझे कुछ त्रास।

'परिमल' में इस तरह की बहुत-सी रचनाएँ हैं जिनमें अद्वैतवाद को चुनौती-सी दी गई है। 'भिक्षुक', 'दीन' आदि रचनाओं में उसी करुणा को उभारा गया है जो क्रमश: विकसित होती हुई एक क्रान्तिकारी सहानुभूति के रूप में बदल गई है। इसी काल की रचना 'जीवन चिरकालिक क्रन्दन' है जो 'अनामिका' संग्रह में आई है। जीवन की कटुता और प्रखर वेदना यहाँ पर गीत बन गई है। हिन्दी कविता में ऐसा उत्कट आत्म-निवेदन 'विनयपत्रिका' के बाद पहली बार सुनाई पड़ा था। अद्वैतवाद और संन्यास से प्रेम होते हुए भी निराला जी की रचनाओं में उनके व्यक्तित्व की चर्चा भी काफी रहती है। अपने जीवन के दु:ख को माया कहकर वह टाल नहीं देते वरन् वह उससे बहुत ही प्रभावपूर्ण पंक्तियाँ निर्मित करते हैं। कहते हैं :

मेरा अन्तर बज्र कठोर
देना जी भरसक झकझोर,
मेरे दु:ख की गहन अन्धतम
निशि न कभी हो भोर;
क्या होगी इतनी उज्ज्वलता,
इतना वन्दन अभिनन्दन?
जीवन चिरकालिक क्रन्दन!

कहाँ रहस्यवादी कवि की उल्लासपूर्ण कल्पना कि चराचर में सच्चिदानन्द का प्रकाश व्याप्त है और कहाँ दु:ख की इस काली रात की कल्पना जिसका विहान कभी होगा ही नहीं! वह अद्वैतवादी नहीं है जो अपने अन्तर को बज्र-कठोर कहकर समाज के आगे ताल ठोंकता है। वह समाज के और सैकड़ों लोगों जैसा संघर्ष में जूझने वाला सिपाही है जो अपना हौसला बढ़ाने के लिए दुश्मन को इस तरह ललकारता है।

'परिमल' की बहुत-सी पंक्तियाँ पाठकों को याद आएँगी जहाँ इसी तरह की वेदना व्यक्त हुई है। कहीं वह चाहते हैं कि थके हुए पथिक की तरह कुछ क्षणों को कहीं विश्राम कर लें और 'जीवन प्रात के लघु पात-सा रह जाए चुप निर्द्वन्द्व।' कभी सोचते हैं कि 'तुम्हारे प्रेम अंचल में' एक दिन यह रोना थम जाएगा। फिर कहते हैं, सूर्यास्त हो रहा है; दिन, पत्र, मास विष की अग्नि उगल रहे हैं और असफल जीवन जलता चला जा रहा है। सूरदास के रूपक 'जा दिन तेरे तन तरुवर के सबै

पात झरि जैहैं' से प्रेरणा लेते हुए वे कहते हैं कि अग्नि से झुलसी हुई डालियों से पल्लव प्राण विदा होने को ही हैं। 'परिमल' के बाद की रचनाओं में यह वेदना का स्वर और भी स्पष्ट होता गया है। अभी तो यौवन की उमंग में कवि चुनौती भी देता है और समझता है कि नदी की प्रबल धारा के सामने जिस तरह हाथी नहीं टिकते, उसी तरह उसके प्रयास के आगे विघ्न-बाधाएँ भी न टिक पाएँगी।

'परिमल' का कवि वेदना का कवि होकर नहीं रह जाता, वह प्रेम और सौन्दर्य का कवि है। उसे स्वर्गीया प्रिया की याद आती है। वह देखता है कि कली अपने लावण्य से समूचे वन को लुभा लेती है और भ्रमर का गीत उसकी गन्ध से मिलकर एक हो जाता है। एक दूसरी कविता में वह कहते हैं :

देख पुष्पद्वार
परिमल मधु लुब्ध मधुप करता गुंजार।

उनके 'परिमल' संग्रह की सार्थकता इस पंक्ति के 'परिमल' शब्द से प्रकट होती है। वह स्वयम् वासना और सौन्दर्य के द्वार पर गुंजार करते हुए कवि हैं। कितनी ही रचनाओं में सोती हुई प्रिया को जगाने या उसके कक्ष का द्वार खुलवाने का भाव आया है। 'प्रिय मुद्रित दृग खोलो' वह गाते हैं क्योंकि वासना प्रेयसी जीवन के उपवन में विहार करने के लिए बार-बार आह्वान कर रही है। उनकी प्रसिद्ध रचना 'जागो फिर एक बार' में आकाश के तारे भी जगाने में मदद कर रहे थे, लेकिन द्वार तब तक न खुला जब तक 'अरुण पंख तरुण किरण' ही वहाँ न पहुँची। सौन्दर्य सम्बन्धी कविताओं में इस रचना का अन्यतम स्थान है। एक लघु चित्र से संतुष्ट न होकर वे सौन्दर्य के लघु और विराट् चित्रों की कड़ियाँ जोड़ने चले गए हैं; उनके रहस्यात्मक संकेतों से ऐसा लगता है कि इस शृंखला में समूचा विश्व ही बँधा हुआ है। सूर्यास्त होने पर आकाश में चाँदनी देखकर यामिनीगंधा जगती है और चकोर चन्द्रमा को चाव से जोहने लगता है। फिर सवेरा होने पर पपीहों का पिउ-पिउ रव सुनाई देता है।

विरह-विदग्धा वधू बीती बातें याद करके मन-मिलन की रातों पर वैसे ही आँसू बहाती है, जैसे कलियों से ओस की बूँदें ढलक जाती हैं। प्रिया आह्वान करती है कि हवा में खुशबू की तरह दोनों की बुद्धि और मन एक हो जाएँ। सूर्योदय देखकर कवि-कंठ में सरस्वती जगी। इसी प्रकार दिन-रात बीतते गए और प्रकृति-पट बदलते रहे, हज़ारों वर्ष बीत गए और कवि की प्रिया पुकारती रही : 'जागो फिर एक बार'।

यह वही मानव-सुलभ वाणी है जो युगों-युगों से स्त्री और पुरुष, दोनों के कंठों में सुनाई दे रही है। इसे कभी हम वासना कहते हैं, कभी प्रेम, लेकिन न यह माया है, न मिथ्या। निराला जी की कला इस बात में है कि इस मानव-सुलभ व्यापार

की परिणति उन्होंने उस आनन्द में की है जिसे ब्रह्मानन्द सहोदर कहा जा सकता है। उनकी सौन्दर्य-सम्बन्धी कविताओं के अन्त में सदा यह संकेत रहता है कि इस तृप्ति से बढ़कर और कुछ नहीं है। इसका एक सुन्दर निदर्शन 'गीतिका' में है। 'स्पर्श से लाज लगी' इस गीत का अन्त इस प्रकार होता है :

मधुर स्नेह के मेह प्रखरतर
बरस गये रस निर्झर झर कर
उगा अमर अंकुर उर भीतर
संसृति-भीति भगी।

'जुही की कली' में 'नम्र मुखी हँसी, खिली खेल रंग प्यारे संग'—में भी यही परिणति का भाव है।

मुक्त छंद में होते हुए भी 'जुही की कली' ने सबसे ज़्यादा ख्याति पाई। यह कवि की प्राथमिक रचनाओं में है, यद्यपि यह विश्वास करना कठिन है कि यही उनकी सबसे पहली रचना होगी। 'मतवाला' के शुरू के अंकों में जिस तरह की कविताएँ निकली हैं, उन्हें देखकर सहसा विश्वास नहीं होता कि ऐसी पुष्ट और पूर्ण कविता उन्होंने एकाएक लिख डाली होगी। 'मतवाला' के कई अंक निकलने के बाद 'जुही की कली' के दर्शन होते हैं—अठारहवें अंक में; और इसी के साथ पहली बार कवि के नाम और उपनाम एक साथ प्रकाशित हुए हैं—पंडित सूर्यकान्त त्रिपाठी 'निराला'। इस कविता को कितनी बार सँवारा गया होगा, इसका अनुमान इसी से हो सकता है कि 'मतवाला' में अभी दीर्घ ऊकरान्त 'जूही' है, और 'बंकिम विशाल नेत्रों' के बदलने अपने अलग अन्दाज में 'बाँके विशाल नेत्र' है। शिवपूजन सहाय जी ने इसे अपने 'आदर्श' नाम के पत्र में भी प्रकाशित किया था। मुझे मालूम नहीं, उसमें क्या पाठ था। इस कविता के बारे में यह भी मशहूर है कि आचार्य द्विवेदी जी ने इसे 'सरस्वती' से लौटा दिया था। 'सरोज-स्मृति' में जिन लौटी रचनाओं को लेकर घास नोचने का ज़िक्र है, उनमें अवश्य ही 'जुही की कली' का प्रमुख स्थान रहा होगा।

लखनऊ रेडियो से अपना पहला गद्य-लेख विस्तार करते हुए उन्होंने उन परिस्थितियों का वर्णन किया था, जिनमें यह कविता लिखी गई थी। उसका शीर्षक था : 'मेरी पहली रचना'। महिषादल में अपने अभ्यास के अनुसार आधी रात को श्मशान-भ्रमण कर रहे थे। आसमान में चाँदनी खिली हुई थी और स्थान को अत्यन्त अनुकूल जानकर कवि के हृदय में प्रेम के संचारी-व्यभिचारी भाव उदय हो रहे थे। उन्हें गढ़ाकोला और डलमऊ की याद आई होगी, तभी जुही की घनी महक ने उनके दिल और दिमाग को तर कर दिया। कविता में मरघट की पृष्ठभूमि का अभाव है; उसके बदले जुही की कली और मलयानिल के प्रेम की

कहानी है। एकान्त वन में लता के पत्र-पर्यंक पर प्रियतम का स्वप्न देखती हुई कोमल तन की तरुणी जुही की कली सो रही है। चित्र को पूर्णता देने के लिए पत्र का पलँग भी मौजूद है। प्रिया का संग छोड़कर मलयानिल परदेस करने गया था। चाँदनी की धुली हुई आधी रात देखकर मिलन की मधुर बातों की सुध आई। कान्ता का कंपित गात याद आते ही सर-सरिता, गिरि-कानन पार करता हुआ मलयानिल क्रीड़ास्थल में पहुँच गया। छह-सात सौ मील का सफर उसने बात की बात में तै कर डाला। जुही की कली सो रही थी, उसने बड़े ही शिष्ट भाव से जगाने की कोशिश की, लेकिन न तो वह जागी, न असमय ही सो जाने के लिए क्षमा माँगी। वह निद्रालस बंकिम विशाल नेत्र मूँदे रही किंवा जवानी के अल्हड़पन में नींद का अभिनय कर रही थी, कौन कहे! मलयानिल ने शिष्टता को उठाकर ताक पर रख दिया और उसे झकझोर कर अपने पत्र के पलँग पर उठाकर बैठा दिया। अपनी चकित चितवन चारों ओर डालकर उसने तुरन्त ही देख लिया—अगर इतना झकझोरने पर भी वह असलियत न समझ पाई हो तो—कि मलयानिल फिर आ पहुँचा है। फिर :

हेर प्यारे को सेज पास
नम्रमुखी हँसी-खिली
खेल रंग प्यारे संग।

इस रचना में नवयुवक कवि का एक मनोरम सौन्दर्य-स्वप्न अंकित है। इस तरह का भुलावा जीवन में अनेक बार नहीं आता। बुद्धि रोमांस के चरणों में बार-बार यों आत्म-समर्पण नहीं करती। 'जुही की कली' को कवि ने अमरत्व प्रदान किया है। जिसकी आयु कुछ घंटों में गिनी जा सकती है, उसे वर्ष भर पत्रांक में रखने पर भी तरुणी रूप में कल्पित किया है। इसमें आश्चर्य की कोई बात नहीं। संसार के अस्थायी प्रेम और सौन्दर्य से ऊबे हुए रोमांटिक कवि ऐसे अमर प्रतीकों की कल्पना करते हैं। अंग्रेज़ कवि कीट्स की 'नाइटिंगेल' वर्षों से ही नहीं, शताब्दियों से अपना वेदना-मधुर गीत गाती रही है। मध्यकाल के राजा और विदूषक ही नहीं, ईसामसीह के पहले मोआब की रमणी 'रूथ' और कल्पना लोक की अप्सराएँ उसके गीत सुनकर सान्त्वना प्राप्त कर चुकी हैं। इसी प्रकार कीट्स की दूसरी कविताएँ प्राचीन यूनान की कलाकृति, सुन्दर चित्रोंवाला वह पात्र—ग्रीशन अर्न—सदियों से मानवमात्र को धीरज बँधाता रहा है और भविष्य में भी बँधाता रहेगा। वैसी ही सुन्दर कल्पना कवि निराला ने 'जुही की कली' में की है। दुर्भाग्य से इस तरह की कल्पना टिकाऊ नहीं होती और क्रूर यथार्थ एक झटके से इस मधुर स्वप्न को भंग कर देता है। कीट्स ने 'नाइटिंगेल' वाली कविता में लिखा था : कल्पना की परी उसे यों धोखा नहीं दे सकती। 'जुही की कली' पर नियति ने यह व्यंग्य किया

कि महिषादल के श्मशान के बदले डलमऊ में गंगा के किनारे कवि को अवधूत टीले के दर्शन कराये और स्नेह-स्वप्न-मग्न तरुणी के बदले उसकी राख और कुछ अस्थियाँ ही उसे मिल पाईं।

'परिमल' में जुही की कली' के बाद दूसरी कविता है : 'जागृति में सुप्ति'। इसमें भी एक सौन्दर्य-चित्र अंकित है लेकिन यह कई वर्षों के बाद की एक नई दुनिया का चित्र है। यहाँ पर निर्दोष जुही की कली के बदले वह नागरी प्रिया है जिसके मौन अधरों पर सुरापान के चिह्न विद्यमान हैं। वासंती निशा के बदले यहाँ प्रभात की लालिमा है जिसमें उसकी लाजमयी चेतना विलीन हो जाती है। कवि अपने पिछले स्वप्न भूल रहा है और जीवन-यापन करने के लिए नये स्वप्नों की सृष्टि कर रहा है। वासंती निशा के बाद कवि के जीवन में यह एक नवीन अरुणोदय हुआ और अब वह अपनी रचनाओं में चाँदनी रात के स्वप्नों के बदले नवप्रभात के रंग भरने लगा।

सौन्दर्य-सम्बन्धी रचनाओं के सिलसिले में 'पंचवटी' प्रसंग का भी उल्लेख कर देना उचित होगा जिसमें शूर्पनखा का बहुत ही भव्य चित्र अंकित है। जो लोग छायावाद को स्थूल के प्रति सूक्ष्म का विद्रोह कहते हैं, वे इस अत्यन्त मांसल चित्र को देखें। शूर्पनखा, और किसी पर भरोसा न करके स्वयं अपनी प्रशंसा करती है। देवताओं और दानवों ने मिलकर समुद्र से चौदह रत्न निकाले थे। निराला जी ने 'समन्दर' मानो पहले से ही रघुपति सहाय 'फिराक' का खयाल करके लिखा था, या मुमकिन है, वह शूर्पनखा की बोली की नकल कर रहे हों। इस समन्दर से रम्भा और रमा नाम की दो अप्सराएँ भी निकली थीं। कुछ लोग उन्हें सुन्दर भी समझते हैं लेकिन शूर्पनखा को जान पड़ता है कि सृष्टि-भर की सुन्दरता खींचकर बूढ़े शिल्पी विधाता ने उसी के अंगों में भर दी है। प्रकृति भी उसकी सौन्दर्य राशि देखकर लज्जा से सिर झुका लेती है। वन की लताएँ वायु के झकोरे से हिलती हैं, मानो अंचल में मुँह छिपाती हैं। आकाश के तारों को प्रतिबिम्बित करने वाली गोदावरी बड़ी सुन्दर लगती है लेकिन उसके अपने लहराते जलद श्याम केश-जाल, जिनके बीच-बीच पुष्प गूँथे गए हैं, अद्वितीय हैं। उसकी भौंहें देखकर कवि की कल्पना भी बालिका की तरह चकित खड़ी रह जाती है। क्यों न रह जाए, जब वहाँ से वशीकरण, मारण, उच्चाटन के तीव्र शर छूटा करते हैं। उसकी नासा मीन मदन को फाँसने की बंसी है। योजनगंध पुष्प जैसा प्यारा मुखमंडल दूर-दूर से भौंरों को खींच लाता है और :

देख यह कपोत कंठ
बाहुबली कर सरोज
उन्नत उरोज पीन—क्षीण कटि—
नितम्ब-भार चरण सुकुमार—

गति मन्द-मन्द,
छूट जाता धैर्य ऋषि-मुनियों का,
देवों भोगियों की तो बात ही निराली है।

कविवर रवीन्द्रनाथ की 'विजयिनी' की तरह उसके चरणों पर बड़े-बड़े विजयी अपना मान-सम्मान अर्पित कर देते हैं। लेकिन इन विजितों पर अवज्ञा की दृष्टि डालकर सुन्दरी शूर्पनखा अपना विश्वविजयी चन्द्रानन फेर लेती है। 'परिमल' के बाद की रचनाओं में ऐसे भव्य चित्र कम मिलते हैं। सौन्दर्य से अधिक प्रेम की परिणति कवि का ध्यान आकर्षित करती है। परन्तु प्रेम की परिणति कीट्स की तरह विलास के सभी उद्दीपन चाहती है। उसके अपूर्व चित्र 'अप्सरा' और 'प्रभावती' उपन्यासों में अंकित किये गए हैं।

'परिमल' की विशेषता यह है कि उसमें प्रकृति के ऐसे अनोखे चित्र आए हैं जो हिन्दी कविता में बिलकुल नये थे। छह-सात कविताएँ तो वर्षा और बादलों पर इसी संग्रह में हैं और 'गीतिका' और 'अनामिका' और इधर के नये संग्रह 'नये पत्ते' और 'बेला' को लें तो बादलों पर उनकी रचनाओं का अच्छा-खासा संग्रह बन सकता है। उन्होंने बंगाल और अवध, दोनों ही की बरसात देखी है। शायद कोई भी हिन्दी कवि मूसलाधार पानी में इतना न भीगा होगा। बाहर घूमते हुए बारिश आ गई तो उन्हें घर लौटने की कभी जल्दी नहीं होती; बादल घिरे हों तो भी दोस्तों को यह समझाते हुए कि पानी बरसने की ज़रा भी शंका नहीं, वे उनके साथ घूमने चल देते हैं। वर्षा का यथार्थ वर्णन ही उन्होंने नहीं किया, अनेक प्रतीकों के रूप में भी उन्होंने बादल का उपयोग किया है। 'अलि घिर आये घन पावस के'—यह गीत ब्रजभाषा के शृंगारी गीतों की याद दिलाता है। बादल की बूँदें स्मरशर के समान हैं और धरती के हृदय को बेध देती हैं—इस कल्पना को उन्होंने अन्य रचनाओं में भी दोहराया है। 'झूम-झूम मृदु गरज-गरज घनघोर' में दूसरा ही राग है। नद और दलदल के वर्णन से स्पष्ट है कि यह वर्षा बंगाल की है। इस गीत को पढ़कर रवीन्द्रनाथ के गीत 'आजि गरजे गगने गगने गरजे गगने' की याद आ जाती है। बादल राग की दूसरी कविता में नज़रुल इस्माल के 'विद्रोही' की तरह विप्लव का नव जलधर विद्यमान है तो कली की श्री बिखेरकर वह उसे पीड़ित करने वाला उद्दंड नायक भी है। तीसरी कविता में बादल के लिए अनोखी उपमाएँ दी गई हैं। वह समुद्र का आँसू है, धरती के खिन्न दिवस का दाह है, सूर्य का चुना हुआ फूल है, अर्जुन की तरह वह स्वर्ण का द्वार खोलने जाता है।

चौथी कविता में बादल को आकाश का चंचल शिशु कहा गया है। लेकिन उसे खेलने के लिए अन्धकार का आँगन ही मिला है। फिर भी किरण तूलिकाएँ उसके मुँह पर नये-नये वर्ण अंकित कर देती हैं। हवा में उड़ने वाला बादल धरती

और आकाश, दोनों के ही गीत गाता है। संसार उसके गीतों को नहीं सुनना चाहता फिर भी उसके कानों में पहाड़ी झरने की तरह वह अपना राग भरता ही जाता है। पाँचवीं कविता में उसे फिर बालक का रूप दिया गया है जो किरण का हाथ पकड़कर आसमान पर चढ़ जाता है। वह कुसुम के समान कोमल है और पत्थर के समान कठोर भी है। आकाश के नक्षत्र उसकी वन्दना करते हैं। उसे देखकर कवि के कंठ से नये राग फूट उठते हैं।

बादल राग की छठी कविता कवि की एक अत्यन्त लोकप्रिय रचना है और अपनी क्रान्तिकारी व्यंजना और उदात्त स्वर-सौन्दर्य में वह अनुपम है। समीर के सागर पर बादल ऐसे तैरता है, जैसे अस्थिर सुख पर दुःख की छाया तैर रही हो। ग्रीष्म से दग्ध संसार के हृदय पर विप्लव का प्रतीक यही बादल है। वह एक नाव की तरह है जिसमें युद्ध की आकांक्षाएँ भरी हैं और उसके भेरी-गर्जन से पृथ्वी के हृदय में सोते हुए अंकुर फूट निकलते हैं। उसकी मूसलाधार वर्षा से धरती सिहर उठती है और वज्र-हुंकार सुनकर संसार हृदय थाम लेता है। बादल का प्रहार बड़े-बड़े पहाड़ों पर होता है और उन पर बिजली गिराकर वह उन्हें क्षतविक्षत कर देता है। लेकिन छोटे पौधे हाथ हिलाकर उसे बुलाते हैं। उसकी विनाशलीला से उन्हें भय नहीं होता क्योंकि 'विप्लव रव से छोटे ही हैं शोभा पाते'। कवि याद दिलाता है कि बादल का जीवनदान अट्टालिका और आतंक भवन के लिए नहीं होता, वह जल लांछित, पदमर्दित पंक में नये कमल खिलाता है :

क्षुद्र प्रफुल्ल जलज से
सदा छलकता नीर
रोग शोक में भी हँसता है
शैशव का सुकुमार शरीर।

जिनका कोष खाली हो गया है, उनकी मानसिक शान्ति भंग हो गई है। विप्लव का यह भैरव नाद सुनकर अंगना-अंग से लिपटे हुए भी वे अपने सिंहासन पर काँप उठते हैं, लेकिन किसान अपनी निर्बल बाँह उठाकर उसका आह्वान करता है। सन् '23 में ही निराला ने जन-संघर्ष की ओर संकेत करते हुए यह अद्वितीय चित्र अंकित किया था :

रुद्ध कोष है क्षुब्ध-तोष
अंगना-अंग से लिपटे भी
आतंक-अंक पर काँप रहे हैं
धनी वज्र-गर्जन से बादल!
त्रस्त नयन-मुख ढाँप रहे हैं।

जीर्ण बाहु, है शीर्ण शरीर,
तुझे बुलाता कृषक अधीर,
ऐ विप्लव के वीर!
चूस लिया है उसका सार,
हाड़ मात्र ही है आधार,
ऐ जीवन के पारावार!

श्रीमती महादेवी वर्मा 'आधुनिक कवि' सीरीज वाले संग्रह की भूमिका में छायावादी युग की सामाजिक और राष्ट्रीय कविताओं के बारे में लिखती हैं : "राष्ट्रीय भावनाओं को लेकर लिखे गए जय-पराजय के गान स्थूल धरातल पर स्थित सूक्ष्म अनुभूतियों में जो मार्मिकता ला सके हैं वह किसी और युग के राष्ट्र गीत दे सकेंगे या नहीं, इसमें सन्देह है। सामाजिक आधार पर वह 'इष्टदेव के मन्दिर की पूजा-सी' में तप:पूत वैधव्य का जो चित्र है, वह अपनी दिव्य लौकिकता में अकेला है।" उनका इशारा निराला जी की प्रसिद्ध कविता 'विधवा' की ओर है। छायावादी उपमाओं के बावजूद निराला जी की सामाजिक सहानुभूति स्पष्ट है। उन्होंने उसे दीपशिखा, कालतांडव की स्मृति-रेखा, वृक्ष से छूटी हुई लता आदि कहा है। 'व्यथा की भूली हुई कथा' में एक यथार्थवादी कवि का सच्चा स्वर बोल उठता है। इस तरह की सामाजिक कविताएँ 'परिमल' में काफी हैं। 'बहू' कविता में भी उन्होंने सुन्दर उपमाएँ दी हैं। उसे सौन्दर्य सरोवर की तरंग और किसी विटप के आश्रय में लिखी हुई किसलय कोमल लता कहा है। एक उपमा में व्यंजना की सरलता देखते ही बनती है :

मोतियों की मानो है लड़ी
विजय के वीर हृदय पर पड़ी।

इस तरह की प्राथमिक कविताओं में नारी की पर-निर्भरता को आदर्श रूप में चित्रित किया गया है। आगे की कविताओं में यह भाव बदल गया है। इन कविताओं में एक बात यह भी देखने की है कि उर्दू के शब्दों का ही नहीं, प्रतीकों का भी उन्होंने बड़ी निर्भीकता से प्रयोग किया है। जैसे इस पंक्ति में : 'जलती अन्धकारमय जीवन की वह एक शमा है'। बहू के लिए शमा का प्रयोग निराला जी की मौलिक प्रतिभा ही कर सकती थी।

कलेजे के दो टूक करने वाला भिक्षुक हिन्दी में अपना सानी नहीं रखता। अपनी कोमल भावुकता में वह बरबस पाठक की सहानुभूति खींच लेता है। उसका लकुटिया टेककर चलना, फटी पुरानी झोली का मुँह फैलाना, साथ के बच्चों का पेट मलना और हाथ फैलाना, और कुछ न मिलने पर आँसुओं के

घूँट पीकर रह जाना ऐसे चित्र हैं जिनसे सभी पाठक परिचित हैं। कवि ने उसकी साधारणता को ही अपनी प्रतिभा से चमत्कारी बना दिया है। दलित कुसुम धूल में नज़र गड़ाये रहता है और सभी पथिकों के सामने करुणा की झोली फैलाये रहता है। जिस लता में वह खिला था, वह आँधी से टूट गई है : 'तब से यह नौबत आई है'। किसी ने भी उसे देवी-देवताओं पर नहीं चढ़ाया। उसे जर्जर देखकर पुजारियों ने ज़मीन पर फेंक दिया। शायद यह अच्छा ही हुआ क्योंकि इन पुजारियों का यह हाल था कि 'ढके हृदय में स्वार्थ लगाये ऊपर चन्दन'— ये नदीश-नन्दिनी का अभिनन्दन करने जाते थे। फूल का सम्बन्ध इससे श्रेष्ठ मानव-व्यापार से रहा है। जब दो प्रेमी मिले थे तब उन्होंने इसी फूल से प्रीति की अर्चना की थी :

रस्में अदा हुई थीं मुझ से—
मैं ही था उनका आचार्य—
कोमल कर था मिला कमल कर से जब
सिद्ध हुआ मुझसे ही उनका कार्य।

यहाँ कवि ने स्पष्ट रूप से देवताओं की आराधना से मनुष्य के प्रेम-सम्बन्ध को उच्चतर स्थान दिया है।

'कण' नाम की कविता में भी इसी तरह की प्रतीक-व्यंजना दलितों के प्रति सहानुभूति उत्पन्न करती है। आकाश देखने हुए कण को न जाने कितने दिन बीत गए हैं :

पड़े हुए सहते हो अत्याचार
पद-पद पर सदियों के पद प्रहार।

इस सहनशीलता के साथ उसके अनन्त प्रेम की झलक दिखाकर उन्होंने कविता में रहस्यवाद का पुट दे दिया है। रज होने पर भी विरज (निराकार) के लिए वह सब कुछ सहने को तैयार है। विप्लवी बादल का विद्रोह यहाँ नहीं; जहाँ भी रहस्यवाद का पुट होगा, वहाँ यह विद्रोह दबा होगा। कवि विप्लव का राग भूलकर सहनशील और अनन्त में लय होने का उपदेश देने लगता है। जिन कविताओं को रहस्यवादी कहा जाता है, उन पर एक सरसरी निगाह डालने से भी यह स्पप्ट हो जाएगा कि वे छायावादी युग का सबसे कमज़ोर पहलू हैं।

उनकी प्रसिद्ध कविता 'भर देते हो' में इष्टदेव करुणा की किरणों से कवि के क्षुब्ध हृदय को पुलकित कर देते हैं। वह अन्तर में आकर व्यथाभार कम कर जाते हैं। अपने वज्र-कठोर अन्तर की बात भूलकर कवि अन्धकार में रोदन की बात करने लगता है। फूलों से ढुलकते हुए ओस बिन्दुओं के समान उसके कपोलों

पर आँसू की बूँदें ढुलकती हैं। इष्टदेव किरणों से आँसू पोंछ लेते हैं और उसके दुखी जीवन में नये प्रभात का प्रकाश भर देते हैं। जीवन चिरकालिक क्रन्दन की तुलना में यह व्यापार कितना अवास्तविक और काल्पनिक मालूम होता है! भक्त अपने कुसुम कपोलों पर 'लोल शिशिर-कण' की मधुर कल्पना पर मुग्ध है।

'हमें जाना है जग के पार'—इस गीत में छायावाद का पलायनवादी पहलू दिखाई देता है। कौन ऐसा रोमांटिक कवि है जिसने कल्पना के पर लगाकर एक दूसरे सुनहरे संसार में उड़ जाने की न सोची हो? वहाँ नैनों से नैन मिले रहते है, अन्धकार का नाम नहीं, प्रकाश के सहस्त्रों रूप खिले रहते हैं और रस की तो गंगा-जमुना बहा करती हैं। यथार्थ की दुनिया में कामना के कुसुमों में कीड़ा लग जाता है और प्रेम के महल की ईंट से ईंट न बजी तो भी उसका पलस्तर तो उखड़ ही जाता है। परन्तु उस सुनहरे संसार में क्षुब्ध अधरों को दूसरे अधरों का हास मिलता है और रूठे हुए हृदय का हार बन जाते हैं। आँखों में हमेशा सवेरा रहता है, अंगों में चाँदनी लिपटी रहती है, और 'मन्द ही बहती सदा बयार'। इस दुनिया में प्रेम मिलता भी है तो उसमें मान होता है और ज्ञान की ओर बढ़ने में मोह का सामना करना पड़ता है। हमें तो ऐसा ज्ञान चाहिए जहाँ मोह का सामना न करना पड़े। अगर मोह को ही ज्ञान का रूप दे दिया जाए तो यह सब झमेला मिट जाता है।

'प्रपात के प्रति' कविता में श्री रवीन्द्रनाथ ठाकुर के 'निर्झरेर स्वप्न भंग' की झलक दिखाई देती है। वह कविता काफी लम्बी है और चित्रों तथा रूपकों का उसमें ताँता बाँध दिया गया है। निराला जी ने अपना ध्यान एक छोटे से चित्र पर ही केन्द्रित किया है और उसके रूपक और उपमाएँ मौलिक संकेत लिये हुए हैं। विप्लवी बादल की तरह यह प्रपात भी अन्धकार से खेलता है। आकाश के बदले यहाँ वन का अन्धकार है। कवि पूछता है कि यह बालक का विचार है या बुद्ध का साम्य व्यवहार है जो वह हर्ष और विचार में अन्तर नहीं रखता? बुद्धि और चेतना का विकास जड़ प्रकृति से ही हुआ है। गतिशील प्रपात पत्थरों से उत्पन्न हुआ है। उसका पिता पर्वत है और उसके दूत उसकी राह रोकते हैं। प्रपात उनसे टकराता है लेकिन जब उन्हें पहचान लेता है तो उनके होंठों से मीठी मुस्कान फूट पड़ती है। वह आगे बढ़ चलता है परन्तु जड़ पत्थर के भीतर भी वह अपनी तान भर देता है। इस तरह की शंका कि चेतना का विकास जड़ प्रकृति से हुआ है अथवा जड़ प्रकृति मिथ्या है और चेतना ही सत्य है, उनके अन्य गीतों में भी मिलती है, विशेष कर 'कौन तम के पार रे कह', 'गीतिका' के इस गीत में।

'परिमल' की रहस्यवादी कविताओं को एक साथ पढ़ने पर पता लगता है कि रवीन्द्रनाथ से अधिक कवि पर विवेकानन्द का प्रभाव है। इष्टदेव की मातृरूप में कल्पना को स्वामी विवेकानन्द ने ही लोकप्रिय बनाया था। 'देवि तुम्हें मैं क्या

दूँ', 'एक बार बस और नाच तू श्यामा' आदि रचनाओं में यह प्रभाव स्पष्ट है। इन कविताओं की विशेषता यह है कि भावुकता के आँसुओं के बदले जीवन की दारुण व्यथा को गहरे रंगों में अंकित किया गया है। और मातारूप में इष्ट देवी आनन्द से अधिक शक्ति की देवी हैं। यह कवि को पलायनवादी संसार में नहीं ले जातीं, न सुनहली किरणों से उसके ओस जैसे आँसू पोंछ लेती हैं। वह उसे दु:खभार सहन करने के लिए प्रेरणा देती हैं और मानो कहती हैं कि यह भार वहन करना ही उनकी श्रेष्ठ उपासना है। यह कल्पना 'गीतिका' में विकसित हुई है।

'परिमल' की कविता 'क्या दूँ' में कवि अपने विफल प्रयासों का उल्लेख करता है। वह उन रत्नहारों को देखता है जो अन्य कवियों ने श्यामा को पहनाये हैं। उसके पास ऐसे गीत हैं जिनसे लोग भयभीत हैं। वह उन्हीं को शंकित चित्त से देवी की ओर बढ़ाता है। 'जब कड़ी मारें पड़ीं, दिल हिल गया' आदि पंक्तियों में यही दारुण व्यथा वाला भाव है। जिस खेत में उसने भाव की जड़ लगाई है, उसे उसने दु:खनीर से सींचा है। आशा की लता में फूल लगे थे लेकिन काल की चाल से वे मुरझा गए। उसके लिए अब शूल बाकी रह गए हैं। लेकिन उसे यह लाभ हुआ है कि अकूल सिन्धु के किनारे तक पहुँचने के लिए प्राणशक्ति मिल गई है।

सन् '24 में निराला जी ने स्वामी विवेकानन्द की कई रचनाओं का अनुवाद किया था। सरल भाषा के प्रवाह में वे मूल बँगला के ओज को भली भाँति सुरक्षित रख सके हैं। इन कविताओं में शृंगार से विरक्ति और ध्वंस से प्रेम प्रकट किया गया है। छायावादी कवियों ने प्रलयंकर रुद्र के तांडव के जो गीत गाये हैं, उनका श्रीगणेश 'नाचे उस पर श्याम' आदि कविताओं से होता है। निराला जी के अनुवाद में ओज की मात्रा देखिए :

फोड़ो वीणा, प्रेम सुधा का
पीना छोड़ो, तोड़ो, वीर,
दृढ़ आकर्षण है जिसमें उस
नारी माया की जंजीर।
बढ़ आओ तुम जलधि ऊर्मि से
गरज-गरज गाओ निज गान,
आँसू पीकर जीना; जाए
देह, हथेली पर लो जान।
चूर-चूर हो स्वार्थ, साध, सब
मान, हृदय हो महा श्मशान,
नाचे उस पर श्यामा, घनरण
में लेकर निज भीम कृपाण।

इन पंक्तियों में 'राम की शक्ति-पूजा' की कल्पना का मूल रूप हम देख सकते हैं। समाज के आर्थिक और राजनीतिक कारणों से जो घोर असंतोष फैला हुआ था, उसे प्रकट करने के लिए कवियों ने इन प्रतीकों से काम लिया। निराला जी के जीवन से भी महा श्मशान के प्रतीक मेल खाते थे। दोनों में एक आन्तरिक सम्बन्ध था और इसी कारण 'राम की शक्ति-पूजा' के प्रतीक इतने सबल और भावपूर्ण हैं और वे निराला के जीवन-सत्य को ऐसे नाटकीय रूप में प्रस्तुत करते हैं।

रहस्यवाद छायावाद का पहलू था। दोनों को एक मान लेने पर बहुत तरह के भ्रम उत्पन्न हो जाते हैं। अन्य रोमांटिक आन्दोलनों की तरह छायावाद में भी विरोधी प्रवृत्तियों और असंगतियों का अभाव नहीं है। पलायन और अध्यात्मवाद के साथ उसमें संघर्ष का स्वागत और क्रान्ति की चाह भी है। पलायन का रूप अध्यात्मवादी संसार की कल्पना ही नहीं है; इतिहास से वे युग ढूँढ़ निकाले जाते हैं जिनसे कवि को आन्तरिक सहानुभूति होती है। 'दिल्ली' और 'खँडहर' कविताओं में पुरातन वैभव के प्रति भावुक सहानुभूति प्रकट की गई है। 'शिवाजी का पत्र' और गुरु गोविन्दसिंह पर 'जागो फिर एक बार' नाम की कविता में उस पुनर्जागरण के चिह्न मिलते हैं जो शुरू में हमारे राष्ट्रीय जागरण का ही एक अंग था। 'यमुना' में उन्होंने पौराणिक संसार को नवीन जीवन दिया है। ब्रज और यमुना को देखकर अनेक आधुनिक कवियों ने नटनागर श्याम और पनघट पर गोपियों की मधुर प्रेम-लीला के जो चित्र अंकित किये हैं, इनका आरम्भ इसी कविता से होता है। 'पंचवटी प्रसंग' में उन्होंने राम की गाथा को पुनर्जीवित किया है। इसमें गोस्वामी तुलसीदास का भक्ति-भाव उभर कर आया है। लक्ष्मण कहते हैं :

मुक्ति नहीं जानता मैं, भक्ति रहे काफी है।

उनका आदर्श यह है कि माता की तृप्ति के लिए वे अपना सर्वस्व निछावर कर दें और वे अपनी समस्त तुच्छ वासनाओं का विसर्जन करके एकमात्र भक्ति की कामना कर सकें।

इस प्रकार 'परिमल' की रचनाओं में छायावाद की बहुमुखी प्रवृत्तियाँ अपनी रूपरेखा में स्पष्ट होकर पाठक के सामने आती हैं। द्विवेदी-युग की वैष्णवी श्रद्धा और सशंक नैतिकता के बदले पहले-पहल अविश्वास और मानवीय प्रेम और श्रृंगार के स्वर सुनाई पड़ते हैं। नैतिकता के प्रति उनके विरोध ने उच्छृंखलता का रूप नहीं लिया। नये कवियों ने व्यक्तित्व के पूर्ण विकास के लिए उस सामाजिक स्वाधीनता की माँग की जिसे पिछले युग के सामाजिक बन्धन दबाकर रखना चाहते थे। इन कवियों ने नये ढंग से प्रकृति का चित्रण करना शुरू किया; इस

तरह की कविता को उन्होंने लक्षण-ग्रंथों की सीमाओं से उबार लिया। उद्दीपन या उपदेश के लिए प्रकृति का वर्णन काफी नहीं था। प्रतीक रूप में भी प्रकृति का उपयोग किया गया, लेकिन पहले-पहल हिन्दी कविता में उसके यथार्थ चित्र मिले। सामाजिक रचनाओं में दलित वर्ग के प्रति उन्होंने भावुक सहानुभूति प्रकट की तो साथ ही सामाजिक ढाँचा बदलने के लिए विप्लव और क्रान्ति की माँग भी की। रहस्यवादी कविताओं में उन्होंने आनन्द और प्रकाश में इष्टदेव की कल्पना की लेकिन अपने जीवन की दारुण व्यथा को भी वे भुला नहीं सके। छंद और भाषा में नये प्रयोग करके उन्होंने रीतिकालीन आचार्यों को बता दिया कि हिन्दी कविता में एक नये युग का आरम्भ हो गया है।

5

रीतिकालीन परम्परा और छायावाद

'परिमल' की रचनाओं में क्या नवीनता थी, पुरानी परिपाटी से वे कितना भिन्न थीं, यह हम देख चुके हैं। इस तरह के मौलिक कवि के लिए यह आवश्यक होता है कि वह गद्य में भी अपने विचारों का स्पष्टीकरण करे। निराला जी के गद्य-लेख उनकी कविताओं से पहले ही प्रकाशित होने लगे थे। 'सरस्वती' में बँगला और हिन्दी के व्याकरण की तुलना करते हुए उन्होंने इस बात की पहले ही सूचना दे दी थी कि बँगला के माधुर्य के प्रशंसक होते हुए भी वे हिन्दी के सम्मान की बराबर रक्षा करेंगे। उनका दूसरा महत्त्वपूर्ण लेख बंगाल के ही एक कवि श्री चंडिदास पर था। 'प्रबन्ध प्रतिमा' में इसका रचनाकाल 1920 दिया गया है। इस निबन्ध में वैष्णव कवि के जीवन के बारे में प्रचलित अनेक किंवदन्तियों का उन्होंने उल्लेख किया है। बंगाल में रवीन्द्रनाथ ठाकुर के नेतृत्व में जो नवीन साहित्यिक आन्दोलन आरम्भ हुआ था, उसका वैष्णव कवियों से अटूट सम्बन्ध था। इनके सरस गीतों में नये कवियों को वह सहृदयता और मानवीय प्रेम मिलता था जो दरबारी कवियों की रचनाओं में दुष्प्राप्य था। वैष्णव कवियों पर रविबाबू ने जो कविता लिखी है, उनमें उनकी भक्ति के इस मानवीय रूप की ओर उन्होंने संकेत किया है। जिन कवियों ने राधा और कृष्ण की तन्मयता का ऐसा प्रभावशाली वर्णन किया था, उन्होंने अवश्य ही अपने जीवन में उस तन्मयता का अनुभव किया होगा। इनमें चंडिदास और रजक विधवा रामी का प्रेम तो भारत-प्रसिद्ध है। रविबाबू ने इन पर कविताएँ और लेख ही नहीं लिखे, वरन् उनकी शैली के अनुकरण पर 'भानुसिंहेर पदावली' की रचना कर डाली। बँगला की रोमांटिक कविता का एक स्रोत ये वैष्णव कवि भी थे। हिन्दी के नये कवि जो बँगला भी जानते थे, अनिवार्य रूप से इन कवियों की ओर आकृष्ट हुए। रवीन्द्रनाथ की प्रशंसा ने उनके इस कार्य को सुगम बना दिया। निराला जी अच्छी तरह जानते थे कि बँगला में सभी मतों और विचारों के कवि चंडिदास के प्रशंसक थे। उन्होंने लिखा है : "बंगाल तो इनकी अमर कृतियों का हृदय से उपासक है। किसी दूसरे कवि की समालोचना करते समय बंगाल में चाहे पृथक्-पृथक् अनेक दल भले हो जाएँ, परन्तु चंडिदास के लिए सबके हृदय

में समान आदर, समान श्रद्धा और समान प्रेम है।" निराला जी ने वैष्णव कवियों की शृंगार साधना पर आगे चलकर भी लेख लिखे और गोविन्ददास के गीतों का हिन्दी में अनुवाद किया।

वैष्णव कविता का प्रेम रीतिकालीन परम्परा का विरोधी था, यह बात शीघ्र ही स्पष्ट हो गई। 'काव्य साहित्य', 'बिहारी और रवीन्द्रनाथ' आदि लेखों में निराला जी ने इस बारे में सन्देह की गुंजाइश न रहने दी। चंडिदास यदि रोमांटिक कविता के पुराने स्रोत थे, तो रवीन्द्रनाथ ठाकुर उसके आधुनिक प्रतिनिधि कवि थे। उधर महाकवि बिहारीलाल रीतिकालीन परम्परा के मान्य आचार्य थे। हिन्दी में विवाद चला कि देव बड़े हैं या बिहारी। इस वादविवाद में भाग लेनेवाले आलोचकों ने यह नहीं बताया कि देव और बिहारी एक ही साहित्यिक शृंखला की दो कड़ियाँ हैं। मध्यकालीन कवियों में चंडिदास की तरह तुलसी और सूर नये आन्दोलन को प्रभावित कर सकते थे परन्तु दरबारी परिपाटी से उनका वैर था।

'बिहारी और रवीन्द्र' नाम के लेख में दो कवियों का अन्तर ही नहीं दरसाया गया; रीतिकाल और छायावाद, इन दोनों का परस्पर विरोध भी प्रकट किया गया है। निराला जी ने बिहारी पर आक्षेप किये हैं कि उनके भावों में नवीनता नहीं है, छंदों में वैचित्र्य नहीं है, उनके साहित्य की दुनिया बहुत संकुचित है, उक्तियों में एक प्रकार की जड़ता है जो संकेत से काम न लेकर हर चीज़ को खुलासा कर देती है; बिहारी के भावों से विकार पैदा होते हैं लेकिन रवीन्द्रनाथ में नवीनता, छंद-वैचित्र्य, भाव-प्रसार, विचारों की सम्बद्धता आदि गुणों के साथ मानवीय अनुराग है।

तंत्री-नाद कबित्त-रस सरस राग रति-रंग।
अनबूड़े बूड़े तरे जे बूड़े सब अंग॥

इस दोहे के उड़न करके निराला जी कहते हैं :

"यह गुण बिहारी में नहीं, रवीन्द्रनाथ में पाया जाता है। बिहारी तटस्थ रहते हैं, रवीन्द्रनाथ डूब जाते हैं।...बिहारी चित्रण कुशलता दिखाने की फिक्र में रहते हैं, परन्तु रवीन्द्रनाथ अपने विषय से मिल जाते हैं।"

यहाँ उन्होंने रोमांटिक कवि की तन्मयता को अपना आदर्श बनाया है। रीतिकालीन कवि अलंकार-सौन्दर्य से ऐसे उलझ जाते हैं कि रस तक उनकी पहुँच नहीं होती। यद्यपि रीतिकाल में रस शब्द को लेकर बहुत चर्चा हुई, फिर भी रसिकों की रचनाओं में उसका स्रोत सूखा ही रहा। बाद के आलोचकों ने अश्लीलता को ही सरसता की संज्ञा दे दी। निराला जी टलाटली वाले दोहे की टीका उद्धृत करके उसे विकारपूर्ण कहकर उसकी निन्दा करते हैं : "पतिदेव थोड़ी देर के लिए भी धैर्य नहीं रख सके। दूसरों की स्त्रियों के बीच में कूद पड़े और अपनी 'अर्जेंट' प्रार्थना सुना दी। समझ में नहीं आता कि इसमें कौन-सा चमत्कार है।" यह एक आश्चर्य

की बात है कि इन सब दोहों के रस से चटखारी लेनेवाले आलोचक छायावाद पर अश्लीलता का दोष लगाते थे। छायावाद पर पं. पद्मसिंह शर्मा का कोप समझ में आ सकता है जब हम लेख में पढ़ते हैं : "कुछ बिहारी की कल्पना, उस पर पद्मसिंह जी भी कल्पना लड़ाते हैं। बहुत जगह चमत्कार पैदा करने में बिहारी से जो कुछ कोर-कसर रह जाती है, उसे पद्मसिंहजी पूरा कर देते हें।" नये कवि चाहते थे, स्त्री को उसके सामाजिक और पारिवारिक रूप में चित्रित किया जाए। रीतिकालीन कवियों में नारी को क्रीड़ा-कला की पुतली बनाकर मनु-स्मृति का श्राद्ध किया गया था। वे आलोचक शुद्ध प्रतिक्रियावादी थे जो भारतीयता की दुहाई देकर स्त्रियों को रंगमहल या रसोईघर में अपनी परिचारिका बनाकर रखना चाहते थे। निराला जी ने एक वाक्य में इस अन्तर को स्पष्ट कर दिया है : "बिहारी नायिका-भेद बतलाते हैं परन्तु रवीन्द्रनाथ स्त्रियों के स्वभाव का चित्रण करते हैं।"

अन्य छायावादी कवियों के साथ निराला जी भी विश्वव्यापी भावों की तलाश में थे। विराट् चित्रों के बिना उन्हें तसल्ली न होती थी। बिहारी के दोहे और लघु-चित्र प्रसार चाहने वाले साहित्य के प्रतिकूल थे। परन्तु निराला जी का आक्षेप रवीन्द्रनाथ पर भी है कि बंग-बालाओं का चित्रण करने के कारण उनमें कहीं-कहीं प्रांतीयता आ गई है। उनका आशय है, नारी को अप्सरा बनाकर उसे अत्यन्त सौन्दर्य और अजर यौवन के प्रतीक रूप में चित्रित न किया जाए तो विश्वव्यापी भाव संकुचित हो जाएगा। वास्तव में यह प्रश्न प्रांतीयता और सार्वभौमिकता का नहीं है बल्कि यथार्थवाद और काल्पनिकता का है। रीतिकालीन बन्धनों से नारी को स्वतंत्र करके छायावादी कवि उसे काव्यलोक में उषा के सिहासन पर ही बिठाकर दम लेना चाहते थे।

'काव्य-साहित्य' में निराला जी ने उन आलोचकों की खबर ली है जो छायावाद पर विदेशी साहित्य के अनुकरण का दोष लगाते थे। ये लोग "अपने ही विवर के व्याघ्र बने बैठे रहते, अपनी ही दिशा के ऊँट बनकर चलते हैं।" युग बदल गया है लेकिन लोग समस्या-पूर्ति से बाज नहीं आए। निराला जी को अलंकारों से कम मोह नहीं है, परन्तु वह उनका मौलिक प्रयोग करते हैं। ब्रजभाषा की परम्परा और नई काव्य-शैली का अन्तर दिखलाते हुए कहते हैं : "हिन्दी साहित्य की पृथ्वी अब ब्रजभाषा का प्रलयपयोधि नहीं है, वह जलराशि बहुत दूर हट गई, राष्ट्रभाषा के नाम से उससे जुदा एक दूसरी ही भाषा ने आँख खोल दी, पर 'धृतवानसिवेदम्' के भक्तों की नज़र में अभी यहाँ वही सागर उमड़ रहा है। नहीं मालूम, बेवक्त की शहनाई के और क्या अर्थ हैं। एक समस्या पर बावन ज़िले के कवि ढेर हो जाते हैं।" उन्हें इस बात से संतोष होता है कि नये साहित्यिक आन्दोलनों का विरोध करनेवाले लोग हिन्दी में ही नहीं हैं; वे अन्यत्र भी रहे हैं और वहाँ असफल रहकर हिन्दी के उज्ज्वल भविष्य की सूचना दे रहे हैं।

बावन ज़िले के कवि किस बुरी तरह नये आन्दोलन का विरोध कर रहे थे, यह छायावादी कवियों के क्रोध से प्रकट होता है। निराला जी इन्हें चुनौती देते हुए लिखते हैं : "हिन्दी के साहित्यिकों का अन्याय सीमा को पार कर जाता है। उन्हें अपनी सूझ के सामने दूसरे सूझते ही नहीं। हमें उनकी आँखों में उँगली कर-करके समझाना है, और बहुत शीघ्र वैसे संकीर्ण विचार वालों को साहित्य के उत्तरदायी पद से हटाकर अलग कर देना है। तभी साहित्य का नवीन पौधा प्रकाश की ओर बढ़ सकेगा।" छायावाद अभारतीय है और वह विदेशी साहित्य का अनुकरण करता है, इस तर्क को निराला जी ने एक ही वार से खत्म कर दिया है। अपनी स्वाभाविक बोलचाल की शैली में उन्होंने ललकारा : "हज़ार वर्ष से सलाम ठोंकते-ठोंकते नाक में दम हो गया, अभी संस्कृति लिये फिरते हैं।"

हिन्दी से भिन्न भाषाओं के साहित्य के बारे में उन्होंने घोषणा की कि जब तक भावों का आदान-प्रदान न होगा, तब तक हिन्दी की कूप-मंडूकता भी दूर न होगी। हर नये साहित्यिक आन्दोलन पर अनुकरण का दोष लगाकर विरोधी आलोचक उसे जनता से दूर रखने की कोशिश करते हैं। निराला जी ने इनका पैंतरा समझ लिया था, इसलिए उन्हीं पर रूढ़िवाद को सुरक्षित रखने का आरोप लगाते हुए उन्होंने कहा :

"हिन्दी में यदि चारों ओर से परकोटा घेरकर अन्य देशों तथा अन्य जातियों की भावराशि रोक रखी गई तो इस व्यापक साहित्य के युग में हिन्दी का भाग्य किसी तरह भी नहीं चमक सकता और उसके साहित्य में महाकवि तथा बड़े-बड़े साहित्यिकों के आने की जगह चिरकाल तक 'बनी रहे, ठनी रहे' होता रहेगा।"

छायावाद का विरोध करने वाले पं. रामचन्द्र शुक्ल भी थे। साहित्य में लोक-संग्रह की भावना के वे समर्थक थे; इस प्रकार उन आलोचकों से उनका कोई सम्बन्ध न था, जो कला को दुनिया से दूर कल्पना-लोक की चीज़ बना लेना चाहते हैं। छायावाद पर उनके आक्षेपों का यह आधार था कि नई कविता यथार्थ से दूर होती जा रही है और इसके बदले उसमें कल्पना-विलाप बढ़ता जाता है। छायावादी कविता के सौन्दर्य से इनकार न कर पाने पर वह यह भी कहते थे कि इस तरह की शैली तो पहले की अन्योक्ति वाली कविता में भी है। वह इसे भी अस्वीकार न कर सकते थे कि नई कविता में लोक-संग्रह की भावना विद्यमान है। वास्तव में वह रहस्यवाद के विरोधी थे।

उनकी आलोचना ने यह रूप धारण किया कि रहस्यवाद भारत की वस्तु नहीं है; उसे बाहर से उधार लिया गया है। 'काव्य-साहित्य' में निराला जी ने लिखा है :

"पंडित रामचन्द्र शुक्ल की 'काव्य में रहस्यवाद' पुस्तक उनकी आलोचना से पहले उनके अहंकार, हठ, मिथ्याभिमान, गुरुडम तथा रहस्यवादी या छायावादी कवि कहलाने वालों के प्रति उनकी अपार घृणा सूचित करती है। ऐसे दुर्वासा

समालोचक कभी भी किसी कृति-शकुन्तला का कुछ बिगाड़ नहीं सके, अपने शाप से उसे और चमका दिया है।"

निराला जी प्राचीन हिन्दी साहित्य के गौरव की रक्षा करने के लिए सदैव तत्पर रहे हैं। 'पल्लव' की भूमिका पर उनका मूल आक्षेप यही था कि पंत जी ने इस गौरव का निरादर किया है। लेकिन इस गौरव के बहाने जो लोग नई प्रगति का विरोध करते थे और पाठकों को यह विश्वास दिलाना चाहते थे कि जो कुछ लिखना था, वह तो ब्रजभाषा के कवि लिख चुके, नये कवि विदेश से उधार लेकर बहकाने के अलावा कुछ नहीं कर सकते, उनके बारे में निराला जी ने स्पष्ट कहा : "पुराना साहित्य हिन्दी का बहुत अच्छा था, पर नया और अच्छा होगा, इस दृष्टि से उसकी साधना की जाएगी।" उन्होंने बताया कि ब्रजभाषा के प्रेमियों से किसी को द्वेष नहीं है लेकिन उन्हें अपने प्रेम से नई संस्कृति का बाधक न बनना चाहिए। ब्रजभाषा की श्रेष्ठता जाहिर करने के लिए अगर वे नई कविता के विरुद्ध झूठा प्रचार करते रहे तो "उन्हें प्रयत्न करके साहित्य के व्यापक मैदान से हटा देना चाहिए। उनके द्वारा साहित्य का उद्धार नहीं हो सकता। वे तो सिर्फ मनोरंजन के लिए काव्य-साधना करते हैं। किसी उत्तरदायित्व को लेकर नहीं।" छायावादी कवियों ने जिस तरह पुराने साहित्य का समर्थन या विरोध किया, उसमें उन्होंने ब्रजभाषा के प्रति प्रेमियों से अधिक उत्तरदायित्व का परिचय दिया। वह यह मानने के लिए तैयार न थे कि विदेशी साहित्य की छाया पड़ते ही हिन्दी का चौका छूत हो जाएगा। निराला जी ने कहा कि बहुत दिनों से एक ही तरह की तसवीरें देखते-देखते उनकी रुचि एक तरह की बन गई है। यदि कोई भी उनके इस रूढ़िवाद को धक्का देता है तो वे "अपनी अपार भारतीय संस्कृति की दुहाई देकर उसके देश-निकाले पर तुल जाते हैं।" अगर इन लोगों से पूछा जाता है कि भारतीय संस्कृति की कुछ ऐसी बातें बयान करें जो दूसरे देश में मिलती ही न हों तो जवाब देने के बदले ये दुश्मन की तरह देखने लगते हैं। निराला जी अपनी आलोचना में लतीफों का खूब प्रयोग करते हैं। बनारस के एक गुजराती मित्र के पीताम्बर का जिक्र करते हुए कहते हैं कि "पहले के आदमी पीताम्बर पहनकर भोजन करते थे या दिगम्बर होकर, यह सब बतलाना बहुत कठिन है। पर अगर ज़रा अक्ल का सहारा लिया जाए तो दिगम्बर रहना ही विशेष रूप से सनातन धर्म जान पड़ता है; कारण, सनातन पुरुष के बहुत बाद ही कपड़े का आविष्कार हुआ होगा।" इसलिए भारतीय संस्कति की रक्षा के लिए यह ज़रूरी नहीं है कि हम दिन-पर-दिन उसे और संकुचित करते जाएँ। ऐसा करनेवाले उसके प्राणघातक शत्रु हैं। उसकी रक्षा तभी हो सकती है जब उसे और व्यापक बनाया जाए।

आलोचकों का मुँह बन्द करने के लिए उन्हीं के गढ़ में घुसकर मार-काट मचाने की नीति भी निराला जी ने अपनाई। आलोचक कहते थे : "तुम्हें भाषा लिखना नहीं आता, तुम्हें छंदों का ज्ञान नहीं, तुम्हारे भाव उधार लिये हुए और शब्द निरर्थक हैं।"

निराला जी ने कहा : "पहले तुम्हारे साहित्य की बानगी देखी जाए। तुम लोग हिन्दी के बड़े-बड़े सम्पादक हो, देखें, किस तरह की भाषा लिखना सिखाते हो।" इस युद्ध के लिए 'मतवाला' का 'चाबुक' काम में आया। छद्म नामों से निराला जी इस स्तम्भ में हिन्दी के धुरन्धरों के पैरों के तले की ज़मीन खिसका देते थे। 'शारदा' में प्रकाशित एक कविता की आलोचना करते हुए कहते हैं कि पास, हास आदि अनुप्रास बड़े ढंग से सजाए गए हैं क्योंकि "आजकल के तुक्कड़ तो बस अनुप्रास की पूँछ पकड़कर कविता-वैतरणी पार होते हैं, भाषा और भावों के संगठन पर चाहे पत्थर ही पड़ें।" इसके बाद उद्धरण देकर वह साबित करते हैं कि भाषा और भावों पर किस तरह पत्थर पड़े हैं। अन्त में कविता की पैरोडी करते हुए लिखते हैं :

तुकबन्दी के लिए तुम्हें हम
धन्यवाद देते कविराज।
किन्तु, प्रार्थना, कविजी रखना
भाषा भावों की भी लाज॥

'सरस्वती' को द्विवेदी जी ने श्रेष्ठ पत्रिका बनाया था जो अंग्रेज़ी के 'मॉडर्न रिव्यू' और बँगला के 'प्रवासी' से टक्कर लेती थी। निराला जी ने हिन्दी लिखना उसी से सीखा था। लेकिन श्री पदुमलाल पुन्नालाल बख्शी की भाषा में निराला जी को "यत्र-तत्र नहीं, प्राय: सर्वत्र दोष ही दोष दीख पड़ते हैं।" इसी प्रकार 'माधुरी' सम्पादकों की भी खबर ली गई। निराला जी की भाषा-सम्बन्धी आलोचना का एक नमूना यह है। 'माधुरी' में लाहौर पर एक लेख छपा था जिसकी पहली पंक्ति यों शुरू होती थी : "पुरातन काल से चली आने वाली पंजाब की राजधानी लाहौर ने जितने परिवर्तन देखे हैं...।" निराला जी 'चली आने वाली' टुकड़े को लेकर कहते हैं : "श्रीमती लाहौर के पैर बड़े मज़बूत हैं क्योंकि पुरातन काल से चलती ही आ रही हैं। कहीं बैठी नहीं, विश्राम ज़रा भी नहीं किया। न जाने अभी कब तक चलना पड़े। उनसे प्रार्थना है कि हिन्दी संसार में इस तरह मनमानी चाल न चलें क्योंकि इस वन में बबूल के काँटों की कमी नहीं है। छिद जाएँगे तो निकालने में आफ़त होगी। उनके सपूत पंजाबी उन्हें चलाते हों तो वे चलावें, पर लखनवी सम्पादक, नज़ाकत की राजधानी में रहने पर भी इतने बेदर्द हो जाएँ कि उन्हें चलने से न रोकें, यह बड़े परिताप की बात है।"

अगर किसी के हृदय में 'पल्लव' शूल की तरह चुभा हो, तो इसमें आश्चर्य क्या? निराला जी बबूल का काँटा लिये हुए सभी हिन्दी सम्पादकों का स्वागत करने के लिए तैयार थे।

पंडित रूपनारायण पांडेय बँगला के अनुवादक भी थे; निराला जी को एक और अस्त्र और मिला। एक जगह 'फुलकी' का अर्थ पांडेय जी ने 'रोटी' लिखा

था जबकि उसका अर्थ चिनगारी है। बँगला के वाक्य का अर्थ है—उसका तरुण हृदय आग की चिनगारी की तरह चारों ओर फैल रहा था। (ताहादेर भाव-प्रवण तरुण हृदय आगुनेर पुलकीर मतनेई स्वाधीन आनन्देर उज्ज्वलनाय क्षणे-क्षणे आपनादिग के चारिदिके विकीर्ण करिते थाकितो)। पांडेय जी ने अनुवाद किया था : "उसका भाव-प्रवण तरुण हृदय सिक रही फुलकी (रोटी) की तरह ही स्वाधीन आनन्द की तरह फूल-फूल उठता था।" पांडेय जी के अनुवाद पर टीका करते हुए निराला जी कहते हैं : "खूब! पंडित जी, जान पड़ता है, जिस समय आप अनुवाद कर रहे थे, उस समय भूख बड़े ज़ोरों की लगी थी, नहीं तो रोटी क्यों सेंकते? यहाँ न कहीं रोटी है न दाल, फुलकी है सो वह भी चिनगारी है, रोटी नहीं।...कल्पना भी कैसी! मूल में तो है 'विकीर्ण करिते थाकितो' और अनुवाद में फूल-फूल उठता था।...फूल-फूल उठना रूपनारायण जी की रोटी के लिए ही उपयुक्त है। अच्छा है, सेंकिये रोटी।" यहाँ पर यह कह देना आवश्यक है कि आगे चलकर निराला जी पांडेय जी के प्रशंसक बन गए और उनके अनुवादों की बराबर दाद देते रहे।

युद्धभूमि में यों ललकारे जाने पर हिन्दी के महारथी पीछे हटने वाले न थे। पत्रिकाओं में एक ज़बर्दस्त आन्दोलन शुरू हो गया कि निराला के भाव चोरी के हैं और भाषा को दुरूह बनाकर वह ज़बर्दस्ती हिन्दी वालों पर रौब जमाना चाहते हैं। हिन्दी के महारथी दूध पीते बच्चे नहीं हैं जो यों रौब में आ जाएँगे। हिन्दी के जितने साहित्यिकों ने निराला जी का विरोध किया, उन सबका उल्लेख किया जाए तो साहित्यिकों की अच्छी-खासी Who's Who (परिचय-पुस्तिका) तैयार हो जाए। यहाँ सिर्फ यही कहना काफी है कि उनके समर्थकों में भी हिन्दी के कई जाने-माने साहित्यिक थे। प्रसाद ने उनका साथ दिया; शिवपूजन सहाय, रामनाथ लाल सुमन, नन्ददुलारे बाजपेयी आदि ने अपने लेखों में इनका समर्थन किया। कवि सम्मेलनों में मुक्त छंद की बहुत नकल की गई लेकिन उससे ज़्यादा बार निराला जी ने 'जुही की कली' और 'शिवाजी का पत्र' सुनाकर जनता को मंत्र-मुग्ध कर लिया। उन्होंने कविता को सिर्फ घर में पढ़ने और समझने की चीज़ बनाकर नहीं रखा; उस पर खुले आकाश के नीचे सहस्र किरणों का प्रकाश पड़ने दिया। दुरूहता का उत्तर उन्होंने यह कहकर दिया कि देखो, बड़ी-बड़ी सभाओं में पढ़ने पर लोग प्रभावित होते हैं। मुक्त छंद की रबड़ गति का यह उत्तर दिया कि तुकबन्दी के सामने वह हमेशा अपनी धाक जमा लेता है। किसी भी छायावादी कवि ने, और विदेश में भी किसी रोमांटिक कवि ने, इतने आत्मविश्वास से जनता का सामना नहीं किया जितना निराला ने। कविता समझ में नहीं आती, यह प्रश्न मानो जनता का नहीं, थोड़े-से आलोचकों का था। निस्सन्देह बड़ी-बड़ी सभाओं में लोकप्रियता पाने के कारण निराला जी दृढ़तापूर्वक अपनी नई राह पर चलते रहे।

नये कवि सामाजिक प्रश्नों को कितना महत्त्वपूर्ण समझते थे, यह निराला जी के 'चरखा' नाम के निबन्ध में प्रकट हो जाता है। यह लेख कलकत्ते के 'श्रीकृष्ण सन्देश' में सन् 1925 में प्रकाशित हुआ था। इसका सम्बन्ध उस वाद-विवाद से है जो रवीन्द्रनाथ ठाकुर और गांधी जी में चला था। आचार्य प्रफुल्लचन्द्र राय ने "कविवर पर चरखे के प्रचार से उदासीन रहने के कारण अपवाद और लांछन लगाने की चेष्टा की थी।" निराला जी का कहना है कि यह लेख उसी की प्रतिक्रिया के कारण लिखा गया था : "ठेठ भाषा में यह चपत का जवाब घूँसा है।" गांधी जी के उत्तर के बारे में निराला जी कहते हैं कि उससे कविवर की युक्तियों का अन्धकार दूर नहीं होता। इसलिए निराला जी को दोनों के तर्क उद्धृत करके अपनी राय देनी पड़ी है।

रविबाबू की पहली चरखा-विरोधी दलील यह थी कि विधाता ने मनुष्यों को इसलिए पैदा नहीं किया कि वे मक्खियों की तरह एक ही नमूने का छत्ता बनाएँ। निराला जी पूछते हैं कि विधाता की यही इच्छा है, यह आपको कैसे मालूम हुआ? हिन्दू समाज के चार मुँह वाले विधाता अपनी राय सुना गए थे, या ब्रह्म-समाज के बिना नाक-कान वाले परम पिता ने ही किसी खास तरीके से यह ध्वनि अदा की थी? निराला जी की राय में यह युग उन लोगों का है जो संघशक्ति में विश्वास रखते हैं, और उसी के द्वारा संसार में बड़े-बड़े कार्य सम्पन्न करना चाहते हैं। व्यक्तिगत स्वतंत्रता का पक्ष लेकर रविबाबू बेवक्त की रागिनी छेड़ रहे हैं। संघबद्ध होने से समष्टि और व्यष्टि, दोनों को ही फायदा पहुँचता है। सब आदमियों का, अपनी दुर्दशा दूर करने के लिए, एक ही कार्य में सम्मिलित होना पाप नहीं है। "हम पुण्य उसे ही मानते हैं जिसमें अधिक संख्यक मनुष्यों को लाभ हो, जिससे वे सुखी हों।"

निराला जी मानते हैं कि कवि समाज का उतना ही परोपकार करता है जितना कि राजनीतिक नेता। लेकिन चरखे के खंडन में कविवर युक्ति से बाहर पहुँच गए हैं। अपने अज्ञान को ईश्वर के अस्तित्व का साक्षी न मान लेना चाहिए। एकाध जगह कविवर के प्रति अपनी श्रद्धा भूलकर निराला जी उनके वर्ग पर प्रहार कर बैठे हैं : "भोजन-वस्त्र का सवाल किसी एक के लिए नहीं है। अनेकों को उसके हल करने की आवश्यकता है—सिर्फ आप जैसे ज़मींदारों को छोड़कर।" जो स्वतंत्रता संघ-कार्य में बाधक होकर मनुष्य को वास्तविक स्वतंत्रता पाने से रोकती है, उसका रूप निराला जी ने अच्छी तरह प्रकट कर दिया है। वह कहते हैं : "दरअसल जिसे आप व्यक्तिगत स्वतंत्रता कहकर चरखे का विरोध करना चाहते हैं, वह स्वतंत्रता के नकाब में ढकी हुई घोर परतंत्रता और हठधर्मी है जबकि उससे व्यक्तिगत फायदे के बदले नुकसान होता है—असंगठित रहने के कारण।"

यह लेख एक से अधिक अंकों में निकला था, एक जगह उन्होंने अपनी बीमारी का ज़िक्र किया है जिससे लेख पूरा होने में विलम्ब हुआ। अपनी स्थिति साफ करते हुए उन्होंने लिखा है कि विवादियों में अमृत और विष, दोनों हैं। समय न मिलने

से वह 'गांधी जी का ज़हर' निकालकर जनता के सामने नहीं रख सके। सामाजिक विकास के पश्चिमी सिद्धान्तों का खंडन करते हुए वह भारत की वर्ण-व्यवस्था का समर्थन करते हैं। छोटे-बड़े के प्रश्न पर वह कहते हैं कि दर्शनशास्त्र में सिर और पैर का भेद नहीं माना गया। बौद्ध धर्म इसलिए उखड़ गया कि वर्णाश्रम धर्म का विरोधी था। उन्होंने रविबाबू के इस मत का खंडन किया है कि युगों से द्विज लोग शूद्रों को धोखा देते रहे हैं और उनका शोषण करते रहे हैं। आगे चलकर 'तुलसीदास' आदि कविताओं में उन्होंने इसी शोषण के प्रभावशाली चित्र खींचे हैं। उनका वर्णाश्रम धर्म का यह समर्थन क्रमशः निर्बल पड़ता गया।

इस लेख में विचारों का एक सिलसिला नहीं बँध पाया। उनका लक्ष्य है कि हिन्दू शास्त्रों की बुनियाद पर रवीन्द्रनाथ के मत का खंडन करें और गांधी जी के तर्कों की निर्बलता भी सिद्ध कर दें। इस महान कार्य में शास्त्रों ने निराला जी की उचित सहायता नहीं की।

इस लेख का महत्त्व इस बात में है कि निराला जी ने मुक्त कंठ से समाज सेवा का महत्त्व स्वीकार किया और उस 'स्वतंत्रता' का विरोध किया जो सभी मनुष्यों के सम्मिलित सुखी जीवन में बाधक हो। पुरानी संस्कृति का अभी इतना प्रभाव बाकी था कि वे वर्णाश्रम धर्म का समर्थन करें। इसका फल यह हुआ कि छायावाद की काल्पनिकता उनके यथार्थवाद पर अपना रंग चढ़ाने लगी। जिन करोड़ों दीन किसानों का उन्होंने ज़िक्र किया था, उनकी कहानी न लिखकर वे 'अप्सरा' उपन्यास में अपने ही अभावों की सुखमय पूर्ति करने लगे। सन् '25 से लेकर लगभग आठ वर्षों तक उनके साहित्य में इस कल्पनावादी प्रवृत्ति का ज़ोर रहा। लेकिन इस पूर्ति से उन्हें कभी संतोष नहीं हुआ। काल्पनिक पूर्ति से असंतोष और बढ़ता ही गया। सन् '33-'34 के लगभग उनके साहित्य में एक नई यथार्थवादी धारा का जन्म हुआ।

6

नया कथा-साहित्य

सन् '31 के आरम्भ में निराला जी का पहला उपन्यास 'अप्सरा' प्रकाशित हुआ। भूमिका में उन्होंने हिन्दी के सभी उपन्यासकारों को ललकारा। उपन्यास की तारीफ करते हुए कुछ लोगों ने उन्हें विक्टर ह्यूगो और टॉल्स्टॉय के बराबर गद्दी दी और कुछ लोगों ने कहा कि गंगा-ग्रंथागार ऐसी ही रचनाएँ प्रकाशित करेगा तो कुछ दिन में कूड़ागार हो जाएगा।

अप्सरा यानी कनक एक नर्तकी की लड़की है। एक महाराज कुमार गैरकानूनी तौर पर उसके पिता थे। एक दिन कनक कलकत्ते के ईडन गार्डन में बैठी हुई थी, तभी एक अंग्रेज़ ने आकर उसका हाथ पकड़ लिया। अप्सरा उसके यमपाश में फँसना ही चाहती थी कि एक भारतीय नवयुवक ने पीछे से साहब को दबोच लिया। तरुण युवक कसरत-कुश्ती का शौकीन था; वह रियाज़ आखिर किस दिन काम आता? छूटकर अलग हुई तो साहब चित नज़र आए। कौन ऐसा युवक होगा जो एक सुशिक्षिता और सुन्दरी तरुणी के सामने एक गौरांग आततायी को धराशायी करके इस प्रकार अपना शौर्य प्रदर्शित न करना चाहे? वह युवक कल्पना में जिस परिस्थिति की तसवीर देखा करता होगा, वह अचानक सामने आ गई। वह कुछ-कुछ हिन्दी का लेखक भी था। रंगमंच से उसे बड़ा प्रेम था, यद्यपि हिन्दी के रंगमंच से उसे बड़ा असंतोष था। वह अपने अभिनय द्वारा एक महान परिवर्तन करके एक नये रंगमंच की नींव डालना चाहता था।

कनक महाराज कुमार की लड़की थी और युवक भी कम-से-कम नाम से राजकुमार है। 'शकुन्तला' नाटक में वह दुष्यन्त बनता है। शकुन्तला का पार्ट लाजमी तौर पर कनक करती है। इस रहस्य को राजकुमार स्टेज पर ही जान पाता है। अपने कल्पना-लोक की आदर्श तरुणी को अभिनेत्री के रूप में देखकर रंगमच के लिए उसका सारा उत्साह ठंडा पड़ जाता है। कनक के प्रति उसके हदय में घृणा उत्पन्न हो गई। शायद नाटक बिगड़ जाता लेकिन तभी पुलिस सुपरिंटेंडेंट ने आकर राजकुमार का उद्धार किया। यह वही महाशय थे जिन्होंने कनक का हाथ पकड़ा था और जिन पर राजकुमार ने अपने खास दाँव

रवाँ किये थे। किसी तरह पार्ट पूरा करने की मोहलत मिली और वह हिरासत में ले लिया गया।

कनक के प्रति राजकुमार के हृदय में भले ही घृणा रही हो, कनक के हृदय में तो उसके लिए प्रेम का समुद्र उमड़ रहा था। उसने त्रियाचरित्र का वह जाल फैलाया कि सुपरिंटेंडेंट हैमिल्टन उसकी धोती पहनकर नाचने लगे। दारोगा साहब अलग कमरे में चित हुए और मैजिस्ट्रेट रॉबिन्सन साहब वहाँ आकर यह सब देखते ही रह गए। इस तरह कनक ने उस प्राचीन भठियारिन की परम्परा को निबाहा जिसने दारोगा के मुँह में कालिख लगाकर उन्हें दीवट बनाया था और कोतवाल साहब को लहँगा पहनाकर उनसे चक्की पिसवाई थी।

कनक अपने प्रेमी को छुड़ाकर घर ले आती है लेकिन देश-सेवा का व्रत लेने के कारण वह प्रेमी के दर्जे तक नहीं पहुँचता। 'Traveller must you go?' (पथिक! क्या जाओगे ही?) की नायिका की तरह अपने बाहुपाश में वह उसके चरणों की गति बाँध रखना चाहती है लेकिन राजकुमार पथिक से भी अधिक कठोर-हृदय होकर उसका हाथ झटक देता है और चूड़ियों के टूटने से कनक की कोमल कलाई से रक्त की बूँदें टपकने लगती हैं। क्रान्तिकारी राजकुमार अपने ब्रह्मचर्य की रक्षा करता हुआ वहाँ से भाग निकलता है। उसका साथी चन्दनसिंह पकड़ लिया गया है; इसलिए इस निष्ठुर विदाई के लिए उसे कुछ बहाना भी मिल जाता है।

राजकुमार कनक के यहाँ से चन्दन की भाभी के यहाँ पहुँचता है और अपने साथी की क्रान्तिकारी पुस्तकें वहाँ से हटाता है। फिर भाभी को लेकर मायके छोड़ने चल देता है। उधर कनक की माँ सर्वेश्वरी एक कुँअर साहब से बयाना लेकर पुत्री सहित वहाँ जा पहुँचती है जहाँ चन्दन की भाभी का मायका है। कनक बुरी तरह घिर जाती है और इस बार चन्दन उसकी रक्षा करता है। पुनर्मिलन होना स्वाभाविक था। सब लोग कलकत्ते आते हैं और राजकुमार तोवा तोड़कर कनक से विवाह कर लेता है। उसके नाम गिरफ्तारी का वारंट भी है। उसका साथी चन्दन अपना नाम राजकुमार बताकर अपने को पकड़ा देता है और इस तरह कनक और राजकुमार का मार्ग निष्कंटक हो जाता है।

'अप्सरा' में आजकल के सिनेमा-कथानकों के बहुत से गुण मौजूद हैं। रोमांस के साथ देश-सेवा का आवश्यक पुट विद्यमान है। नायक पढ़ा-लिखा, देखने-सुनने में सजीला और देश का सेवक भी होना चाहिए। मगर वह क्रान्तिकारी हो तो देश-सेवा में घटना-वैचित्र्य भी आ जाता है। नायिका धनी हो और उसे नायक के त्यागमय जीवन से सहानुभूति हो, इससे अधिक मनोहर दृश्य और क्या होगा? विरोधियों की आशंकाओं के विपरीत 'अप्सरा' को काफी लोकप्रियता मिली और निराला जी ने अन्य कथाओं में नायक-नायिकाओं की एक चित्रावली तैयार कर दी जिनकी शक्ल-सूरत कनक और राजकुमार से मिलती-जुलती है।

राजकुमार साहित्यिक है, कुश्ती-कसरत का शौकीन है, क्रिकेट में सेंचुरी कर चुका है, एम.ए. का विद्यार्थी है, काफी अमीर है, हालाँकि कमरे में बीड़ी के टुकड़ों का ढेर है! अपने पुराने संस्कारों के कारण वह वैवाहिक जीवन को पथ से भटकना समझता है। वह उसी राह पर चलना चाहता है जिस पर शंकराचार्य से विवेकानन्द तक के ब्रह्मचारी साधु चले थे। उसे वेश्या-पुत्री कनक मिलती है जो एक प्रसिद्ध भजन गाती है—श्री रामचन्द्र कृपालु भज मन हरण भव भय दारुणम्। उसका ऐश्वर्य, रूप, शिक्षा—सभी अनुपम हैं। हिन्दी ही नहीं, अंग्रेज़ी की भी उसे ऐसी शिक्षा मिली है कि सुनकर अंग्रेज़ मैजिस्ट्रेट भी प्रभावित हो जाता है। ये सब कार्य उसने सोलह की अवस्था में ही सम्पन्न कर लिये हैं। 'गीतिका' में जिन सुन्दरियों का गौरवगान किया गया है, मानो यहाँ गद्य में उन्हीं की विस्तृत व्याख्या की हुई है। "कनक धीरे-धीरे सोलहवें वर्ष के चरण में आ पड़ी। अपनी देह के वृन्त पर अपलक खिली हुई, ज्योत्स्ना के चन्द्रपुष्प की तरह, सौन्दर्योज्ज्वल पारिजाति की तरह एक अज्ञात प्रणय की वायु से डोल उठती है।" उपन्यास के अन्त में यह भावना नहीं है कि विवाह करने से राजकुमार का पतन हुआ। देश का काम तो उसने चन्दन के लिए छोड़ दिया है और वह मन में सोचता है : "मैंने परिपूर्ण पुरुष देह देकर सम्पूर्ण स्त्री-मूर्ति प्राप्त की, आत्मा और प्राणों से संयुक्त साँस लेती हुई, पलकें मारती हुई, रस से ओत-प्रोत, चंचल, स्नेहमयी।" उपनिषद् के एक मंत्र में कहा गया है कि ब्रह्म की प्राप्ति से वैसे ही सुख मिलता है, जैसे स्त्री और पुरुष को परस्पर मिलन से। निराला जी ने इस मंत्र को उलटकर यों पढ़ा है : "ब्रह्म मिलने पर जिस तरह संतोष होता है, राजकुमार को वैसी ही तृप्ति हुई।"

उपन्यास में घटनाओं की प्रधानता है और घटनाएँ भी इस असाधारण कोटि की हैं कि उन पर सहसा विश्वास नहीं होता। राजकुमार का मानसिक द्वन्द्व सीधा-सादा और बचकाना है। चन्दन उसी का दूसरा रूप है और एक व्यक्तित्व के दो टुकड़े करके ही निराला जी विवाह और देश-सेवा की गुत्थी सुलझा सके हैं। चन्दन काफी विलम्ब से उपन्यास में प्रवेश करता है और उसके आने से राजकुमार का रंग फीका पड़ जाता है। चन्दन और राजकुमार, दोनों ही के चरित्रों में युवकोचित कल्पनाओं को आदर्श रूप दिया गया है। ये ऐसे व्यक्ति हैं जो साधारणत: नवयुवकों के कल्पना-लोक में निवास करते हैं और यथार्थ की ठोस धरती पर चलते-फिरते कम दिखाई देते हैं। इसके विपरीत साधारण पात्रों का चित्रण बहुत ही सजीव हुआ है। जैसे कुँअर साहब जिनका नाम "प्रतापसिंह था, पर थे वे बिलकुल दुबले-पतले। इक्कीस वर्ष की उम्र में ही सूखी डाल की तरह हाथ-पैर, मुँह सीप की तरह पतला हो गया था। आँखों के लाल डोरे अत्यधिक अत्याचार का परिचय दे रहे थे।" नाटक देखने वालों और कचहरी के वकीलों का वर्णन करते हुए निराला जी ने अपनी व्यंग्यपूर्ण शैली का परिचय दिया है। गाँव की स्त्रियों की बातचीत भी बड़ी

स्वाभाविक है। यहाँ उस यथार्थवाद का संकेत मिलता है जिसे अपनाकर निराला जी अधिक सजीव कला के उदाहरण दे सके।

'अलका' उपन्यास के नाम में 'अप्सरा' की झंकार है। नाम से यह नहीं मालूम होता कि इस उपन्यास का सम्बन्ध किसानों के जीवन से भी होगा। 'अलका' का वास्तविक नाम शोभा है और इन्फ्लुएंजा में परिवार नष्ट हो जाने के कारण वह स्नेहशंकर के यहाँ आश्रय पाती है। अप्सरा की तरह अलका भी "पिता के सुखकर वृन्त पर प्रस्फुट कली-सी कल्पना के समीर से अपनी ही हद में हिल रही है—सरोवर के वृक्ष पर फलित एक किरण उसके नवीन जीवन की चपलता।" यह रोमांस अब कितना नीरस हो रहा था इसका प्रमाण यह है कि वृन्त पर खिली कली के सिवा निराला जी को और कोई उपमा ही न मिलती थी। इसका नायक एक विद्यार्थी है जिसे 'अप्सरा' के राजकुमार की तरह राजनीति से दिलचस्पी है। जैसे अप्सरा ने पुलिस सुपरिंटेंडेंट को प्रभावित कर लिया था, वैसे ही विजय भी डिप्टी साहब के सामने पेश होकर उन्हें प्रभावित कर लेता है। उसका छद्मनाम प्रभाकर है और इसी नाम का एक और नायक एक अगले उपन्यास 'चोटी की पकड़' में आता है। ताल्लुकेदार मुरलीधर के गुर्गे गाँव की बहू शोभा को पकड़कर उसे मालिक की नज़र करना चाहते हैं। उसका पति विजय कलकत्ते के बजाए बम्बई में विद्यार्थी है। कलकत्ते के चित्रण में ईडन गार्डेन वगैरह का ज़िक्र था लेकिन बम्बई का सिर्फ नाम ही नाम है। विजय को न तो हम मेरिन-ड्राइव पर टहलते देखते हैं और न जुहू बीच पर किसी अप्सरा पर आक्रमण करनेवाले किसी गौरांग आततायी को वह पछाड़ता है। पति के पास रहते समय शोभा के मायके और ससुराल के परिवार इन्फ्लुएंजा में नष्ट हो जाते हैं। वह एक आदर्श ज़मींदार स्नेहशंकर के यहाँ आश्रय पाती है। यह परम ज्ञानी और साधु पुरुष हैं। यद्यपि वे लगान कैसे वसूल करते हैं, इसकी कोई ज्ञानमय पद्धति निराला जी ने नहीं बताई। उनके रामराज्य में ज़मींदार और किसान दोनों ही खुश हैं। विजय बम्बई से लौटकर किसानों में काम करता है और इसके लिए उसे साल भर की सज़ा भी होती है। छूटने के बाद वह मज़दूर-आन्दोलन की तरफ खिंचता है और कुलियों में जाकर काम करने लगता है। शोभा भी बिना पति को पहचाने इस सेवा-क्षेत्र में उससे भेंट करती है। प्रीति पुरातन लखै न कोई: दोनों एक-दूसरे की तरफ खिंच जाते हैं। पड़ोस में खलनायक मुरली बाबू भी आकर ठहरते हैं और अन्त में अलका की गोली खाकर इस असार संसार से विदा हो जाते हैं। अलका और प्रभाकर अपने मौलिक रूप में शोभा और विजय बनकर अपने विवाहित जीवन का मूल और अविवाहित रोमांस का ब्याज वसूल करते हैं। चन्दन का दूसरा रूप अजित है जो विजय से कहता है : "तुम्हें वही किसान फिर बुला रहे हैं भाई!" पता नहीं, राजकुमार की तरह वह भी परम तत्त्व का आनन्द लेता रहा या फिर किसानों का संगठन करने गया!

सन् '30 में जो आन्दोलन चला था, उससे किसानों की स्थिति में कोई मौलिक परिवर्तन न होगा, यह निराला जी ने देखा था। लेकिन जो भी परिवर्तन होगा, वह किस तरह होगा, इसकी साफ तसवीर 'अलका' में नहीं आई। स्नेहशंकर को देखकर तो मालूम होता है कि अगर इसी तरह के सभी जमींदार हों तो जमींदारी-प्रथा के होते हुए भी किसानों के लिए रामराज्य हो जाए। स्नेहशंकर कहते हैं : "जनता वाह-वाह करती है और बजाने वाले देवता को पुष्पमाला लेकर यथाभ्यास, जैसा सुझाया गया, पूजने को दौड़ती है।" इसमें सन्देह नहीं कि बहुत से नेता जनता को भ्रम में डाल देते हैं, परन्तु यह भ्रम बहुत दिनों तक नहीं चलता। किसान अपने अनुभव से सच और झूठ का भेद समझ लेते हैं। स्नेहशंकर किसानों में शिक्षा-प्रचार पर जोर देते हैं लेकिन उन्हें क्या सिखाया जाए, यह नहीं बताते। इसी प्रकार विजय किसानों का संगठन करने तो जाता है लेकिन वे संगठित होकर किसके खिलाफ और कैसे लड़ेंगे, यह साफ-साफ नहीं बताता। यह स्पष्ट है कि उपन्यास निराला जी के जीवन में संक्रमण-काल का द्योतक है। वे इस बात का अनुभव करने लगे हैं कि उनकी रोमांस की दुनिया ज्यादा दिन न चलेगी। अपनी कला के विकास के लिए जनता के दु:ख-दर्द की तसवीरें खींचना जरूरी है।

उपन्यास के आरम्भ में उन्होंने पहले महायुद्ध के बाद अवध की दुर्दशा का प्रभावशाली वर्णन किया है। गंगा के किनारे उन्होंने जो लाशों का जमघट देखा था, उसे उन्होंने कथा की पृष्ठभूमि बनाया है। आगे चलकर उन्होंने 'कुल्लीभाट' में और विस्तार से इसी दृश्य का वर्णन किया। 'अलका' में लिखा था : "गंगा के दोनों ओर दो-दो और तीन-तीन कोस पर जो घाट हैं, उनमें हर एक पर एक-एक दिन में दो-दो हजार लाशें पहुँचती हैं। जलमय दोनों किनारे शवों से ठँसे हुए, बीच में प्रवाह की बहुत ही क्षीण रेखा; घोर दुर्गन्धि, दोनों ओर एक-एक मील तक रहा नहीं जाता।" इसके साथ लड़ाई में जीतने की खुशियाँ हैं, खुशियाँ मनाने के लिए किसानों पर अत्याचार होता है और इस अत्याचार का मुकाबला करने के लिए किसानों में बहुत हल्की-सी प्रतिक्रिया होती है। गदर में जिन लोगों ने देश के प्रति विश्वासघात किया था, वे विदेशी प्रभुओं के साथ मिलकर किसानों के शोषक बन गए। इसी तरह के ताल्लुकेदार बाबू मुरलीधर हैं। निराला जी ने इन्हें एक ही वाक्य में अमर कर दिया है : "जब से मुरलीधर पैतृक सिंहासन पर अपने नाम की मुरली धारण कर बैठे, बराबर सनातन प्रथा के अनुसार सरकारी अफसरों की सुहावनी सोहनी छेड़ते जा रहे हैं।" इस व्यंग्यपूर्ण शैली में निराला जी का कौशल अद्वितीय है।

गाँव के किसानों में स्वराज्य को लेकर बड़ा मनोरंजक विवाद होता है। इस समस्या के सभी यथार्थवादी पहलू उनके सामने हैं और उनसे नजर चुराकर वे समस्या को हल करने में विश्वास नहीं करते। उनकी समझ में नहीं आता कि पुलिस-तोप

वाली सरकार किसानों का राज कैसे बन जाने देगी। एक किसान चमत्कारों का सहारा लेकर कहता है कि 'गंधी महारानी' के प्रताप से पुलिस और फौज के हाथ बँधे रह जाएँगे। तभी बेगार न करने के लिए बँधुआ किसान पर मार पड़ती है और यह चमत्कारवाद वहीं समाप्त हो जाता है।

'अलका' के कथानक में कई सूत्र हैं और कहीं-कहीं तो वे एक-दूसरे से छूट भी जाते हैं। अजित और वीणा का एक गुट है, स्नेहशंकर और शोभा का दूसरा, मुरली मनोहर और उनके गुर्गों का तीसरा। इतने पात्रों को खुलकर बढ़ने और विकसित होने का अवसर नहीं मिलता। शोभा ज्योति की पुतली बनी रहती है मानो उसकी रचना इसी के लिए हुई है कि लोग उसे देखें तो बस, देखते ही रह जाएँ। उसके चरित्र में प्रकाश और छाया का नाटकीय सम्मिश्रण, भावों का उतार-चढ़ाव, मानव-सुलभ दुर्बलता और संघर्ष—इन सबका अभाव है। उपन्यास के यथार्थवादी वातावरण में शोभा ऐसे चित्रित की गई है, जैसे कँटीले झाड़ों के बीच जुही की कली खिली हो! लेकिन उन कँटीले झाड़ों के कारण ही निराला जी के साहित्यिक विकास में यह एक नया कदम है।

निराला जी की छायावादी कहानियाँ मानो उनके उपन्यास 'अप्सरा' का ही छोटा प्रतिचित्र हैं। बड़े कैनवस के बदले जैसे कागज के छोटे-छोटे टुकड़ों पर वॉटर कलर से रंगामेज़ी की हो! कहानी की हीरोइनें प्राय: सभी सोलहवें साल की अधखुली कलियाँ हैं और हीरो या तो बड़े बाप का बेटा है या पढ़-लिखकर खुद उतना ही बड़ा बन जाता है। राजनीति में उसका चुनाव आतंकवाद की ओर होता है और देश-सेवा के लिए वह रामकृष्ण मिशन के साधुओं की तरह ब्रह्मचर्य को भी आवश्यक समझता है। लेखक के सामने देश की सामाजिक, आर्थिक और राजनीतिक समस्याएँ आती हैं लेकिन उनका समाधान कभी वह अध्यात्मवाद से करता है, कभी ऐसे यथार्थवाद से जो अध्यात्म-तत्त्व की ही तरह आदमी की पहुँच से बाहर है।

उनकी हीरोइनों के कुछ चित्र देखिए। पद्मा : "चन्द्रमुख पर षोडश कला की शुभ्र चन्द्रिका अम्लान खिल रही है। एकान्त कुंज की कली-सी, प्रणय के वासंती मलय-स्पर्श से हिल उठती, विकास के लिए व्याकुल हो रही है।" ज्योतिर्मयी : "नील पलकों के पंखों से युवती की आँखें अप्सराओं-सी आकाश की ओर उड़ जाना चाहती हैं, जहाँ स्नेह के कल्पवसंत में मदन और रति नित्य मिलते हैं।" कमला : "सोलहवें साल की अधखुली धुली कलिका है। हृदय का रस अमृत-स्नेह से भरा हुआ, खिली नावों-सी आँखें, चपल लहरों पर अदृश्य प्रिय की ओर परा और अपरा की तरह बही जा रही है।" आभा : "आज की शरत् की तरह अपनी सारी रंगीनियों को धोकर शुभ्र हो रही—श्वेत शेफाली-सी रँगे प्रभात के रश्मिपात मात्र से वृन्तच्युत—जैसे केवल देवार्चन के लिए चुनी हुई। पर, प्राणों के नीचे डंठल में जो रंग लगा हुआ है, वह तो शरद का नहीं, वसंत का है।

हिन्दी कहानी-साहित्य में निराला जी ने इन छायावादी हीरोइनों का गृह-प्रवेश कराया। इन आकाश की ओर उड़ती आँखों, अम्लान, शुभ्र, चन्द्रिका और मलय-स्पर्श के आगे पुरानी नायिकाएँ उन्हें फीकी लगी हों तो इसमें आश्चर्य ही क्या? 'लिली' कहानी संग्रह की भूमिका में उन्होंने लिखा है : "मुझसे पहले वाले हिन्दी के सुप्रसिद्ध कहानी-लेखक इस कला को किस दूर उत्कर्ष तक पहुँचा चुके हैं, मैं पूरे मनोयोग से समझने का प्रयत्न करके भी नहीं समझ सका। समझता, तो शायद उनसे पर्याप्त शक्ति प्राप्त कर लेता और पतन के भय से इतना न घबराता।" निराला जी हिन्दी कहानियों के उत्कर्ष को क्यों नहीं समझ पाए, इसका कारण उनकी छायावादी हीरोइनों का अनुपम उत्कर्ष ही है।

'पद्मा और लिली' कहानी का हीरो राजेन्द्र जज का बेटा है, विलायत से बैरिस्टरी पास करके देश-सेवा के काम में लग जाना है। पद्मा के पिता आनरेरी मजिस्ट्रेट हैं और वह राजेन्द्र के साथ कॉलेज में पढ़ती है। दुर्भाग्य से पद्मा बाह्मण है और राजेन्द्र क्षत्रिय। पिता मरते-मरते कह गए कि बेटी दूसरी जाति में ब्याह न करे। इस सामाजिक समस्या का समाधान या तो दोनों में से एक के मरने से हो सकता था या फिर जाति-बन्धन तोड़कर दोनों के ब्याह से। निराला जी ने एक तीसारा समाधान ढूँढ़ निकाला। जज का बेटा और आनरेरी मजिस्ट्रेट की बेटी, दोनों ही अखंड ब्रह्मचर्य का व्रत धारण करके देश की सेवा में लग जाते हैं।

'सखी' कहानी का नायक आई.सी.एस. है। निर्धन लीला एम.ए. में पढ़ती है और ट्यूशन करके किसी तरह अपना खर्च चलाती है। लखनऊ में भैंसाकुंड की सड़क पर गुंडे उसका पीछा करते हैं, तभी उसके कल्पना-लोक का आई.सी.एस. सड़क पर आकर उसकी रक्षा करता है।

'न्याय' कहानी का हीरो एक घायल आदमी को घर लाने के कारण पुलिस के चंगुल में फँस जाता है। अप्सरा की तरह उसकी सहपाठिनी प्रेमिका अपनी विलक्षण बुद्धि से उसे छुड़ा लाती है।

'सफलता' का नायक साहित्यिक नरेन्द्र है। पैसों का मोहताज है, इसलिए प्रेमिका आभा को साथ नहीं रख सकता। सोचता है कि नाटक मंडली चलाने से बहुत-सा ऐसा हाथ आ सकता है और फिर तो धूर्त प्रकाशकों की अक्ल भी ठिकाने लगाई जा सकती है। वह आभा को संगीत की शिक्षा देता है और बढ़ते-बढ़ते अभिनेता से कम्पनी का धनी मालिक बन जाता है। इधर उसका पुराना प्रकाशक भी पुस्तकों की बदौलत सिनेमा साहित्य का उद्धार करने के विचार से 'पवित्रा' नाम की एक रंगशाला बनवा लेता है। नरेन्द्र की कम्पनी उसके नगर में पहुँचती है तो प्रकाशक उससे अपनी रंगशाला में अभिनय करने के लिए कहता है। शर्तें तय न होने पर नरेन्द्र पुरानी कसर निकालता है और कहता है : "बाबू धनीरामजी! मैं छ: महीने में एक किताब लिखता था पर उसके लिए आपने मुझे

पन्द्रह रुपया सैकड़ा भी नहीं दिया।" यों प्रकाशक से बदला लेकर नरेन्द्र बाहर की पृथ्वी में प्रकाश की तरह प्रसिद्ध हो जाता है।

इसी तरह का प्रतिशोध 'श्यामा' के नायक ने अपने विरोधियों से लिया है। वह ब्राह्मण है लेकिन लोध की लड़की से ब्याह करता है। पढ़-लिखकर डिप्टी-कलेक्टर हो जाता है और फिर तो यह लाजमी था कि उसी की अदालत में उसके पुराने दुश्मन पंडित दयाराम का मुकदमा पेश हो। इसके बाद पंडित दयाराम हाकिम के बँगले पर सौ रुपये की डाली सजाकर पहुँचते हैं।

श्यामा ने पिता के अपमान को याद करते हुए अपने अर्दली को आज्ञा दी : "डाली समेत इसे कान पकड़कर बाहर निकाल दो।"

एक प्रतिशोध की कहानी और लीजिए। 'कमला' के पति एक झूठे अपवाद के कारण इसे छोड़ देते हैं लेकिन वह एक सच्ची पतिव्रता के समान पतिदेव की आराधना में लगी रहती है। उसकी तपस्या के प्रभाव से या दैवगति से पतिदेव की ही बहन ऐसी परिस्थिति में पड़ जाती है कि गाँव के लोग उनसे किसी तरह का व्यवहार नहीं रखना चाहते। न्याय ठुकराई हुई पत्नी के यहाँ पतिदेव से भीख मँगवाता है। भिक्षुक पति को कमला पहचान लेती है और उनके अपराध क्षमा ही नहीं करती वरन् जाति से निकाली हुई उनकी बहन के ब्याह के लिए अपने भाई को भी पेश कर देती है। परन्तु कला फिर पति के पास नहीं आती। "स्त्रियाँ उसे देवी के भाव से मन-ही-मन अपना आदर्श मानकर पूजती हैं।" इस कहानी में समस्या को समाधान नहीं हुआ। परित्यक्ता नारी स्त्रियों से पूजे जाने पर भी फिर अपने गृहिणी के स्थान को नहीं पा सकी।

ऐसी ही एक समस्या का काल्पनिक समाधान 'ज्योतिर्मयी' में है। वह बाल-विधवा है लेकिन ससुराल कभी नहीं गई और उसे पति का स्मरण तक नहीं। वह विजय से ब्याह करना चाहती है लेकिन विधवा होने के कारण समाज उसके आड़े आता है। यह गुत्थी सुलझाने के लिए विजय का मित्र वीरेन्द्र अठारह हजार रुपये खर्च कर देता है। वह अपने बाप का इकलौता बेटा है, इसलिए पिताजी उसके किसी काम में दखल नहीं देते; फिर यह तो धरम का काम था। वीरेन्द्र अपने मैनेजर को लड़की का बाप बनाकर उससे कन्यादान करा देता है। इस पर रुद्राक्ष की माला पहनने वाले और रक्त चन्दन का टीका लगाने वाले विजय के पिता को भी कोई आपत्ति नहीं होती।

'अर्थ' की समस्या शीर्षक के अनुसार ही आर्थिक है। पिता की मृत्यु के बाद सीधा-सादा युवक रामकुमार लोगों के बहकावे में आकर सारी पूँजी यों ही उड़ा देता है। युवती पत्नी का भार अलग सँभालना है। अन्त में वह भरत जी से सहायता लेने का निश्चय करता है। विश्व भरण-पोषण कर जोई—उसी का नाम तो भरत है। उसे विश्वास है कि जप पूरा होने पर भरत जी अपना नाम अवश्य सार्थक करेंगे।

पूजा के उपरान्त वह भावी धन-प्राप्ति का सुख-संवाद पत्नी को सुनाने जाता है। भरत जी से कोरा जवाब मिलने पर दफ्तरों में अर्जियाँ देता है। अन्त में चित्रकूट के पते पर राजा रामचन्द्र के दरबार में अर्जी लगाता है।

डी.एल.ओ. से होती हुई चिट्ठी वहाँ से भी लौट आई। तब उसने खुद ही चित्रकूट जाकर इंटरव्यू करने का इरादा किया। झाड़झंखाड़ों में उलझने और पत्थरों पर फिसलने के बाद उसने रामचन्द्र जी के दर्शन किये। उसके मन ने शंका की, क्या भगवान यही हैं? माथे के ऊपर से आवाज आई : "हैं, हैं!" उसने आँख उठाकर ऊपर देखा, एक सुग्गा बैठा हुआ टें-टें कर रहा था। विश्वास हो जाने पर पृथ्वी सचमुच ही चक्कर खाने लगी। घूमते-घूमते प्रकृति आकाश में विलीन हो गई। अन्त में उसे अपने शरीर का बोध ही न रहा। होश आने पर फिर सोचा : "जो कुछ देखा है, क्या वह सच है?" फिर सुन पड़ा : "हाँ, हाँ।" सुग्गा फिर उड़ गया। उसका मन अज्ञान वाले कोठे में जाना ही चाहता था कि किसी ने कहा : "उठ, उठ!" चरवाहे लड़कों ने उसे एक गाँव में भेजा जहाँ एक पुराने मित्र से मुलाकात हुई। रात में उसने सपना देखा कि उसका मित्र सूर्य की तरह प्रकाशमान, धनुषवाण धारण किये साक्षात् रामचन्द्र हैं। वह कह रहे हैं : "तुमने अर्थ के लिए बड़ा परिश्रम किया, मैंने तुम्हें दिया।" इस प्रकार भगवान की कृपा से अर्थ की समस्या स्वप्न में हल हो गई। भक्त को नौकरी मिल गई; फिर वह उपन्यास लेखक हो गया। यह जरूर है कि पहला उपन्यास मुफ्त ही छपने देना पड़ा।

"चार ही साल में वह उपन्यास-साहित्य की चोटी पर पहुँच गया। कई हजार रुपये उसने एकत्र कर लिये। सारा ऋण चुका दिया और अब विद्या के साथ सुखपूर्वक रहता है।"

जैसे इनके दिन बहुरे वैसे, राम करे, सभी उपन्यास-लेखकों के बहुरें।

यह तो आर्थिक समस्या का समाधान हुआ; इसी तरह देश की राजनीतिक समस्या भी हल की गई है। 'भक्त और भगवान' का युवक प्रश्न करता है : "ये गरीब मरे जा रहे हैं, इनके लिए क्या होगा?" और महावीर जी उत्तर देते हैं : "इन्हें वही उभाड़ेगा, जो वहाँ के राजा को उभाड़ता है। तुम अपने में रहो, दूर मत जाओ।"

भक्त के पिता रियासत के नौकर हैं। भक्त इस बात को जानता है, फिर भी उसके मन पर इस दासता का प्रभाव नहीं है। संसार का ताप पिता-रूपी वृक्ष पर है; भक्त के लिए है केवल छाँह। वह विद्यार्थी-जीवन बिता रहा है। भक्ति के गीत सुनकर उसके हृदय में मानो पूर्व संस्कार जाग उठते हैं। गाँव के बाहर पीपल के नीचे महावीर जी की मूर्ति है। उन्हें देखकर वह सोचने लगता है कि तुलसीदास जी की सिद्धि के कारण महावीरजी हैं। बेले की लता से फूल तोड़कर वह महावीर जी को माला पहनाता है। उसका विवाह हो गया है। घर लौटकर आया तो पत्नी की आँखों में राज्यश्री उसका अभिनन्दन करती है लेकिन वह समझ नहीं पाता। दूसरी

बार कमल के फूल चढ़ाता है। रात को स्वप्न देखता है। महावीर जी शिकायत कर रहे हैं कि कमलनाल के काँटे सर में चुभ गए हैं। फिर देखता है कि सिन्दूर के रूप में पत्नी ही सिर पर महावीर जी को धारण किये हुए है। भक्त अर्थ पूछता है, पत्नी उत्तर देती है : "अर्थ सब मैं हूँ—मुझे समझो।" तीसरी बार वह देवता को लाल गुलाब के फूलों से सजाता है। सिन्दूर पर गुलाब की शोभा चढ़ी। घर में पत्नी ने भी गुलाबी साड़ी पहनी थी। उसने कहा, "मेरा नाम सरस्वती है, पर मैं सजकर जैसे लक्ष्मी बन गई हूँ।" सरस्वती के उपासक की आर्थिक समस्या यों सुलझी।

फिर महामारी का प्रकोप हुआ। सारा परिवार नष्ट हो गया। पत्नी का भी स्वर्गवास हुआ। भक्त महावीर जी की सेवा में लग गया। उन्हें रामायण पढ़कर सुनाने लगा। तभी रामकृष्ण मिशन के साधु स्वामी प्रेमानन्द जी राज्य में पधारे। भक्त ने स्वामी जी को मालाओं से ढक दिया। फिर उसने उन्हें रामायण पढ़कर सुनाई। पिता के न रहने पर अब उस पर संसार का ताप भी पड़ने लगा। जैसे-जैसे वह राज्य का कामकाज देखता, वैसे ही उसके हृदय में जैसे साँप काटते। "हर चोट महावीर जी की याद दिलाने लगी। मन में घृणा भी हो गई। राजा कितना निर्दय, कितना कठोर होता है। प्रजा का रक्त-शोषण ही उसका धर्म है।" उसने तय किया कि नौकरी छोड़ देगा। स्वप्न में उसने महावीर जी को वीरवेष में देखा, उनकी मूर्ति में भारत का चित्र बन जाता था। स्वप्न में ही स्वामी प्रेमानन्द जी ने कहा : "यह सूक्ष्म भारत है, इसका प्रसार समझ के पार है।" फिर भक्त ने गरीबों के बारे में प्रश्न किया और महावीर जी ने उसे अपने ही भीतर रहने का आदेश दिया। आकाश की लता में सूर्य, चन्द्र और नक्षत्रों के फूल खिले दिखाई देते हैं। स्वर्गीया पत्नी माथे पर सिन्दूर धारण किये हुए आती है और महावीर जी कहते हैं : "यह मेरी माता देवी अंजना है।" देवी सरस्वती ने पूछा : "अच्छे हो?" इसके बाद आँखें खुल गईं।

पत्नी के सिन्दूर में भारत-मूर्ति महावीर की अर्चना करके भक्त प्रजा के रक्त-शोषण की समस्या का समाधान करता है।

7

गीत

रोमांटिक कविता की एक विशेषता यह होती है कि वह गेय होती है। रोमांटिक कवि अपने को गीतकार के रूप में कल्पित करता है जिसके हृदय से बरबस गीत फूट पड़ते हैं। वह उस तन्मयता को अपना आदर्श मानता है जहाँ आँखों से उमड़कर कविता अनजान बह चलती है। निराला जी की कविता ही गीतात्मक नहीं है, उन्होंने हिन्दी में गीतों की नई परम्परा को जन्म दिया है। जैसे उनकी प्राथमिक कविताओं पर जहाँ-तहाँ ब्रजभाषा की छाप है और उन्होंने ब्रजभाषा में रचनाएँ भी की हैं, उसी तरह उनके गीतों पर ब्रजभाषा के पदों का प्रभाव दिखाई देता है। 'परिमल' की कविताओं में यह प्रभाव स्पष्ट दिखाई देता है, लेकिन उसके बाद मानो वह इस ओर से चौकन्ने हो जाते हैं। सन् '26 के बाद वह एक नई शैली के गीत लिखने की चेष्टा करते हैं। 'गीतिका' की भूमिका में उन्होंने अपना मत प्रकट किया है। वह कहते हैं : "हिन्दी गवैयों का सम पर आना मुझे ऐसा लगता था, जैसे मजदूर लकड़ी का बोझ मुकाम पर लाकर धम्म से फेंककर निश्चिन्त हुआ।" इसके विपरीत उन्होंने स्वर को प्रसार दिया। उनके गीतों का निर्माण इस तरह हुआ कि उनमें स्वर-विस्तार के सौन्दर्य की विशेष गुंजाइश है। केवल निर्माण के ढंग में नहीं, उनके भावों में भी अन्तर है। निराला जी ने उसी भूमिका में लिखा है कि छायावाद के आरम्भ-काल में या तो ऐसे पद सुनाई देते थे, जैसे 'ऐसो सिय रघुबीर भरोसो' या फिर इस नये ढंग के गीत थे, जैसे 'तोप तीरें सब धरी रह जाएँगी मगरूर सुन।' इनसे भिन्न निराला जी ने एक नई शैली चलाई।

कविता के अन्य अंगों की अपेक्षा गीतों का समाज से सीधा सम्बन्ध है। साहित्य स्वयं एक सामाजिक क्रिया है; गीत तो और भी। निराला जी के गीतों को ऐसी लोकप्रियता नहीं मिली। इसका एक कारण तो यह है कि उन्हें वे साधन नहीं मिले जो सिनेमा स्टारों को सुलभ हैं; सिनेमा का एक-एक गीत रेडियो और रिकार्डों द्वारा जनता के एक बहुत बड़े हिस्से तक पहुँचता है। लेकिन एक दूसरा कारण गीतों का अनोखापन है जो शायद ही जनता की चीज हो पाए। इस

अनोखेपन का एक कारण निराला जी पर बँगला और अंग्रेजी संगीत का प्रभाव भी है। 'गीतिका' की भूमिका में कहते हैं : "यद्यपि मुझे पश्चिम के किसी प्रसिद्ध देश में अधिक काल तक रहने का सुयोग नहीं मिला, फिर भी मैं कलकत्ता और बंगाल में उम्र के बत्तीस साल तक रह चुका हूँ और कलकत्ता में आधुनिक भावना के किसी आकार से अपरिचित रहने की किसी के लिए वजह न होगी अगर वह अपने काम से ही काम न रखकर परिचय भी करना चाहता है।" जिस तरह घर में अवध के संस्कार तैयार हो रहे थे, उसी तरह बाहर के वातावरण में भी नये संस्कार बने "जिनसे हिन्दी साहित्य और हिन्दू संस्कृति को मेरे साहित्य के साझेदारों के कथनानुसार गहरा धक्का पहुँचा।"

जिस तरह रीतिकालीन परम्परा को तोड़कर छायावाद ने एक नई और सजीव साहित्यिक धारा को जन्म दिया, उसी तरह इन गीतों ने भी हिन्दी पाठकों पर पुरानी गायकी का प्रभाव कम किया। इनके अनुकरण पर अन्य कवियों ने सैकड़ों गीत लिखे और वे काफी लोकप्रिय हुए। लेकिन छायावादी कविता की तरह इन गीतों की भी सीमाएँ हैं। बिना छायावाद से मुक्ति पाए उन गीतों की रचना न हो सकती थी जो लोगों की जबान पर चढ़ जाएँ। निराला जी ने 'बेला' और 'नये पत्ते' में नये ढंग के गीत लिखे हैं जो हमारे जन-गीतों से मिलते-जुलते हैं। इनमें वह संस्कार नहीं मिलता जिसे निराला जी हिन्दी साहित्य के लिए कभी बहुत शुभ समझते थे।

श्रृंगार के गीतों में उन्होंने 'जुही की कली' की तरह के सुन्दर चित्र अंकित किये हैं और उस कविता की तरह यहाँ भी प्रेम की परिणति पूर्णतृप्ति में दिखाई है। 'जागो फिर एक बार' की किरण के समान 'यामिनी जागी' गीत में नैश-जागरण के बाद प्रभात-काल में रमणी का चित्रण किया है। जैसे सरोवर में कमल अरुण को देखकर खिल उठते हैं, वैसे ही उर के अलसाये हुए पंकज-दृग अपने प्रिय का तरुण मुख देखकर अनुराग से खिल उठे हैं। उसके खुले हुए केश पीठ और बाँहों पर फैल गए हैं, उनके बीच में वह ज्योति की-सी तन्वी मालूम होती है जिसे देखकर बिजली भी क्षमा माँगे। वह प्रिय के हृदय पर स्नेह की जयमाला के समान है। वह वासना की मुक्ति है जो मुक्ता के समान त्याग के धागे से बँधी हुई है। इसी प्रकार एक दूसरे गीत में रमणी अपने प्रियतम को याद दिलाती है : मेरे तप के तुम्हीं अमर वर हो और तृष्णा के तृप्तिरूपी सरोवर हो। 'मेरी तृष्णा के करुणाकार, तृप्ति प्रेमसर हे!'

एक दूसरे गीत में प्रिय-पथ पर चलने वाली नायिका के नूपुरों की ध्वनि में प्रेम का स्वर न सुनकर लोग उसे श्रृंगार कहकर बदनाम करते हैं। लेकिन वह सोचती है कि इस ध्वनि से यदि प्रियतम को उसके आने की सूचना मिल गई है तो वह कैसे लौट सकती है? उसी स्वर में उसके हृदय के सब तार झंकृत हो रहे हैं। दृगों की

नई कलियाँ रूप के इन्दु से सुधा-बिन्दु पाकर और खिल उठती हैं। प्रणय-श्वास के मलय-स्पर्श से वे हँस पड़ती हैं। तरुण प्रियतम की ज्योति से उनका मुख तप्त हो गया है। स्नेह के सरोवर में नहाकर वे एकान्त में प्रियतम के ध्यान में डूबी हुई बैठी रहती हैं। प्रियतम के चले जाने पर संसार सूना हो जाता है। जो राग गाया था, वह बह गया; अब उंगली में मिजराब ही रह गया है। प्रेमिका 'तृष्णा में भरकर' अपने आप में मरकर रह जाती है।

'स्पर्श से लाज लगी'—इस गीत में मानवीय वासना के समस्त व्यापार और उनकी स्नेहमय परिणति का चित्र अंकित किया है। हृदय से जो नये राग की लहर उठती है, वह जैसे छलकती हुई अलकों और पलकों में छिप जाती है। चुम्बन से चौंककर वह मुँह फेरकर छल करती है; कभी हास, कभी त्रास, कभी गहरी साँस लेकर वह हाव-भाव दिखाती है। स्नेह भरे नयनों की पलकें उठाकर वह प्रिय का अधरासव यों पान करती है मानो नागिन अमृत पीती हो! स्नेह का मेह बरसने के बाद अमर अंकुर फूटता है जिससे सांसारिक भय दूर हो जाते हैं :

प्रेम चयन के उठा नयन नव
विधु चितवन, मन में मधु कलरव
मौन पान करती अधरासव
कण्ठ लगी उरगी।
मधुर स्नेह के मेह प्रखरतर
बरस गये रस निर्झर झर-झर
उगा अमर अंकुर उर भीतर
संसृति भीति भगी।

हिन्दी में ऐसे गीत कम लिखे गए हैं जहाँ रूप में इतनी पूर्णता हो, जहाँ भावों में ऐसी सम्बद्धता हो, और जहाँ मनुष्य की सहज भावनाओं को इतना ऊँचा स्थान दिया गया हो। रीतिकालीन कवियों ने नारी को अपदस्थ करके उसे काम-केलि के लिए क्रीत दासी बना दिया था। अध्यात्मवादी कवियों ने उसे सहज अपावन कहकर ठुकरा दिया था या जगदम्बिका भवानी के अमानवीय रूप में आसमान पर चढ़ा दिया था। छायावादी कवियों ने भी उसे अप्सरा बनाने में कसर नहीं रखी। इन गीतों में उसका वह मानवीय रूप मिलता है जो अभी तक हिन्दी साहित्य में दुर्लभ था।

ब्रजभाषा से नाता तोड़ने पर भी पुराना असर जाते ही जाते जाता है। कुछ गीतों की पंक्तियाँ तो ऐसी बन गई हैं जैसे 'गीतांजलि' या 'विनय-पत्रिका' से उठाकर सीधे रख दी गई हों। 'देव दिव्य छवि लोचन हारे' ऐसी ही पंक्ति है। 'हारे' क्रिया का प्रयोग भी ब्रजभाषा के अनुरूप ही हुआ है। 'नयनों के डोरे लाल गुलाल भरे,

खेली होली' पुराने ढंग का ऐसा गीत है कि मेरे एक मित्र ने प्रशंसा में यहाँ तक कह डाला कि इसे तो सीधे सिनेमा में रखा जा सकता है। 'स्नेह' के बदले 'सनेह' ने नई सरसता ला दी है। 'स्पर्श' के बदले 'परस' ने एक नया वातावरण पैदा कर दिया है। 'अनबोली' पर छायावाद का प्रिय शब्द 'मौन' निछावर है। 'खुले अलक मुँद गये पलक दल, श्रममुख की हद होली'—इस एक पंक्ति में ऐसा पूर्ण चित्र देना किसी बिरले कलाकार का ही काम है। अन्त में 'रही यह एक ठठोली' कहकर निराला जी ने होली का समाँ बाँध दिया है।

बहुत से प्रकृति-सम्बन्धी गीतों में भी उन्होंने श्रृंगार-भावना का आरोप किया है। यहाँ भी उनका उद्देश्य प्रेमी की सफल परिणति चित्रित करना है। 'रूखी री यह डाल'—इस गीत में रूखी डाल वासंती वसन की आशा में तप करती है। मधुव्रत में संसार को वह मधुर फल देगी और सारा संसार उससे नेग माँगेगा। श्लेष से यह रूपक पार्वती पर घटाया गया है। शैलसुता शिव के लिए तपस्या करती हैं। उन्हें जो फल मिलेगा, उसमें स्वाद और संतोष दोनों के फल होंगे। आशुतोष शिव की कृपा से गरल और अमृत—वासना और प्रेम—दोनों के संयोग से इस फल की सृष्टि हुई।

'मेघ के घन केश' धारण किये चपला के चकित नयनों से विश्व को चमत्कृत करती हुई वर्षा शिखर पर आकर बैठती है। हवा से उसका पट लहराता है; उसकी वाणी सारे प्रदेश में छा जाती है। वह अपनी नश्वरता भूलकर रस की सृष्टि में मग्न होकर मनुष्यों और देवताओं को एक नया सन्देश देती है। शेफाली की तरह अपने को नि:शेष देखकर उसे जीवन की पूर्णता का बोध होता है।

'रँग गई पग-पग धन्य धरा' में पग-पग पृथ्वी रँग जाती है। वृक्ष के हृदय की अरुणिमा कलियों के रूप में फूट पड़ती है। कोयल का पंचम स्वर गूँज उठता है और सुन्दर वनश्री सुख के भय से काँप उठती है।

एक अन्य गीत में प्रकृति और मानव के व्यापारों को एक कर दिया गया है। प्रेम के समीर से दो विटप हिल उठते हैं। इसी वायु से जीवन-रूपी सर लहरा उठता है। नये प्रकाश की किरण गाल चूमकर चली जाती है। इसी से सीमाओं में बँधी हुई भावनाएँ मुक्ति पा जाती हैं। सुख चाहने वाली दृष्टि छिपे हुए रहस्यों को जान लेती है। दोनों प्रेमी जान लेते हैं कि राग से मुक्ति मिलती है। ज्ञान और प्रेम में वे ऐसे ही बँध जाते हैं, जैसे अनूठी उक्ति के दो चरणों से श्लोक बन गया हो। पूरे गीत में भावों का उतार-चढ़ाव देखिए :

नयनों का नयनों से बन्धन,
काँपे थर-थर थर-थर युग तन।
समझे-से हिले विटप हँस कर,
चढ़े मंजु खिले सुमन खस कर,

गई विवश वायु बाँध वश कर,
निर्भर लहराया सर-जीवन।
ज्ञात रश्मि गात चूम रे गई,
बँधी हुई खुली भावना नई,
नई दूर दृष्टि जो सुखाशयी,
छिपे वे रहस्य दिखे नूतन।
समझे युग रागानुग मुक्ति रे—
ज्ञान परम, मिले चरम युक्ति से;
सुन्दरता के, अनुपम उक्ति के
बँधे हुए श्लोक पूर्ण कर चरण।

नवीन शृंगार की कला को निराला जी ने खूब ही सँवारा है। अन्य छायावादी कवियों में प्रेम और शृंगार के एकांगी चित्र हैं। उनमें वह वैविध्य और सरसता नहीं है जो निराला जी के गीतों में है। यह सही है कि प्रेम की वेदना के स्वर जहाँ-तहाँ लगे हैं और वे उतने सच्चे नहीं लगे जितने संयोग शृंगार के। लेकिन इस तरह के गीतों में कवि ने यह दिखाया है कि पूर्ण सुख की कल्पना क्या होती है। निश्चय ही वह नई हिन्दी कविता को मानव जीवन के अधिक निकट लाया है। उसमें वह मांसलता है जिसके अभाव ने अन्य छायावादियों को यथेष्ट अपकीर्ति दी। इन गीतों में उसके सजीव व्यक्तित्व की छाप है। अभावों के बावजूद उसने अपने जीवन का इस तरह उपयोग किया है कि सूक्ष्म सौन्दर्य की मरीचिका के पीछे दौड़ने वाले उससे ईर्ष्या कर सकते हैं।

8

विराट् की उपासना

छायावादी कवियों के बदले हुए दृष्टिकोण से उनके पिछले साहित्य को देखें तो कम-से-कम उसके एक अंग के लिए महादेवीजी वर्मा का यह कथन सत्य होगा : "इन सौन्दर्य और भावना के पुजारियों को भी उसी निष्क्रिय संस्कृति और निष्प्राण सामाजिकता में अपना पथ खोजना पड़ा है।"

पंत जी ने 'रूपाभ' निकालने पर कल्पना-लोक से विदा लेने की बात कही थी। आधुनिक कवियों वाले अपने संग्रह की भूमिका में उन्होंने लिखा है कि "छायावाद के दिशाहीन शून्य सूक्ष्म आकाश में अति काल्पनिक उड़ान भरनेवाली अथवा रहस्यवाद के निर्जन अदृश्य शिखर पर कालहीन विराम करने वाली कल्पना" ऐतिहासिक विचारधारा की हरी-भरी ठोस धरती पर उतर आई।

निराला जी ने इस अशरीरी कल्पना को दार्शनिक आधार देने का प्रयास किया था। यह दार्शनिक आधार उन्हें विशेषत: रामकृष्ण मिशन के साधुओं से मिला।

पंत जी ने भी अपने ऊपर इस प्रभाव का उल्लेख किया है : "स्वामी विवेकानन्द और रामतीर्थ के अध्ययन से प्रकृति-प्रेम के साथ ही, मेरे प्राकृतिक दर्शन के ज्ञान और विश्वास में अभिवृद्धि हुई।"

देश के सांस्कृतिक उत्थान में स्वामी विवेकानन्द और रामकृष्ण मिशन का महत्त्वपूर्ण स्थान है। स्वामी विवेकानन्द के प्रचार की तह में राष्ट्रीयता की एक जबर्दस्त भावना काम कर रही थी। पूर्व अर्थात् भारत श्रेष्ठ है, पश्चिम को उससे बहुत कुछ सीखना है; हमारे ऋषियों की तपस्या के आगे विज्ञान की चमक-दमक फीकी पड़ जाती है, भौतिकवादी पश्चिम स्वार्थ के लिए मर रहा है; असली शान्ति का सूत्र तो हम भारतवासियों के पास है; यह सब मंत्र देकर स्वामी विवेकानन्द ने हमारे सोते हुए आत्मगौरव को जगाया था और पराधीन होने की हीन भावना को काल्पनिक संतोष भी दिया था। इसके साथ ही स्वामी विवेकानन्द और उनके अनुयायी भारतीयता के नाम पर बहुत-सी प्राचीन रूढ़ियों के समर्थक थे। सृष्टि को ज्ञानजन्य मानने के कारण भौतिक विकास में उन्हें वैसी आस्था न थी। इसलिए देश की राजनीतिक और आर्थिक परिस्थितियों को बदलने के लिए वे उपयुक्त कार्य न

कर सके। इसमें सन्देह नहीं कि बाढ़-पीड़ितों की सहायता के लिए, शिक्षा-प्रचार और औषधि-वितरण में उन्होंने अपने ढंग से कार्य किया। लेकिन इसके लिए वे जनसाधारण के संगठन पर उतना निर्भर नहीं रहे जितना समाज के बड़े-बड़े लोगों पर।

निराला जी ने अपना पहला निबन्ध-संग्रह श्री स्वामी सारदानन्द जी महाराज को समर्पित किया है और समर्पण में लिखा है : "भगवान श्री रामकृष्ण देव के पद को प्राप्त कर मेरे मनोराज्य के सत्य, शिव और सुन्दर आचार्य श्रीमत् स्वामी सारदानन्द जी महाराज की स्नेह दृष्टि को सभक्ति प्रबन्ध-पद्म।"

'स्वामी सारदानन्द जी महाराज और मैं' नाम के लेख में उन्होंने साधुओं के प्रभाव के बारे में कुछ विचित्र और मनोरंजक बातें लिखी हैं। अपने इस सम्पर्क के बारे में वे कहते हैं : "बंगाल में रहकर परमहंस श्री रामकृष्ण देव तथा स्वामी विवेकानन्द जी के साहित्य से मैं परिचय प्राप्त कर चुका था। दो-एक बार श्री रामकृष्ण मिशन, बेलूड़, दरिद्रनारायणों की सेवा के लिए भी जा चुका था; श्री परमहंस देव के शिष्य श्रेष्ठ पूज्यपाद स्वामी प्रेमानन्द जी महाराज को महिषादल में अपना तुलसीकृत रामायण का सस्वर पाठ सुनाकर उनका अनुपम स्नेह तथा आशीर्वाद प्राप्त कर चुका था।"

आगे चलकर वह 'समन्वय' के सम्पादक के रूप में उद्बोधन कार्यालय, बाग बाजार में रहने लगे। यहीं पर उन्होंने 1922 में स्वामी सारदानन्द जी के दर्शन किये। कुछ उनके आध्यात्मिक तेज के कारण और कुछ उनकी शारीरिक स्थूलता के रौब में आकर बहुत दिनों तक तो कविवर उनकी ओर देख ही न सके। दार्शनिक विषय पर बातचीत होने पर उठकर चले आते थे। क्योंकि "दार्शनिकता की मात्रा यों भी दिमाग में बहुत ज्यादा थी, जी घबरा उठता था।" उन्होंने निश्चय किया था कि बोलकर बेवकूफ न बनेंगे। बाहर के विद्वानों की बातचीत ऊटपटाँग मालूम होती थी। एक दिन प्रश्न कर दिया, "यह संसार मुझमें है या मैं इस संसार में हूँ?"

स्वामी जी ने सीधे उत्तर न देकर कहा, "इस तरह नहीं।"

निराला जी ने लिखा है कि बचपन में ही ऐसे संस्कार बन गए थे कि संतों और ईश्वर पर भक्ति हो गई थी। सो जाने पर स्वप्न में देवता आते थे और उनसे लम्बी बातचीत चलती थी। लेकिन जाग्रत अवस्था में देवताओं के न आने से शंकाएँ भी होने लगीं। वह 'घोर नास्तिक, शंकित चित्त' हो गए। इससे प्रकट है कि भक्ति के पुराने संस्कारों और नये सन्देहों में संघर्ष छिड़ा हुआ था। स्वामी जी से भी इन्होंने कहा कि सो जाने पर देवता बातचीत करते हैं।

एक दिन दोपहर को सोते हुए देखा कि सारदानन्द जी ध्यान में मग्न हैं। वे कमलासन से बैठे हुए हैं, आँखें मुँदी हुई हैं और मुँह पर एक दिव्य ज्योति छाई हुई है। पृथ्वी की सारी चीजें ऊपर उठती हुई मालूम होती हैं। इसी समाधि की अवस्था में एक संन्यासी उनके सामने रसगुल्ले लाया। महाध्यान में होते हुए भी सारदानन्द जी

ने कविवर की ओर इशारा किया और संन्यासी ने रसगुल्लों का कटोरा इनके सामने कर दिया। खुद खाने के बदले वह जाकर एक रसगुल्ला स्वामी जी को खिला आए। इसके बाद नींद खुल गई। उन्होंने यह महाज्ञान का प्रत्यक्ष प्रमाण देखा। विरोधी शक्ति को दार्शनिक प्रहारों से दबाते रहे। जब प्रहार करते हुए थकान होती थी तो सारदानन्द जी "मुझे रंगीन छाया की तरह ढक कर हँसते हुए तर कर देते थे।"

निराला जी कहते हैं कि उन्होंने एक से एक कवियों, दार्शनिकों और पंडितों को देखा है लेकिन "इस महादार्शनिक, महाकवि, स्वयंभू, मनस्वी, चिरब्रह्मचारी, संन्यासी, महापंडित, सर्वस्वत्यागी साक्षात् महावीर के समक्ष देवत्व, इन्द्रत्व और मुक्ति भी तुच्छ है।"

मिशन के साधुओं का प्रभाव निराला जी को भौतिक वास्तविकता से दूर चमत्कारवाद के किस कल्पना-लोक में खींचकर ले गया था, इसका प्रमाण स्वामी सारदानन्द जी पर उनका यह लेख है। जिन संन्यासी ने रसगुल्ले का कटोरा बढ़ाया था, उन्होंने इनसे मंत्र लेने को कहा लेकिन इन्होंने तंत्र-मंत्र पर अविश्वास प्रकट किया। अन्त में स्वामी सारदानन्द जी ने अपनी उँगली से इनके गले पर एक बीज मंत्र लिख दिया। पढ़ने की चेष्टा करने पर भी मंत्र समझ में न आया। मंत्र का यह प्रभाव पड़ा कि कुछ ही दिनों में उन्हें ऐसा जान पड़ने लगा कि "मेरा निचला हिस्सा ऊपर और ऊपर वाला नीचे हो गया है और रामकृष्ण मिशन के साधु मुझे खींच रहे हैं।" बाबू महादेवप्रसाद सेठ से इन्होंने शिकायत की कि साधु लोग जादूगर जान पड़ते हैं। उसके बाद स्वप्न में प्रकाश का समुद्र दिखाई दिया और मालूम हुआ कि कविवर श्यामा की बाँह पर मस्तक रखे हुए लहरों में हिल रहे हैं। फिर इतने चमत्कार देखे कि बड़े-बड़े कवियों और दार्शनिकों की चमत्कारोक्तियों पर हँसी आने लगी। और वह गले वाला मंत्र भी आग-सा चमकता हुआ आँख के सामने आया और उसे उन्होंने पढ़ लिया।

इस प्रभाव का उल्लेख करने का कारण यह है कि संसार और समाज की जिस व्याख्या को 'भारतीय' कहा जाता है, उसका अवैज्ञानिक और चमत्कारवादी रूप प्रकट हो जाए।

वर्तमान धर्म की व्याख्या करते हुए उन्होंने लिखा था : "भारत में सृष्टि-तत्त्व ज्ञान से कहा गया है डार्विन के विकासवाद की तरह बन्दर का क्रम परिणाम मनुष्य नहीं। मनुष्य ही मनुष्य का परिणाम है। मन, बुद्धि और अहंकार से हुई त्रिगुणात्मिका सृष्टि अपर जीवों की तरह मनुष्य की ही है, ऐसा कहते हैं। इसलिए सृष्टि अमैथुनी मानी गई है और मानी इसलिए गई कि बाह्य जड़ प्रमाण का योग अपने ही मन, बुद्धि और अहंकार में आ जाने से छूट जाता है।" इस युक्ति के अनुसार ज्ञान का विकास नहीं होता वरन् सृष्टि के पूर्व का ज्ञान सृष्टि के अज्ञान के साथ खेल किया करता है। निराला जी ने उर्दू कवि अकबर की तरह बन्दर का नाम लेकर

विकासवाद पर हल्का मजाक किया है। सृष्टि के भौतिकवादी रूप को अस्वीकार करने के बाद सामाजिक विकास में कोई नियम नहीं देखते; वह भी ब्रह्म की लीला हो जाता है। 'हमारा समाज' में संसार शब्द के अर्थ से उसे गतिशील मानने के बाद वे कहते हैं : "एक ही शरीर में जिस तरह भली-बुरी क्रीड़ाएँ होती रहती हैं, कभी इसकी विजय होती है, कभी उसकी, इसी प्रकार समाज के व्यापक शरीर में भी उत्थान-पतन होते रहते हैं।"

इसी तरह महादेवीजी कहती हैं : "यह क्रम प्रत्येक युग के परिवर्तन में कुछ नये उलटफेर के साथ आता रहा है, इसी से आधुनिक काल के साथ भी इसे जानने की आवश्यकता रहेगी।"

इस प्रकार मानवीय इतिहास एक आध्यात्मिक पहेली बन जाता है। विज्ञान और भौतिक प्रगति एक मजाक मालूम होते हैं क्योंकि ज्ञान की पूर्ण सत्ता तो सृष्टि के पहले ही थी। अध्यात्मवादी के लिए ज्ञान की खोज का यह मतलब होता है कि वह इतिहास और समाज के अन्य व्यापारों को भूल जाए और उस ज्ञान को ढूँढ़ ले जिस पर सृष्टि अज्ञान का पर्दा बनकर पड़ी हुई है। यही वह दार्शनिक आधार है जो अपने निर्जन अदृश्य शिखर पर छायावादी कल्पना को विश्राम करने के लिए बुलाता है। इसी ज्ञान की मशाल लेकर छायावादी कवि को निष्क्रिय संस्कृति और निष्प्राण सामाजिकता में ही अपना पथ खोजना पड़ता है।

'शून्य और शक्ति' में निराला जी सृष्टि का आदि और अन्त शून्य को मानते हैं। वैज्ञानिक समझते हैं कि वे तरक्की कर रहे हैं लेकिन वे नहीं जानते कि उन्हें पहुँचना शून्य तक ही है। यह शून्य क्रियारहित होगा और तब उनके तमाम आविष्कार "एक युग की जोती-बोई हुई जमीन के परती पड़ जाने की तरह शून्यफल हो जाएँगे।" निराला जी पक्के नियतिवादी की तरह कहते हैं, "ऐसा ही हुआ है, ऐसा ही होगा।" फिर किसी अगले युग में उसी शून्य से आविष्कार होंगे। शक्ति शून्य का ही रूप है। शून्य रूप में उसका कम्पन बन्द हो जाता है और शक्ति रूप में कम्पन का बोध होता है। इस कम्पन-क्रिया का नाम सृष्टि या विकास है। विज्ञान भी प्रसार चाहता है; निराला जी कहते हैं कि हम इस जड़ विज्ञान का उत्तर अपने ज्ञान प्रसार से देंगे।

'चरखा' नाम के निबन्ध में तो उन्होंने रवि बाबू पर आक्षेप किया था कि क्या विधाता और ईश्वर से चरखे के सम्बन्ध में कविवर की कोई बातचीत हो चुकी है? यही प्रश्न 'शून्य और शक्ति' के बारे में कविवर निराला जी से भी किया जा सकता है।

'अधिकार-समस्या' में उन्होंने सम्पूर्णानन्दजी की तरह वर्णाश्रम व्यवस्था को चिरन्तन माना है। वे हिन्दू समाज को ही नहीं, समाजमात्र को इसके अन्तर्गत मानते हैं। अपने प्रसिद्ध लेख 'वर्तमान धर्म' में उन्होंने इसी पुराने धर्म को वर्तमान कहकर प्रतिष्ठित किया है। उसकी शैली से विरोधियों को यह अवसर मिला कि वे निराला

के समूचे साहित्य और छायावाद का विरोध करें। लेकिन 'वर्तमान धर्म' की टीका से यह स्पष्ट है कि निराला जी ने कोई ऐसी बात नहीं कही जो पहले लोग न कह गए हों। टीका में एक विशेषता अवश्य है कि निराला जी ने पौराणिक गाथाओं की नई व्याख्या करने की कोशिश की है।

शून्यवाद और चमत्कारवाद में पूर्ण श्रद्धा रहते हुए भी सन्देह की आग कभी मन्द नहीं हुई। निराला जी का अभ्युदय-काल हमारे देश में पूँजीवादी नेतृत्व में चलने वाले राष्ट्रीय आन्दोलन का भी अभ्युदय-काल रहा है। वे इस सत्य से इनकार न कर सकते थे कि यद्यपि संसार का ज्ञान भारतीय शास्त्रों में सुरक्षित था, फिर भी नये युग में उन्हीं प्रदेशों ने सबसे पहते उन्नति की, जहाँ नई शिक्षा का पहले प्रचार हुआ था। एक साहित्यिक के नाते वे चाहते थे कि बंगाल की तरह उनका प्रदेश भी नये और महान साहित्य की सृष्टि करे। उन्होंने यह भी देखा कि भौतिक विज्ञान ने मनुष्य को जो सुविधाएँ दी हैं, उनसे साहित्य का हित होता है। उन्होंने इस बात को 'काव्य में रूप और अरूप' नाम के निबन्ध में स्पष्ट स्वीकार किया है। उन्होंने लिखा है : "संसार की भौतिक सभ्यता से सब देशों के गुथ जाने के कारण संसार भर के लोगों को आत्मिक लाभ पहुँचा। फलस्वरूप कला में देशभाव की जो संकीर्णता थी, आदान-प्रदान की सहृदयता ने उसे तोड़ दिया। कला की सृष्टि व्यापक विचारों से होने लगी और जाति की उत्तमता से प्रेम सम्बन्ध जोड़कर लोग उससे अपनी जातीय कला को प्रभावित करने लगे।"

हम देख चुके हैं कि छायावादी कवियों ने रीतिकालीन साहित्य के बन्धनों को तोड़ने का भरसक प्रयास किया। इसलिए यह अनिवार्य था कि रीतिकाल का विरोधी साहित्यकार नई भौतिक प्रगति का समर्थक हो। एक ओर निराला जी सृष्टि को अमैथुनी मानकर चमत्कारवाद का समर्थन करते हैं तो दूसरी ओर देशकाल के बन्धन तोड़ने के लिए वे भौतिक विकास का भी स्वागत करते हैं।

अपने लेखों में उन्होंने परिवर्तन और प्रसार के लिए आवाज बुलन्द की। उन्होंने बताया कि युग-धर्म के तकाजे पर पुरानी राहें अपना रूप बदलना चाहती हैं। इसके साथ ही साहित्य भी परिवर्तन के द्वारा ही जीवन पा सकता है। "साहित्य यही काम करता हुआ अपनी शक्ति के परिचय से जीवित कहा जाता है, अन्यथा मृत या पश्चात्पद।" वे मानते हैं कि पुरानी बातें किसी जमाने में अच्छी लगती थीं और तब के लिए वे नई भी थीं। लेकिन उनकी रक्षा के लिए आज भी लोग सर पटकते रहें तो साहित्य में सृष्टि नहीं हो सकती और वह साहित्य जीता हुआ भी मर जाएगा। मध्यकाल में धर्म के नाम पर स्वार्थी वर्गों ने अपना पैर जमाये रखा। आज तो मध्यकाल के ठाकुरजी विज्ञान के प्रसार के आगे हतप्रभ होकर किसी तरह भी समाज को ऊँचा नहीं उठा सकते। नये विज्ञान ने मनुष्य को प्रसार की भावना दी है। वह दुनिया भर के मनुष्यों से मिलना चाहता है, उनसे अपना भाईचारा कायम

करना चाहता है। धर्म इसमें बाधक होता है। विज्ञान के प्रसार से धर्म की सीमाओं की तुलना करते हुए निराला जी कहते हैं : "हमारे ठाकुरजी तो मन्दिर के अहाते के बाहर भी नहीं निकल पाते—न हमारे ज्ञान से, न अपने कर्मों द्वारा।" उन्होंने स्पष्ट शब्दों में घोषित किया कि नये विज्ञान और नई संस्कृति को अपनाने से ही बँगला साहित्य ने अभूतपूर्व उन्नति की। रवि बाबू के विराट् चित्रों के उदाहरण देकर उन्होंने कहा : "काव्य में साहित्य के हृदय को दिगन्त व्याप्त करने के लिए विराट् रूपों की प्रतिष्ठा करना अत्यन्त आवश्यक है।"

पंत जी ने 'पल्लव' की भूमिका में ब्रजभाषा पर आक्षेप इसी आधार पर किये थे कि उसमें नये कवि के लिए यथेष्ट प्रसार नहीं है। हिन्दुस्तान में नये पूँजीवाद ने, उद्योग-धन्धों के प्रारम्भिक विकास में विज्ञान के नये सम्पर्क ने कैसी हलचल मचा दी, इसका सबसे अच्छा निदर्शन 'पल्लव' की भूमिका है। नये कवि की प्रसार-भावना इतनी प्रबल है कि उसमें पूरबी तथा पश्चिमी गोलार्द्ध, वन-पर्वत, ज्योति-अन्धकार, उत्तरी ध्रुव से दक्षिणी ध्रुव तक प्रकृति का विभिन्न सौन्दर्य, उष्ण और शीत, सभी देशों के वनस्पति, फल-फूल और पौधे, वहाँ की जलवायु, आचार-व्यवहार—यह सभी कुछ वह नये साहित्य में चाहता है। ब्रजभाषा के पास वह साहित्य नहीं है, न वे शब्द हैं, जिनमें "वात-उत्पात, वन्य-बाढ़, उल्का-भूकम्प सब कुछ समा सके, जिसके पृष्ठों पर मानव जाति की सभ्यता का उत्थान-पतन, वृद्धि-विनाश बाँधा जा सके; आवर्तन-विवर्तन, नूतन-पुरातन—सब कुछ चित्रित हो सके; जिसकी अलमारियों में दर्शन-विज्ञान, इतिहास-भूगोल, राजनीति-समाजनीति, कला-कौशल, कथा-कहानी, काव्य-नाटक—सब कुछ सजाया जा सके।" इससे मालूम होता है कि इस नये युग ने साहित्य के विकास के लिए नया मार्ग प्रशस्त किया था। कवि बार-बार विराट्-विराट् की पुकार करता था और उसे पुराने चित्र संकुचित और क्षुद्र मालूम होते थे। उसने माँग की कि यदि रीतिकालीन बन्धनों को न तोड़ा गया तो साहित्य की गति रुद्ध हो जाएगी और उससे समाज भी निष्प्राण हो जाएगा। 'गीतिका' की भूमिका में निराला जी ने पुराने प्रतीकों को अमान्य ठहराया। वह कबीर के गीतों की ओजपूर्ण भाषा के कायल हैं, फिर भी साहित्य, संगीत और संस्कृति की दृष्टि से उन्हें कबीर के गीत आदर्श गीत नहीं जान पड़ते। वह मानते हैं कि कबीर से मीरा तक सभी के गीत जनता के प्राणों की सम्पत्ति रहे हैं। इन्हीं के आधार पर लोगों ने अपनी प्राचीन संस्कृति की रक्षा की है। लेकिन नये युग ने कवियों को एक नई दृष्टि दी और वे उसके अनुकूल प्रसार के नये गीत गाना चाहते हैं। "कबीर निर्गुन ब्रह्म की उपासना में आधुनिक से आधुनिकों के मनोनुकूल होते हुए भी भाषा, साहित्य, संस्कृति में जैसे अमार्जित हैं, वैसे ही सूर, तुलसी आदि भाषा संस्कार रखते हुए भी कृष्ण और राम की सगुण उपासना के कारण आधुनिकों की रुचि के अनुकूल नहीं रहे।"

'पंत जी और पल्लव' नाम की आलोचना में निराला जी ने पुराने संत कवियों के समर्थन का बीड़ा उठाया। निराला जी ने इन्हीं कवियों को लेकर साहित्यिक विराट् चित्र दिखाना शुरू किये और 'गीतिका' में आगे खुद क्या लिखने वाले थे, इसकी जरा भी चिन्ता न करते हुए उन्होंने सिद्ध कर दिया कि भारतीय विश्ववाद "इस प्रकार का चेतनावाद है, जिसमें अगणित सौर संसार अपने सृष्टि-नियमों के चक्र से विवर्तित होते जा रहे हैं।" पंत जी गोलार्द्धों की बात कर रहे थे और यहाँ गोस्वामी तुलसीदास कोटि-कोटि ब्रह्मांड रोम-छिद्रों में देख गए। इसलिए "जो लोग यह समझते हैं कि भारतवर्ष के पिछले दिनों के लोगों की बुद्धि संकुचित हो गई थी, और पंत जी के शब्दों में यह कहने का साहस कर बैठते हैं कि ब्रजभाषा में कुछ कवियों को छोड़कर प्राय: अन्यान्य और सब कवि एक सीमा के अन्दर ही तेली के बैल की तरह अन्ध चक्कर काटते चले गए हैं, वे वास्तव में गलती करते हैं।"

'पल्लव' की भूमिका में पंत जी ने मुक्त छंद की चर्चा की और कबित्त छंद को हिन्दी के लिए अस्वाभाविक बताकर यह सिद्ध करना चाहा कि निराला जी ने अपना मुक्त छंद रवीन्द्रनाथ की 'शाहजहाँ' आदि कविताओं के आधार पर निर्मित किया है। निराला जी ने यह तो सिद्ध किया ही कि कबित्त छंद हिन्दी की प्रकृति के अनुकूल है और उनके मुक्त छंद की बुनियाद कबित्त ही है, न कि रवीन्द्रनाथ के छंद। लगे हाथ उन्होंने पंत जी की पंक्तियाँ उद्धृत करके यह भी सिद्ध कर दिया कि पंत जी ने ही चोरी के माल से अपनी दुकान सजाई है।

पंत जी का आक्षेप कितना भ्रामक था, यह सदियों से चली आती हुई कबित्त छंद की लोकप्रियता से सिद्ध है। इसके अलावा सम्मेलनों और सभाओं में अपने मुक्त छंद का पाठ करके निराला जी ने यह दिखा दिया था कि उसका रंग जम जाता है। फिर पंत जी ने उसका आधार रवीन्द्रनाथ के तुकान्त छंदों को बताया, गिरीश बाबू के अतुकान्त छंद का उल्लेख करते तो बात भी थी। निराला जी ने उनके प्रभाव को स्वीकार भी किया है। अपने पक्ष के समर्थन में निराला जी कबित्त की स्वाभाविकता और मुक्त छंद के प्रभावशाली प्रवाह का समर्थन करते, यह बिलकुल न्याय की बात थी। सारी चीज साफ तौर से न रखने से गलतफहमी फैलती और नई कविता का अपकार होता। लेकिन बात इतनी ही नहीं थी।

निराला जी ने लिखा : "मैं जानता हूँ, एक मार्जित सुहृद पर मैंने तलवार चलाई है।" उनके दर्द से जाहिर है कि तलवार उन्होंने तभी उठाई जब दिल को बड़ी ठेस लगी। उन्हें यह चीज अखरी कि मित्र होते हुए भी पंत जी ने उनसे बिना सलाह किये ही उन पर आक्षेप किये। आक्षेप भी किया उस मुक्त छंद पर जिसको लेकर निराला जी ने जीवन-मरण की लड़ाई लड़ी थी। आक्षेप का आधार भी यह कि उन्होंने बँगला से नकल की है। वही आक्षेप जो जगन्नाथ प्रसाद चतुर्वेदी से लेकर पंडित रामदास गौड़ तक नक्काल-नक्काल चिल्लाकर किया करते थे। निराला जी

ने लिखा कि "'पल्लव' में मेरी कविता पर कुछ लिखने से पहले उचित था कि पंत जी मेरी सलाह ले लेते, जबकि वह मेरे मित्र थे और इस सलाह से उनके व्यक्तित्व को किसी तरह नीचा देखना पड़ता, यह तो मैं अब तक भी सोचकर नहीं समझ सका।" उन्होंने यह भी बताया कि लोग सब तरह की कमजोरियाँ बर्दाश्त कर लेते हैं लेकिन अकल के मामले में कोई भी अपने को घटकर नहीं समझता। पंत जी को कमजोर साबित करने में अपराध जरूर हुआ है लेकिन "उनके अपराध की गुरुता को मैं सिर्फ इसलिए नहीं सहन कर सका कि प्रतिभा के युद्ध में उन्होंने बेकसूर निराला को मारा है और अपने सम्बन्ध में सब कुछ पी गए। यह सब मुझे निहायत असंयत अन्याय के रूप में दिखलाई पड़ा।"

निराला जी के चुटकले बहुत ही सजीव हैं जिनमें उन्होंने 'सरस्वती' के सुकवि किंकर महाशय द्वारा छायावादी कवियों की लांगूलों में आग लगा देने की बात लिखी है। अपने सम्बन्ध में उन्होंने और जो भी बातें लिखी हैं, विशेष कर पहले के विरोध और समर्थन की बातें, उनका ऐतिहासिक महत्त्व है। कबित्त छंद को भारतीय प्रकृति के अनुकूल सिद्ध करने के लिए उन्होंने साहित्य और संगीत, दोनों से तर्क दिये हैं। अपने पुरुषत्व का आरोप उन्होंने मुक्त छंद में भी किया है। उसे मात्रिक छंदों की तरह स्वर-प्रधान न होकर व्यंजन-प्रधान बतलाया है। और "वह कविता की श्री सुकुमारता नहीं, कवित्व का पुरुष गर्व है।" छंदों की तुलना करते हुए कवियों के व्यक्तित्व का अन्तर भी उनके सामने आ गया।

भाषा-विज्ञान और दर्शन के बारे में निराला जी ने जिस दृष्टिकोण को भारतीय कहकर उपस्थित किया, आगे चलकर उसके विपरीत भी उन्हें बहुत-सी बातें करनी पड़ीं। पहले उन्होंने वर्णभेद को समाज की आदर्श व्यवस्था कहा था लेकिन वर्तमान हिन्दू समाज में उनके विचार से उच्चवर्ण वालों का उन्माद द्वापर से ही बढ़ता रहा है। बाह्मणों में तीव्र स्पर्द्धा जाग्रत हुई। निराला जी के शब्दों में ब्राह्मण आस्तिक थे परन्तु वे हृदयहीन थे। शंकर के समय अधिकार-भेद खड़ा हो गया था। शूद्रों के प्रति उन्होंने कठोर अनुशासन बनाए। उनके बाद रामानुज आदि संतों ने हृदय-धर्म को स्थापित किया। अनेक देवी-देवताओं की उपासना के साथ भारतवासियों का पतन होता गया। द्विजाति भी अपनी निरक्षरता को दूर करने के लिए गंगा में डुबकी लगाना ही काफी समझते रहे। दूसरे मनुष्य को मनुष्य न समझना अब तक अट्ठानवे फीसदी लोगों की धारणा बनी हुई है। दूसरी जातियों से नफरत करके भारतवर्ष का पतन होता जाता है। निराला जी मानो अपने ही ब्रह्मवाद को चुनौती देकर कहते हैं : "रहते संसार में थे; पर उससे लापरवाह रहकर ही जीना चाहते थे।" और वर्णाश्रम धर्म पर भी इससे अच्छी और टीका क्या होगी कि शूद्र शक्ति दिन-पर-दिन पीड़ित होती गई और वह हिन्दू समाज के पतन का कारण हुई। निराला जी ने विश्वास के साथ कहा है : "शूद्र शक्तियों से यथार्थ भारतीयता की किरणें फूटेंगी; वे ही भविष्य

के ब्राह्मण, क्षत्रिय और वैश्य हैं; और ब्राह्मण, क्षत्रिय आदि दृप्त जातियाँ शूद्र!... भारत तभी तक पराधीन है जब तक वे नहीं जागते।"

आज की जाति-प्रथा के बारे में उन्होंने लिखा है कि आठ सौ वर्षों के शासन के बाद भी ब्राह्मण और क्षत्रिय बचे हैं, यह समझना भूल है। दासता में न ब्राह्मणत्व रहता है, न क्षत्रित्व। वे असवर्ण विवाह का स्वागत करते हैं। आज के वैषम्य से इसी प्रकार साम्य का जन्म होगा।

'वर्णाश्रम धर्म की वर्तमान स्थिति' में शंकराचार्य का समर्थन करने पर भी वह इसी नतीजे पर पहुँचे हैं कि नये भारत में यहाँ की दलित जातियों का अभ्युत्थान होगा। उन्होंने भविष्यवाणी की है : "क्रमश: यही अंत्यज और शूद्र, यज्ञकुंड से निकले हुए अदम्य क्षत्रियों की तरह अपनी चिरकाल की प्रसुप्त प्रतिभा की नवीन स्फूर्ति से देश में एक अलौकिक जीवन का संचार करेंगे। इन्हीं की अजेय शक्ति भविष्य में भारत को स्वतंत्र करेगी।" यही वह क्रान्तिकारी निराला है जिसने आगे चलकर 'कुल्ली भाट' और 'चतुरी चमार' में सहज सहानुभूति से द्रवित होकर दलित जातियों के अनुपम चित्र दिये।

'मेरे गीत और कला' में कला कला के लिए की हाँक को हुश्काने वाली गला गला से मिलाकर उन्होंने शुद्ध कलावाद को समाप्त कर दिया। फिर कविता-कामिनी का सौन्दर्य-वर्णन करते हुए वे अपना उद्देश्य प्रकट करते हैं कि साड़ी देखने वालों की साड़ी पहनने वाली से भी आँखें चार हो जाएँ। श्रीमती महादेवी वर्मा के साथ छायावाद के चार चरण पूरे करके उन्होंने उसे चौपाया बनाया है और लिखा है कि "दुम की कसर पंडित बनारसीदास चतुर्वेदी ने पूरी कर दी।" निराला जी को शिकायत तो यह है कि "चौबेजी साबित कर रहे हैं कि काव्य के चतुष्पद तत्त्वों में उनकी पूँछ का ही महत्त्व सबसे ज्यादा है।"

यहाँ निराला जी ने बैसवाड़ी के आगे संस्कृत शब्दावली को तिलांजलि दे दी है। बंगाल मेरी मातृभूमि है, यह भूलकर अपनी ग्रामीण अवधी के लिए लिखा है : "मेरी बैसवाड़ी माता-पिता की दी वाग्विभूति जिससे सभी रसों के स्रोत मेरे जीवन में फूटकर निकले हैं, साहित्यिकों में प्रसिद्ध है।" शंकर के समय में जिन लोगों ने संस्कृत का प्रचार किया, उससे उन्होंने केवल अपना मत प्रतिष्ठित किया : "जाति की जीवनीशक्ति का वर्द्धन नहीं—उस समय की भाषा का उद्धार नहीं।" निर्जीव भाषा के लिए निराला जी ने मुक्त छंद की मशीनगन दी जिससे "जहाँ धड़ाधड़ मुक्त छंद के गोले निकलने शुरू हुए कि भाइयों की समझ में आ गया कि हाँ, कुछ पढ़ा जा रहा है।"

पंत जी और अन्य छायावादियों की शब्दावली को निराला जी ने सूत्र रूप में 'शणवल' नाम दिया। हिन्दी की प्रकृति 'श' को 'स', 'ण' को 'न', 'व' को 'ब', कहने की है। 'ल' को लोग 'ल' ही कहते हैं लेकिन 'शणवल' के साथ मिलकर

उसमें क्लीवता आ जाती है। यहाँ पर निराला जी संस्कृत उच्चारण के विपरीत ब्रजभाषा और ग्राम भाषाओं की प्रकृति का समर्थन कर रहे थे। छायायादी कवियों ने अक्सर जनसाधारण की भाषा की उपेक्षा करके काल्पनिक सौन्दर्य के लिए एक असाधारण शब्दावली गढ़ी थी। निराला जी ने यह लेख सन् '35 में लिखा था और उसके बाद उनमें क्रमश: यह प्रवृत्ति जोर पकड़ती गई कि गद्य में ही नहीं, पद्य में भी सरल मुहावरेदार भाषा का प्रयोग करें। छायावादी चतुष्पद के स्वयं एक स्तंभ होने के कारण वे उसकी कमजोर नस को पहचानते थे। इसलिए उनका वार भरपूर बैठा। लेकिन पंत जी पर ही नहीं, वह वार उनकी अपनी रचनाओं पर भी है। 'विजन वन वल्लरी' में 'व' ही बोलता है और 'तुलसीदास' के आरम्भ में 'शत शत शब्दों का संध्याकाल' है। बातचीत में वह कहते थे कि यह शपाशप कालिदास के प्रभाव के कारण है।

गीतों की व्याख्या करते हुए उन्होंने भावों के तारतम्य और उनके सम्बद्ध विकास पर जोर दिया है। छायावादी कवियों पर असम्बद्धता का दोष लगाया जाता है, उसका दूसरा पहलू इस लेख में पेश किया गया है।

छायावाद का सम्बन्ध विरह और अनन्त से जोड़ा गया है। इस सम्बन्ध को लेकर न जाने कितने व्यंग्य लेख और कविताओं की पैरोडी लिखी गई है। अनन्त की ओर दौड़ने और अज्ञात प्रेमी के लिए आहें भरने से हिन्दी के साधारण पाठकों को कभी प्रेम नहीं रहा। लेकिन छायावाद के इस कमजोर पहलू पर भी निराला जी ने वार किया। 'कला के विरह में जोशी-बन्धु' नाम के व्यंग्यपूर्ण लेख में उन्होंने अनन्त और विरह की वह छीछालेदर की है कि उसके आगे कुछ कहना नामुमकिन है। आरम्भ ही में हिन्दी के आचार्यों को स्मरण किया है जिन्होंने अपनी नाक कटाकर दूसरों का सगुन बिगाड़ने की शिक्षा दी थी। विरोध बढ़ने पर कविवर ने सोचा कि किसी का शिकार करना चाहिए। शिकार के नाम से शेर की याद आई लेकिन उन्हें याद आया कि विधवा से शादी करना शेर के शिकार से भी बढ़कर है।

यारो शेरे बबर से न डरना कभी
पर विधवा से शादी न करना कभी।

इसलिए साहित्य की विधवा की तलाश करने लगे और जोशी-बन्धुओं के लेख तक पहुँचे। विश्ववाद के नाम पर हृदय की संकीर्णता दूर की और जो भावों में विधवा हो, उसी को विधवा मानकर लेख शुरू किया। इसके लिए उन्हें प्रमाण भी जोशी-बन्धुओं के लेख के आरम्भ ही में मिल गया। उन्होंने रवीन्द्रनाथ की पंक्तियाँ उद्धृत की थीं :

आमार माझारे जे आछे से गो
कोनो विरहिणी नारी।

इसी तरह जोशी बन्धुओं के अन्दर भी विरहिणी विधवा की मूर्ति प्रतिष्ठित हो गई और निराला जी जोशी बन्धुओं पर ही नहीं, विरहवाद के मूल प्रचारक विश्वकवि पर भी आक्रमण कर बैठे।

सृष्टि और ज्ञान के सम्बन्ध में निराला जी ने वही पुरानी बातें कही हैं लेकिन कला और समाज के घनिष्ठ सम्बन्ध पर वह जोर देते हैं। सामाजिक हिताहित की चिन्ता न करके मनमाना साहित्य लिखना वैसे ही है, जैसे महमूद मियाँ का अपने बकरे को पूँछ की तरफ से जिबह करना। "इसी तरह जबान हर एक की अपनी है, चाहे वह विषय का वर्णन सिर की तरफ से करे, चाहे पूँछ की तरफ से।"

यह कहना कि सृष्टि के रोम-रोम में विरह का भाव व्याप्त था, साँप का विष झाड़ने का मंत्र पढ़ना है। निराला जी ने पैरोडी अस्त्र का प्रयोग करते हुए लिखा है :

अनमिल आखर अरथ न जापू।
जोशी युग कृत प्रकट प्रतापू॥

जोशी बन्धुओं ने लिखा कि समस्त शून्य मंडल नारीत्व के प्रभाव से भरा है। इस पर निराला जी ने गदाधर के गद्यकाव्य को स्मरण किया। गदाधर लिख रहे थे : "हे सखि, मैं जो मर रहा हूँ, यह सब तुम्हारी ही करुणा है। मेरे जीवन की हरी-हरी डालियाँ..." इतना ही लिख पाए थे कि कविवर ने उनसे कागज छीन लिया और पूछा, तुम्हारे मरने से सखी की करुणा का क्या सम्बन्ध? उत्तर मिला, कुछ नहीं। अनन्त में विरह को व्याप्त करने से ऐसे ही साहित्य की सृष्टि होती है। सृष्टि के केन्द्र-स्थित अनन्तव्यापी विरह की अनुभूति आदि निरर्थक शब्दावली की ओर इंगित करके निराला जी कहते हैं : "कैसी अद्‌भुत शब्द-मरीचिका है कि भाव का प्यासा भटकता ही मर जाए और सत्य कितना उज्ज्वल? दीप की तरह अपने ही नीचे अन्धकार। धन्य है, धन्य है। जिस सृष्टि के केन्द्र में ब्रह्म है, आनन्द है, सत्य है, ज्ञान है, वहाँ अनन्तव्यापी विरह, अनन्त वियोग, अनन्त अज्ञान, अनन्त दु:ख! क्या बात, क्या कहने!"

जोशी-बंधुओं ने गोस्वामी तुलसीदास का यों उल्लेख किया था कि विरहवादी विश्वकवि के सामने वे हेठे लगे। निराला जी ने तुलसीदास के जीवन की कठोर तपस्या और निश्छल सत्यपरता से, अर्थोपार्जन से निश्चित होकर ब्रह्मवादी कविता करने वाले विश्वकवि के जीवन की तुलना की। लेख काफी लम्बा है लेकिन अन्त में निराला जी को यह अफसोस ही रह गया कि साहित्यिकता और विरह के बारे में वे एक पंक्ति भी न लिख पाए।

कटूक्तियों के लिए क्षमा माँगते हुए लिख दिया है कि "अज्ञान का इतना बड़ा ज्ञानाडम्बर मेरी प्रसन्न-प्रकृति को असह्य हो रहा था।" यह लेख उन्होंने सन् '28 में लिखा था।

सन् '28 से '34 तक का समय निराला जी के जीवन में संक्रमण का युग कहा जा सकता है। वह अब भी रोमांटिक और छायावादी ढंग की रचनाएँ कर रहे थे लेकिन पुराने आदर्शों में उनकी वह श्रद्धा न रह गई थी। वे अब भी सोचते थे कि वर्ण-व्यवस्था सही है, शंकराचार्य ने जिस ब्राह्मणत्व का आदर्श प्रतिष्ठित किया था, वह श्रेयस्कर है, लेकिन वे यह देख रहे थे कि इस व्यवस्था के कारण समाज का एक बहुत बड़ा भाग दासता के बन्धनों में पड़ा हुआ न स्वयं उन्नति कर सकता था और न समाज को ही आगे बढ़ने का अवसर देता था। वे देख रहे थे कि रीतिकालीन रूढ़ियाँ साहित्य के विकास को रोके हुए थीं। इन्हें तोड़कर अन्य देशों के भावों से आदान-प्रदान करने की उन्होंने माँग की। उन्होंने अपनी कविता में नये भावों के साथ नये रूप भी चलाये और अपने प्रिय मित्रों तक का आक्षेप होने पर वे भरपूर उत्तर देने से कभी नहीं चूके। इतिहास के प्रति उनके दृष्टिकोण में एक निश्चित परिवर्तन हुआ। समाज में वे पहले से ही विद्रोही थे लेकिन यह विद्रोह अब उन्हें समाज के निम्न स्तरों की ओर खींच लाया। इसी प्रवृत्ति का परिणाम 'देवी' और 'चतुरी चमार' नाम के युगप्रवर्तक रेखाचित्र हैं। इसके साथ भाषा के प्रति भी उनके विचार बदले। नये सांस्कृतिक उत्थान के लिए भाषा और भाव, दोनों में ही परिवर्तन होना आवश्यक था। लेकिन यह परिवर्तन अकस्मात् नहीं हो गया। छायावाद से जो मोह था, उससे संघर्ष करना पड़ा और इस संघर्ष की छाया उनकी नई कविताओं पर पड़ी। 'तुलसीदास' और 'राम की शक्ति-पूजा' में छायावाद की कला को चरम शिखर पर पहुँचाकर मानो उन्होंने विराम किया।

9

'तुलसीदास' और 'राम की शक्ति-पूजा'

'तुलसीदास' में निराला जी ने इतिहास पर नई दृष्टि डाली है। मध्यकाल में समाज का जो पतन हुआ और पतन में शूद्रों पर जो अत्याचार हुए, वह इस कथा की पृष्ठभूमि हैं। मूलचित्र गोस्वामी तुलसीदास के अन्तर्द्वन्द्ध का है। वे अपनी साधना से समाज को मुक्त करना चाहते हैं लेकिन मन की दुर्बल वासना इसमें बाधक होती है। अन्त में गृह त्यागने पर उन्हें नारी का तेजोमय रूप दिखाई देता है और बाधक होने के बदले वह उनके जीवन की महान प्रेरणा बन जाती है। निराला जी की रचनाओं में यह एक अत्यन्त सुगठित कविता है और इतनी लम्बी कविता उन्होंने पहली बार लिखी थी। छंद भी ऐसा चुना है कि पढ़ने पर तरंगों से भंग पाठकों को आगे बहाते चलते हैं। दो पंक्तियाँ छोटी और तीसरी बड़ी मिलकर आधा छंद बनाती हैं। इसी को दोहराने से एक पूरा छंद बनता है। मुक्त छंद के अलावा छंद-बद्ध कविता में निराला जी ऐसा ओजगुण पहले न ला सके थे। उनकी कला में एक नया विकास था। चित्र-सौन्दर्य में यह कविता अनूठी है। इतिहास और मनोविज्ञान, दोनों से ही भाव लेकर उन्हें सुरंग मूर्त रूप दिया गया है।

आरम्भ में शताब्दियों के सांध्यकाल का चित्रण किया गया है। बादलों की तरह भँवें टेढ़ी किये यह सांध्यकाल भारत के आकाश पर छाया हुआ है। पंजाब, कोसल, बिहार, धीरे-धीरे सभी प्रान्त इस कालिमा के नीचे आ गए। मूसलाधार वृष्टि से मुगलों और पठानों के आक्रमण की तुलना सांध्यकाल की पृष्ठभूमि में सार्थक बैठती है। बादलों से बज्र टूटकर गिरता है और नीचे जल-प्रवाह का प्रखर वेग असह्य है। बुन्देलखंड, कालिंजर आदि का पूर्व गौरव नष्ट हो गया है। वीर बन्दी बने हुए हैं और किंपुरुष आनन्द मना रहे हैं। जो सच्चे राजपूत थे, वे स्वर्ग गए; जो रह गए हैं, वे नृपवेश सूत बन्दीगण हैं। इनका कार्य आक्रमणकारियों का कीर्ति-गान ही रह गया है। जातीय जीवन की नदियाँ एक नई संस्कृति के सागर की ओर बह चलती हैं।

पहली मूसलाधार वृष्टि के बाद धरती पर शान्ति छा गई। बादलों के बरस जाने से आकाश धुल गया। हवा सबको स्नेह सुखद स्पर्श देने लगी। चन्द्रमा अपनी शीतल किरणों से पृथ्वी का चुम्बन करने लगा। समय सुन्दर छंदों में बँधा हुआ लघु

गति और नियंत्रित पदों से चलने लगा। संस्कृति का सूर्य डूबने पर सुन्दरियाँ अपने कर-कुमुदों से समय की गति पर ताल देने लगीं। बिरला ही कोई ऐसा होगा जो हाथ मल रहा हो। विलास की धारा में अशक्त होकर देश बह चला। नदी का जल छल-छल शब्द करके लोगों को सावधान करता था लेकिन वे किनारे के पाषाण की तरह मंत्रमुग्ध होकर कल-कल शब्द ही सुन रहे थे।

इसी समय राजापुर में सुन्दर प्रतिभा और पुष्ट शरीर वाले युवक तुलसीदास काव्य-शास्त्र का अध्ययन करके जीवन में प्रवेश कर रहे थे। एक दिन मित्रों के साथ वे चित्रकूट गए और वहाँ मन में कुछ नये ही भाव पैदा हुए। जैसे उषा को कुहरे का जाल घेरे हो, उसी तरह प्रकृति भी एक ऐसी भाषा में बातें कर रही थी जो पूरी तरह समझ में न आती थी। तुलसीदास को अपने मन में संस्कारों का निःशब्द सागर दिखाई देता है जिसके उस पार सत्य की अस्फुट छवि दीख रही है। प्रकृति कहती है कि सूर्य का प्रचंड ताप उसे जला रहा है। ऋतुएँ आती हैं, अपना प्रभाव छोड़कर चली जाती हैं, उन्हें उसके सुख-दुःख से ऐसे ही वास्ता नहीं है, जैसे पेट भरने वाले लोग देश में आते-जाते रहते हैं और अपने स्वार्थ के आगे उन्हें प्रजा के कष्टों का ध्यान नहीं रहता। जातीय संस्कारों की पृथ्वी पर असुर चल रहे हैं। कवि को चाहिए कि वह त्याग, साधना और मुक्ति के गीत गाये। जैसे राम ने अपने स्पर्श से अहल्या का उद्धार किया था, वैसे ही तुलसीदास को अपनी साधना से जड़ भारत का उद्धार करना है। उस चेतना के स्पर्श से ही पाषाण-खंड हार बनते हैं, नहीं तो प्रकृति में झरने, झाड़ी, नदी, कगार, पशु-पक्षियों के विहार को छोड़कर और कुछ नहीं है। देश में ऐसा युग आया है जब कामदेव के बाण से झरती हुई केशर पृथ्वी और आकाश को रँगे हुए है। प्रत्येक मानस पर उसी की छाया है। इसलिए छवि की मूर्ति दिखाई नहीं देती। लोग भ्रमवश सुप्ति को ही जागरण समझ बैठे हैं।

प्रकृति की वाणी सुनकर तुलसी का मन-विहंग आकाश में उड़ चलता है। अपनी उड़ान में वह रंग-रंग की तरंगें पार करता है। ये सब सामाजिक और व्यक्तिगत संस्कार हैं। इन्हें पार करने पर उन्हें भारत की वास्तविक दशा दिखाई देती है। (जैसे सूर्य को राहु ने ग्रस लिया हो और उसकी आभा मन्द पड़ जाए, वैसे ही कुसंस्कारों की छाया में देश-काल बँधा हुआ है। देश में छोटे-छोटे सम्प्रदाय, मत-मतान्तर परस्पर संघर्ष में लगे हैं। वर्ण-व्यवस्था विशृंखल हो गई है। क्षत्रिय रक्षा नहीं कर सकते, ब्राह्मण चाटुकार हो गए हैं। शूद्र वर्ण-व्यवस्था के चरण बनकर दूसरे वर्णों को ऊँचा उठाये हैं। इसके बदले उन्हें केवल अपमान मिलता है।

चलते-फिरते पर निस्सहाय
वे दीन क्षीण कंकाल काय
आशा केवल जीवनोपाय उर उर में;
रण के अश्वों से शस्य सकल

दलमल जाते ज्यों दल के दल
शूद्रगण क्षुद्र जीवन सम्बल, पुर-पुर में।
वे शेष-श्वास, पशु, मूक भाष,
पाते प्रहार अब हताश्वास;
सोचते कभी, अजन्ता ग्रास द्विजगण के
होना ही उनका धर्म परम,
वे वर्णाधम, रे द्विज उत्तम,
वे चरण, चरण बस, वर्णाश्रम रक्षण के।

इन शूद्रों पर वर्ण-व्यवस्था के चरण उच्च वर्गों के अत्याचार के ही कारण थे। देश का सांस्कृतिक पतन हुआ और भारत के नभमंडल में दासता का अन्धकार छा गया। तुलसीदास ने समझ लिया कि इस अन्धकार को पार किये बिना सत्य के दर्शन नहीं हो सकते और न जीवन में नया प्रवाह आ सकता है। इसलिए विरोध से द्वंद्व-समर करने के लिए वे तैयार होते हैं।

कवि की चेतना की ऊर्मियाँ भारत का अन्धकार दूर करने के लिए उमड़कर कवि के मनोद्वारों से टकराती हैं। लेकिन इसी समय उस छाया के ऊपर तारिका-सी चमकती हुई रत्नावली दिखाई देती है। तुलसीदास क्षण भर उसका सौन्दर्य देखते रह जाते हैं; फिर वह अदृश्य हो जाती है और मन धीरे-धीरे नीचे उतरने लगता है। रत्नावली की छवि में रँगी हुई प्रकृति अब सुन्दर दिखाई पड़ती है। वह मित्रों के साथ पंचतीर्थ होते हुए पयस्विनी में स्नान करते हैं और इसी तरह और कुछ दिन घूमने के बाद वह घर लौट आते हैं।

तुलसीदास को अब सारा संसार अबलामय दिखाई देता है। नीला आकाश उसका अलक जाल है; चन्द्रमा मुख, चन्द्रमा का कलंक भौंहें और उसका प्रकाश प्रेम की तरह कवि को ढँके हुए है। तुलसीदास का मनचकोर उसी चन्द्र-छवि को देखता रहता है। यहाँ पर 'सुकुल की बीवी' में निराला जी के वे वाक्य याद आते हैं जिनमें उन्होंने संसार को अबलामय देखने की बात कही थी :

"घोर सुषुप्ति के समय को छोड़कर बाकी स्वप्न और जागृति के समस्त दंड ब्रह्मांड को अबलामय देखता था।" तुलसीदास भी नयनों की मुग्ध दृष्टि में बँधे हुए उस अर्थ को न जान पाए जो पलकों के उस पार छिपा था। सौदर्य में बँधे हुए चन्द्र, सूर्य, तारे, ग्रह, उपग्रह एक-दूसरे के पीछे चलते दिखाई देते हैं। सौन्दर्य बन्धन भले हो, लेकिन इस बन्धन के बिना प्रगति असम्भव है। फूल विकास-पथ की बाधाओं को पार करके दिन का मुँह देखता है। गन्धवाला फूल जड़ होने पर भी अपने गुण के कारण पृथ्वी में व्याप्त होता है। इसी प्रकार प्रिया के साथ बँधे होने पर भी तुलसीदास संसार में अपनी व्याप्ति देखते हैं। उन्होंने यह नहीं सोचा कि युवती के रूप में कामदेव पुरुष-देश को जीतकर वहाँ अपनी विजय-पताका

उड़ा रहा था। जैसे सूर्य की किरणों से बादल रंग-बिरंगे हो जाते हैं, उसी तरह रत्नावली के संसर्ग से युवक तुलसीदास के मनोभाव भी रंगीन हो उठे।

रत्नावली पति को प्रसन्न रखने वाली नामानुरूप सुन्दरी है। अज्ञान के अन्धकार में सत्य की यष्टि की तरह वह प्रिय को पार ले जाने वाली है। श्रद्धा की प्रतिमा की तरह वह माया के घर में प्रिय की निद्रा की सीमाएँ बाँधे हुए है। पति जब सोता है, वह जागती रहती है। पति जब प्रेम की फाग खेलता है, वह उसी में छिपी हुई त्याग की अग्नि-शिखा की तरह जलती रहती है। पति जड़ पृथ्वी के दो कगारों जैसा है और उसको बाँहों में बँधी हुई रत्नावली आकाश की गंगा की तरह प्रवाहित है।

रत्नावली के भाई आकर उससे माता-पिता का सन्देश कहते हैं। माता उलाहना देती है और पिता कहते हैं : "जोगी रमता मैं अब तो।" भाभी ने कुंकुम-शोभा को लाने को कहा। सबने अपने मन की बातें कहीं लेकिन माँ का करुणा-विलाप अकथनीय था। समाज में उसके भाई और पिता का अपमान भी होता है। क्या पैर इसीलिए पूजे थे कि वे उस देहरी की ओर फिर लौटकर न आएँ? रत्नावली को अपने धर्म और मर्यादा का ज्ञान होता है। भावों के घने बादलों ने पति-स्नेह के उपवन को ढँक लिया। वह चलने को तैयार हो गई मानो सीता जिस पृथ्वी से निकली थीं, मर्यादा की रक्षा के लिए फिर उसी में विलीन होने को चली हों!

तुलसीदास बाजार में खड़े सोच रहे थे कि इस बार साले को किस घाट उतारें। एक बार कन्यादान कर दिया तो अब क्यों पीछे पड़े हैं? ऐसे आ धमकते हैं, जैसे हम स्त्री दो दिन को उधार लाये हैं! पर लौटते समय अनेक रंगों के फूल खिले हुए देखे। प्रातःकालीन सूर्य आकाश में चढ़ रहा था। लेकिन उनका गृह-पद्म मुरझाया हुआ था। सांसारिक व्यवहार का ज्ञान न रहा; ससुराल की ओर पैर उठ ही तो गए। रास्ते में प्रकृति सुख में डूबी हुई दिखाई दी। किसी को गायें चराते हुए देखकर वृन्दावन में कृष्ण और गोपियों की याद आई। ससुराल में बड़ी खातिर हुई। लोग कानाफूसी भी करने लगे। भाभी ने कहा, यह रत्नावली से अपने प्रेम का परिचय दिया है। भाभी के व्यंग्य से रत्नावली जल उठी परन्तु अपनी ज्वाला को भीतर ही छिपाये रही। उसे लगा कि पति के मन में बैठा हुआ चोर उसे निरावरण करना चाहता है; वह ईश्वर से लाज बचाने की प्रार्थना करने लगी। घर में आँधी उठने से पहले की निस्तब्धता छा गई। भोजन कराके भाभी तुलसीदास को शयन-गृह में छोड़ आई। प्रिय का चन्द्रमुख देखकर रत्नावली के हृदय में आज उल्टा ज्वार बह चला। जिस तरह हवा से उड़ाई हुई मेघमाला अन्तर में बिजली छिपाये पर्वत के पास आकर ठहरती है, उसी तरह रत्नावली पति के पास आई। जैसे चक्रों से अंकित पूँछ फैलाकर मोर नाच उठता है, वैसे ही मेघमाला-सी रत्नावली को देखकर तुलसीदास का मन-मयूर नाच उठा। रत्नावली के बाल खुल गए, आँखों

की पलकों ने गिरना बन्द कर दिया। उसके मोह के बन्धन टूट गए; वह अरूप का ध्यान करती हुई योगिनी की तरह उठकर खड़ी हो गई। कमल पर बैठी हुई लक्ष्मी की तरह रत्नावली बोली :

धिक धाये तुम यों अनाहूत
धो दिया श्रेष्ठ कुलधर्म धूत
राम के नहीं, काम के सूत कहलाये।
हो बिके जहाँ तुम बिना दाम,
वह नहीं और कुछ हाड़-चाम!
कैसी शिक्षा, कैसे विराम पर आये।

तुलसीदास के पूर्व संस्कार जागे। उसी क्षण उनका काम भस्म हो गया। उन्हें सामने स्त्री नहीं, आग की जलती हुई प्रतिमा दिखाई दी। वह उन्हें विश्व-हंस पर स्थित नीलवसना शारदा-सी लगी। उसकी दृष्टि से बँधकर एक बार उनका मन फिर ऊपर उठा; आकाश के बहुरंगी स्तर एक क्षण में पार कर गया। और संस्कारों के धूसर समुद्र के ऊपर फिर एक नवीन तारिका चमक उठी। उसी में शारदा का वह रूप लीन हो गया। केवल अरूप की महिमा रह गई। आकाश निस्तब्ध रह गया। ज्ञान से खुले हुए नेत्र बाहर से मुँद गए। जिस कली में कवि का मन बन्द था, वह सरस्वती बनकर छंद की सुरभि लिये हुए उसी के भीतर खुल गई।

जब अपनेपन का बोध हुआ तब बाहर चलने का विचार आया। अवरोधों से मुँह मोड़कर जीवनधारा प्रतिकूल दिशा में बह जली। पुन: लहरों का शब्द सुन पड़ने लगा। नये भावों से पूर्ण शब्द सुनाई देने लगे। असुरों से पीड़ित ऋषियों को हर्ष हुआ। पार्थिव ऐश्वर्य और अज्ञान की रात बीत गई। पूर्वांचल पर ज्योति का प्रपात झरने लगा। तुलसीदास की चेतना में भारत की सोई हुई महिमा जागी। एक बार जड़ से चेतन का, अन्धकार से प्रकाश का, पराधीनता का स्वाधीनता से संग्राम होगा। एक ओर कवि की सरस्वती होगी, दूसरी ओर प्रजा-पीड़कों का छल-प्रपंच। जैसे सूर्य एक-एक बिन्दु जल जोड़कर वर्षा के बादल बनाता है, वैसे ही मत-मतान्तरों में बँटे हुए जनों को मिलाकर कवि नये समाज का निर्माण करेगा। आज देश काल के शर से विद्ध होकर अशेष छविशाली कवि जागा है! पाप की रागिनियाँ निस्पंद होकर सो रहेंगी। संसार की वीणा के पुराने तारों पर नये प्रकाश की धारा पड़ी है। कवि के स्पर्श से नवजीवन के गीत साकार होकर जनमात्र की सम्पत्ति बनेंगे।

कहाँ क्या हो रहा है, कवि ने कानों से कुछ न सुना। वह अपना भाव मन में ही गुनता रहा। सामने देखा, पत्नी खड़ी है, आँखें छलछला आई हैं। भाव-वीणा की सभी तानों से वे अधिक भावमयी थीं। कवि ने अपने दाम्पत्य जीवन का अन्तिम

वाक्य कहा : "तुमने जो प्रकाश दिया है, उससे अब घर में रहने का तनिक भी अवकाश नहीं। मैंने इस समय जीवन का जो व्रत लिया है, उससे फिर इस ओर कभी देखूँगा भी नहीं।"

धीरे-धीरे वह बाहर आए। हृदय में वही केन्द्रित मूर्ति थी। अपना क्षुद्र रूप छोड़कर वह विश्व का आश्रम बन गई थी। सुख के जल पर तिरती हुई कमला के रूप में सामने आई। कविता के आरम्भ में भारत का जो सांस्कृतिक सूर्य अस्त हो गया था, वह पुन: उदित हुआ और रत्नावली ही 'प्राचीदिगन्त उर में पुष्कल रवि रेखा' बन गई।

इस कविता में निराला जी ने नये चरित्र-चित्रण और नाटकीय घटना-संगठन का परिचय दिया है। इसके पहले किसी भी छायावादी कवि ने इस तरह की गाथा न लिखी थी। चरित्र-चित्रण के साथ उन्होंने ऐतिहासिक पृष्ठभूमि का ध्यान बराबर रखा है। मध्यकालीन समाज की मूल समस्या को उन्होंने अच्छी तरह पहचान लिया था। मुगल आक्रमण के पहले ही जातीय जीवन नष्ट-भ्रष्ट हो गया था। तृष्णोद्धत सगर्व क्षत्रिय देश की रक्षा करने में असमर्थ हुए। शूद्रों का विशाल वर्ग उच्च वर्गों द्वारा इस तरह रौंद डाला गया था जिस तरह लहलहाते पौधों को फौजी घोड़े रौंद डालते हैं।

इस परिस्थिति में तुलसीदास का जन्म होता है। परिस्थिति अनुकूल या प्रतिकूल होने पर भी उनके व्यक्तित्व का विकास होता है। विलासिता का वातावरण उन्हें भी मोहित कर लेता है। रत्नावली में उनकी आसक्ति व्यक्तिगत कामुकता न होकर सामाजिक ह्रास का प्रतीक बन जाती है। चित्रकूट में जाकर जब वह प्रकृति का नया सन्देश सुनते हैं, तब मानो सामाजिक कष्टों से द्रवित होकर भारतीय संतों के ज्ञान-नेत्र खुलते हैं। रत्नावली के शब्दों में तुलसीदास को नहीं, वरन् साहित्य और संस्कृति की समस्त रीतिकालीन परम्परा को धिक्कारा गया है। उसके योगिनी रूप में मध्यकालीन नारी का नायिका-भेद वाला रूप जलकर भस्म हो गया है। तुलसीदास संत और भक्त होते हुए भी बहुत बड़े समाज-सुधारक थे, इसमें आज किसी को सन्देह नहीं रह गया। लेकिन उनके हृदय में मनुष्यों के दलित वर्ग के लिए कितनी सहानुभूति थी, इसे हम अपने वर्तमान संस्कारों के कारण बहुधा भूल जाते हैं। यदि किसी को निराला जी की कविता में उनका चरित्र अस्वाभाविक लगे, तो उसे रामचरितमानस में 'बिन अन्न दुखी सब लोग मरैं' आदि कलियुग का वर्णन पढ़ लेना चाहिए। इसलिए कविता में शेष-श्वास, पशु मूकभाष आदि का उल्लेख नितान्त सार्थक है और तुलसीदास ही ने लिखा था :

कत विधि सृजी नारि जग माँहीं।
पराधीन सपनेहुँ सुख नाहीं॥

किस मध्यकालीन कवि ने नारी के प्रति ऐसी संवेदना प्रकट की है, जैसी तुलसीदास ने? और कौन कह सकता है कि :

मानहु मदन दुन्दुभी दीन्हीं।
खंजन मंजु तिरीछे नैननि।

आदि पंक्तियाँ लिखते हुए तुलसीदास के ज्ञान-नेत्रों के सामने प्रेम-मूर्ति रत्नावली ही का चित्र नहीं था? इसलिए जब निराला जी कहते हैं कि तुलसीदास अन्तर में रत्नावली की छवि लिये हुए घर से निकले और उसकी मूर्ति विश्व का आधार बन गई तो वह एक सार्थक कल्पना करते हैं।

कविता के आदि और अन्त में कथा की जैसी चित्रमय पृष्ठभूमि है, वैसा ही उदात्त चरित्र-चित्रण भी है। कथोपकथन में वैसा ही ओजगुण और स्वाभाविकता है। छंद का प्रवाह लगभग छह सौ पंक्तियों में पाठक के मन को कविता के साधारण स्तर से बराबर ऊँचा उठाये रखता है। भारतीय स्थापत्य कला में अलंकरण के लिए सुन्दर मूर्तियों के समान उपमाओं और रूपकों की छटा देखते ही बनती है। वे जितनी सुन्दर हैं, उतनी ही सार्थक। रत्नावली के केशजाल को मेघमाला बनाकर तुलसीदास के मन को मयूर बनाना निराला जी का ही काम था। आरम्भ के बंद में सांस्कृतिक सूर्यास्त के चित्रण से अन्तिम बंद में पुष्कल रवि रेखा की झाँकी तक सम्पूर्ण कविता एक विशाल रूपक में बँधी हुई है। ऐसा निर्माण-सौन्दर्य नई हिन्दी कविता के लिए अद्‌भुत था। शब्दावली कठिन है, भावों में जहाँ-तहाँ दुरूहता है, लेकिन कवि का प्रयास यह रहा है कि मध्यकालीन समाज के सत्य तक हमें पहुँचाये। नि:सन्देह छायावादी कला को उसने यहाँ अत्यन्त पुष्ट और विकसित रूप में दिखाया है।

'तुलसीदास' से मिलती-जुलती कविता 'राम की शक्ति-पूजा' है। पहली रचना में रामचरित्र के निर्माता कवि तुलसीदास का चित्रण था; इस कविता में राम ही नायक हैं। पहली कविता में उन्होंने मध्यकालीन समाज का सत्य दिया था, इस कविता की पृष्ठभूमि पौराणिक है परन्तु उसका सत्य कवि के इसी जीवन का है।

'धिक् जीवन को जो पाता ही आया विरोध'—यह पंक्ति पूरी कविता का सूत्र है। कहना न होगा कि यह पंक्ति स्वयं कवि के जीवन पर खूब घटित होती है। राक्षस, वानर, लंका, समुद्र-तट—ये सब एक विशाल सेटिंग मात्र हैं; वास्तविक संघर्ष राम के हृदय में है। वह शक्ति की साधना कर रहे हैं और प्रश्न है कि वह विजयी होंगे या नहीं। 'तुलसीदास' में कवि एक हद तक तटस्थ है, 'राम की शक्ति-पूजा' पर कवि की अपने व्यक्तित्व की छाप है।

रवि अस्त हो गया लेकिन ज्योति के पत्र पर राम-रावण के अपराजेय समर का इतिहास सदा के लिए अंकित हो गया। इस युद्ध में प्रति पल व्यूह परिवर्तित किये गए हैं; वानरगण भयानक 'हूह' शब्द करते हुए राक्षसों पर टूट पड़े हैं; रामचन्द्र रावण पर छोड़े हुए अपने वाणों के व्यर्थ होने से अग्नि-नयन हो उठे हैं। लंकापति उद्धत होकर वानर-दल का मान-मर्दन कर चुका है; सुग्रीव, अंगद, गवाक्ष, नल आदि मूर्च्छित हो गए हैं; युद्ध के समुद्र-गर्जन में केवल हनुमान की चेतना स्थिर रही है; वही जानकी के हृदय को आशा बँधाये हुए हैं।

संध्या होने पर दोनों दल अपने शिविरों को लौटे हैं। 'तुलसीदास' में असुरों द्वारा संस्कारों की पृथ्वी मली गई थी; यहाँ भी राक्षसों की पद-चाप से पृथ्वी हिल उठती है। तमोगुण का प्रतीक आकाश—जो रावण के इष्टदेव शंकर का निवास है—दानवीय विजय से उल्लसित और विह्वल हो उठता है। वानरों की सेना वैसे ही खिन्न हो रही है। राम के धनुष की प्रत्यंचा ढीली पड़ गई है। जटा-मुकुट खुलकर पृष्ठ पर, बाहुओं और वक्ष पर इस तरह फैल गया है, जैसे दुर्गम पर्वत पर रात्रि का अन्धकार फैल गया हो! इस निराशा की तमिस्रा में दूर चमकती हुई तारिकाओं की तरह उनके दो नेत्र दीप्त हो रहे हैं।

समुद्र के किनारे पर्वत हैं; वहीं पर वानरी सेना एकत्र हुई है। अमावस्या की रात में आकाश मानो अँधेरा उगल रहा था। हनुमान के पिता पवनदेव स्तब्ध थे। विशाल समुद्र अप्रतहित स्वर में गरजकर शान्ति भंग कर रहा था। पर्वत ऐसे निश्चल था मानो ध्यानमग्न हो। प्रकाश के लिए केवल एक मशाल जल रही थी। रामचन्द्र के मन में संशय हो रहा था कि रावण को जीत पाएँगे या नहीं। जो मन आज तक अशान्त न हुआ था, वही असमर्थ होकर अपनी हार मान रहा था। तुलसीदास ने मनोदेश में ऊपर उठते हुए जैसे रत्नावली की छवि देखी थी, वैसे ही राम को अचानक स्वयंवर के दिनों की जानकी का स्मरण हो आता है। उपवन का वह मिलन, नयनों का नयनों से सम्भाषण, जानकी का वह प्रथम कम्पन—वह सब याद आते ही क्षण भर को वह अपनी स्थिति भूल जाते हैं और शिव का धनुष-भंग करने के लिए उनका हाथ फिर अपने आप उठ जाता है। फिर उन्हें अपने दिव्य शर याद आते हैं जो देवदूतों के सामने उड़ते हुए ताड़का, सुबाहु आदि राक्षसों को भस्म कर चुके हैं। उन्हें वह शक्ति की मूर्ति याद आती है जो आज युद्ध में समस्त आकाश को छाये हुए थी। राम के सभी अस्त्र उस महानिलय में बुझकर लीन हो गए। उनके नेत्रों में सीता के राममय नेत्रों की छवि अंकित हो गई। तभी उनके दैन्य को तिक्त करने के लिए रावण भयानक स्वर में अट्टहास कर उठा, पराजित राम के नेत्रों से मुक्ता जैसे दो अश्रु-बिन्दु ढुलक पड़े।

महावीर हनुमान अस्ति और नास्ति के रूप राम के दोनों चरणों को देख रहे हैं। अश्रु-बिन्दु देखते ही उनका मन अस्थिर हो उठा। पिता-पक्ष से उन्चासों

पवन डोल उठे। समुद्र में पहाड़ जैसी तरंगें उठकर गिरने लगीं। हनुमान अट्टहास करते हुए महाकाश में पहुँच गए। रावण की महिमा अमावस के अन्धकार के समान थी और हनुमान रामभक्ति के तेज के समान उसे छिन्न कर रहे थे। रावण के इष्टदेव शंकर के निवास महाकाश को समेट लेने के लिए महावीर पहुँच गए। इस महानाश को देखकर एक क्षण को शिव भी चंचल हो गए। महावीर के वेग को सँभालने के लिए उन्होंने शक्ति का स्मरण किया। जिसका मन कभी श्रृंगाररत नहीं हुआ, वह राम की मूर्तिमान अर्चना शिव के सामने आ पहुँची। उन्होंने शक्ति को सावधान किया कि इस ब्रह्मचारी पर प्रहार करने से तुम्हारी ही हार होगी। उसे विद्या से ही प्रबोध देना चाहिए। सहसा आकाश में अंजना रूप में शक्ति का उदय हुआ। उन्होंने हनुमान को मीठी फटकार बतलाई—बचपन में सूर्य को निगल लिया था, वही भाव तुम्हें आज भी विकल कर रहा है। यह महाकाश शिव का निवास स्थान है जिन्हें रामचन्द्र भी पूजते हैं। उसे नष्ट करने के लिए क्या रामचन्द्र ने आज्ञा दी है? फिर सेवक होकर यह अनाधिकार चेष्टा कैसी? यह फटकार सुनकर महावीर का मन नम्र हो गया और उन पर फिर वही सेवा-भाव छा गया।

इधर विभीषण को चिन्ता हो रही थी कि रामचन्द्र की यही दशा रही तो लंका का राज कैसे मिलेगा? उन्हें उत्साहित करने के लिए विभीषण ने अनेक वीर-वचन कहे लेकिन राम के मन पर उनका कुछ भी प्रभाव नहीं पड़ा। उन्होंने शान्त मन से उत्तर दिया : "मित्रवर, यह लड़ाई मुझसे न जीती जाएगी। स्वयं महाशक्ति रावण का समर्थन कर रही हैं। उन्हें कौन परास्त कर सकता है?"

एक बार लक्ष्मण को सहज क्रोध हो आया, जाम्बवान स्थिर रहे, सुग्रीव व्याकुल हुए और विभीषण आगे का कार्यक्रम सोचने लगे। रामचन्द्र आज श्रीहत हो गए! महाशक्ति रावण को अपने अंक में वैसे ही लिये थीं, जैसे चन्द्रमा कलंक धारण करता है। वानर-दल को विचलित होते देखकर वह जब-जब शर-संधान करते थे, महाशक्ति के नेत्रों में तब-तब अग्नि दीप्त हो उठती थी। फिर महाशक्ति ने राम को इस दृष्टि से देखा कि उनके हाथ बँध गए और धनुष खींचते ही न बना।

निराला जी ने स्वामी सारदानन्द जी महाराज वाले लेख के अन्त में अपने स्वप्न का उल्लेख किया था : "ज्योतिर्मय समुद्र है, श्यामा की बाँह पर मेरा मस्तक, मैं लहरों में हिल रहा हूँ।" इस स्वप्न के साथ उनके जीवन का एक सत्य यह भी था :

पश्चात् देखने लगीं मुझे बँध गये हस्त,
फिर खिंचा न धनु, मुक्त ज्यों बँधा मैं हुआ त्रस्त्र।

'राम की शक्ति-पूजा' में इस तरह की असमर्थता का अद्वितीय चित्रण हुआ है।

जाम्बवान ने सलाह दी कि शक्ति की आराधना करने से ही रावण को पराजित करना सम्भव होगा। यह प्रस्ताव सभी को पसन्द आया। हनुमान एक सौ आठ कमल लेने चले। रात बीत गई और नभ के ललाट पर प्रथम किरण फूटी। समर भूमि में फिर कोलाहल होने लगा लेकिन रामचन्द्र मन को एकाग्र किये दुर्गा का जप कर रहे थे। इसी प्रकार पाँच दिन बीत गए। छठे दिन उनका मन योगियों के आज्ञा नामक चक्र तक पहुँचा। जप के महाकर्षण से अम्बर थर-थर काँपने लगा। देवी को कमल अर्पित करते हुए राम एक ही आसन पर स्थिर बैठे रहे। आठवें दिन एक इन्दीवर रह गया और मन सहस्रार को पार करने की बाट जोहने लगा। दो पहर रात बीतने पर साक्षात् दुर्गा आकर पूजा का अन्तिम फूल उठा ले गईं। हाथ बढ़ाने पर फूल न मिला तो राम का मन चंचल हो उठा। ध्यान छोड़कर उन्होंने पलकें खोलीं और यह विचार आते ही कि आसन को छोड़ने से असिद्धि होगी, वे अपने जीवन को धिक्कारने लगे। विरोध और निरन्तर विरोध, साधनों का अभाव और सदा ही अभाव! जानकी का उद्धार कैसे करें? तभी उनके अविनीत मन ने कहा : माता मुझे राजीव-नयन कहती थीं। दो नील कमल तो अभी शेष हैं। इसलिए :

पूरा करता हूँ देकर मात: एक नयन

यह कहकर उन्होंने महाफलक वाला प्रदीप्त ब्रह्मशर हाथ में ले लिया। ज्योंही अपना दक्षिण नेत्र अर्पित करने को हुए, देवी ने साधुवाद देते हुए उनका हाथ पकड़ लिया।

साधु, साधु साधक धीर, धर्म-धन धन्य राम।
कह लिया भगवती ने राघव का हस्त थाम।

रामचन्द्र ने शक्ति को प्रणाम किया और वे विजय की भविष्यवाणी करके राम के मुख में लीन हो गईं।

'राम की शक्ति-पूजा' जैसी नाटकीयता निराला जी की और किसी भी कविता में नहीं। यहाँ उन्होंने अपने जीवन की अनुभूति, निराशा, पराजय, संघर्ष और विजय-कामना को नाटकीय रूप दिया है। आकाश और समुद्र के सम्मिलित गर्जन में राम का व्यक्तित्व कुछ क्षण को मानो खो जाता है। यह क्रियाशील तमोगुण जीवन की परिस्थितियाँ हैं जिन्हें परास्त करने के लिए राम सदा साधनों की खोज करते रहे हैं। राम शक्ति की साधना करते हैं। यह साधना और भी महत्त्वपूर्ण हो उठती है जब हम उस चित्र का स्मरण करते हैं जहाँ राम समुद्र के किनारे अँधेरे में अकेले बैठे हैं, सिर पर एक मशाल जल रही है और समुद्र के गरजने के साथ रावण का उन्मत्त अट्टहास सुनाई देता है। यह राम तुलसीदास के मर्यादा पुरुषोत्तम नहीं हैं।

इनमें ब्रह्म की पूर्णता के बदले मनुष्य की अपूर्णता है। वह अधीर हो जाते हैं, सीता की स्मृति से मोहित हो जाते हैं, आँखों से आँसू भी गिरने लगते हैं, इसीलिए शक्ति की साधना इतनी महत्त्वपूर्ण है। राम के रूप में कवि ने जीवन की परिस्थितियों को एक बार फिर चुनौती दी है। उसके नायक युद्ध के लिए फिर तैयार होते हैं। लेकिन यह महाशक्ति एक दैवी शक्ति है। शक्ति का आकर राम का हाथ पकड़ना एक मनोमुग्धकारी चमत्कार मात्र है। राम के संघर्ष का चित्र जितना प्रभावशाली है, उतना उनकी विजय का नहीं। कवि के जीवन में संघर्ष ही सत्य रूप में आया है। विजय की कामना अपूर्ण रही है।

यहाँ तुलसीदास की अपेक्षा चरित्र-चित्रण में विविधता है। विभीषण, हनुमान आदि के चित्र महाकवि वाल्मीकि और मिल्टन की याद दिलाते हैं। थोड़े-से शब्दों में रेखाचित्र बनाने में कवि ने नई क्षमता का परिचय दिया है। योगदर्शन में काव्य के लिए जो सुलभ उपकरण मिले, उन्हें कवि ने मूर्त रूप दिया है। आज्ञा, सहस्त्रार आदि चक्रों पर राम के मन के चढ़ने की क्रिया के अतिरिक्त हनुमान का समुद्र को विलोड़ित करते हुए महाकाश में चढ़ना ओजपूर्ण वर्णन में अनूठा है। प्रकाश और अन्धकार का ऐसा चित्रमय सम्मिश्रण उन्होंने पहले कभी न किया था। इसकी प्रतीक-व्यंजना अद्‌भुत है। रावण समस्त तमोगुणी विघ्न-बाधाओं का प्रतिनिधि मात्र दिखाई पड़ता है। उसके साथ शिव, आकाश और शक्ति सभी क्रियाशील जान पड़ते हैं। इस अनन्त तमोगुण में राम के दिव्यशर श्रीहत होकर कहीं खो जाते हैं। मनुष्य का मन पराजित होकर भी पराजय स्वीकार नहीं करता। युद्ध के लिए, विजय के लिए वह पुन: चेष्टा करता है। 'राम की शक्ति-पूजा' का यही महान् आशावादी सन्देश है।

इस कविता के पीछे जीवन की कौन-सी अनुभूति छिपी थी, इसे हम तब अच्छी तरह समझेंगे जब इसके साथ 'सरोज-स्मृति', 'वनबेला' और 'गीतिका' के कवि जीवन-सम्बन्धी अन्य गीतों पर दृष्टि डालेंगे। इन रचनाओं का उत्कट आत्म-निवेदन नाटकीय रूप से यहाँ प्रस्तुत किया गया है। कवि अपने प्रति इतना तटस्थ हो गया कि सहसा मुख्य पात्र से उसके तादात्म्य को हम समझ नहीं पाते।

'सरोज-स्मृति' में एक दूसरा नायक है जो 'राम की शक्ति-पूजा' के राम की तरह अपने से प्रबल शत्रु का युद्ध-कौशल देखता है। यहाँ भी एक समर का वर्णन है जिसमें :

एक साथ जब शत घात पूर्ण
आते थे मुझ पर तुले तूर्ण।
देखता रहा मैं खड़ा अपल
वह शर-क्षेप वह रण-कौशल।

'राम की शक्ति-पूजा' में पहले दो बन्दों के बाद जैसे युद्ध के बाद स्तब्धता छा जाती है, वैसे ही यहाँ भी :

व्यक्त हो चुका चीत्कारोत्कल
क्रुद्ध युद्ध का रुद्ध कण्ठ फल।

'राम की शक्ति-पूजा' में श्यामा अवतरित होकर राम के बदन में लीन हो गई लेकिन यहाँ उनकी छवि उस व्यक्ति पर पड़ती है, जो लांछित है। 'सरोज-स्मृति' में :

वांछित उस किस लांछित छवि पर
फेरती स्नेह की कूची भर—

पढ़ते ही बरबस 'राम की शक्ति-पूजा' में :

लांछन को ले जैसे शशांक नभ में अशंक

की याद आ जाती है।

'सरोज-स्मृति' हिन्दी की एकमात्र प्रसिद्ध 'एलेजी' या शोकगीत है। इसे कवि ने अपनी कन्या के निधन पर लिखा था। सरोज सवा साल की ही थी कि वह मातृ-विहीन हो गई। बाल्यावस्था से नानी ने उसे पाल-पोसकर बड़ा किया था। कवि के साथ-साथ वह भी जीवन के थपेड़े सहती रही। कान्यकुब्ज समाज की रूढ़ियों की परवाह न करते हुए निराला जी ने पंडित शिवशेखर द्विवेदी से उसका विवाह किया। इसके बाद भयानक बीमारी में उसका देहान्त हुआ। उस समय निराला जी 'सुधा' के प्रूफ-संशोधन से लेकर सम्पादन तक के सभी कार्य करते थे। मासिक वेतन 50 रु. मिलता था। कविताएँ छापना संचालकजी कवि पर अपार अनुग्रह करना समझते थे। 'मैंने निराला को बनाया', सभा-समाज में उनका यह दावा था। 'तुलसीदास' कविता छपने पर उन्होंने यह शिकायत भी की कि 'सुधा' की बिक्री कम हो गई। मुझे याद है, 'वनबेला' पर निराला जी को पारिश्रमिक मिला था लेकिन तब तक सरोज का दु:खान्त नाटक समाप्त हो चुका था। 'सरोज-स्मृति' की हर पंक्ति में यह भाव बोलता है कि मैं पुत्री के लिए कुछ न कर सका।

निराला जी सरोज को गाँव भेज चुके थे। जीवन के और सब कार्य करते हुए भी उनका चित्त उद्विग्न बना रहता था। एक दिन नीचे से पोस्टकार्ड उठाकर ऊपर वापस आए और इतना ही कहा : "सरोज नहीं रही।" दु:ख से उनका चेहरा स्याह पड़ गया था। उसे सहन करने के प्रयास में वे कुछ देर तक कमरे में टहलते रहे; उसके बाद अचानक घर से निकल कर घूमने चले गए। दो दिन तक सरोज की कोई चर्चा नहीं हुई। इस बीच उनका चित्त कुछ स्थिर हुआ। कविता में उस समय

का दु:ख ही नहीं, एक आलम्बन पाकर सोलह साल पहले की समस्त वेदना उमड़ आई। इस कविता में निराला जी ने चार पंक्तियाँ ऐसी सच्ची लिखी हैं जिनमें उनका सारा जीवन केन्द्रित हो गया है। उनका एक रूप उद्धत और उत्साही वीर का है, जो दारुण मार्ग में नियति को भी चुनौती देता है :

खंडित करने को भाग्य-अंक
देवा भविष्य के प्रति अशंक।

ये पंक्तियाँ हिन्दी में निराला जी ही लिख सकते थे और भविष्य के प्रति अशंक होकर देखना उन्हीं को शोभा देता है। परन्तु वह भाग्य-अंक खंडित नहीं कर पाए। इसलिए कविता के अन्त में, उस उदात्त गर्जन के बाद उनका दु:ख-जर्जर हृदय बोल उठता है :

दु:ख ही जीवन की कथा रही
क्या कहूँ आज, जो नहीं कही।

सन् '34 से '38 तक उन्होंने अनेक रचनाएँ ऐसी की हैं, जिनमें एक ओर भाग्य के अंक खंडित करने का प्रण है तो दूसरी ओर जीवन की अनकही कथा अपने-आप फूट निकलती है।

'सरोज-स्मृति' का अन्त 'राम की शक्ति-पूजा' के आशावाद से नहीं होता। निराला मस्तक झुकाकर अपने कर्म पर वज्रपात सहने के लिए तत्पर होते हैं। शीत से भ्रष्ट होते हुए शतदल के समान वह अपने विफल कार्यों से कन्या का तर्पण करते हैं। यथार्थ जीवन की यह एक नई और कटु अनुभूति थी जो निराला हिन्दी को दे रहे थे। यह एक ऐसा महानाटक था जो पाठक के हृदय में अपार करुणा और सहानुभूति की सृष्टि करता है।

उन्नीस वर्ष पार करने पर कन्या पिता से विदा लेकर जीवन-सिन्धु पार कर गई। पिता अक्षम था, मानो यही सोचकर उसे मार्ग दिखाने के लिए उसने पहले ही प्रयाण किया था। शुक्ल पक्ष की प्रथमा श्रावण का स्तब्ध अन्धकार पार कर गई। पिता को बारम्बार यह स्मृति कचोटती है : "कुछ भी तेरे हित न कर सका।" धन कमाने का उपाय तो समझा लेकिन दीन के मुँह से कौर न छीन सकने के कारण स्वार्थ की लड़ाई में हमेशा परास्त हुआ। इस पराजय को हिन्दी का रत्नहार समझकर उसने गर्व से धारण किया। साहित्यिक जीवन के आरम्भ में उसकी व्यस्तता व्यर्थ जान पड़ती थी। पत्रिकाओं से लौटी हुई रचनाएँ लेकर वह एकान्त में सम्पादकों के गुण गाया करता था। कुंडली में दो शुभ विवाह लिखे थे लेकिन कन्या की ओर देखकर उसने ग्रहों को असिद्ध करने का निश्चय किया। उसने कुंडली के टुकड़े-टुकड़े कर दिये और कन्या उनसे खेलने लगी। वयस्क होने

पर विवाह के लिए प्रस्ताव आने लगे परन्तु कान्यकुब्ज शिव से गिरजा विवाह न करने का उसने निश्चय किया था। बरात बुलाये बिना साहित्यिकों के समाज में सरोज पर कलश का शुभ जल पड़ा। सरोज ने स्वर्गीया माता का रूप ग्रहण किया। मातृहीन बालिका को माँ की कुछ शिक्षा पिता ने दी और स्वयं उसकी पुष्प-सेज रची। जिस नानी की स्नेह-गोद में वह सवा साल से पली और बढ़ी थी, उसी की गोद में उसे अन्तिम शरण मिली।

इस प्रकार सरोज की जीवन-गाथा स्वयं कवि की दु:ख-गाथा बन जाती है। साहित्यिक जीवन में वापस की हुई रचनाओं से निराशा, आगे चलकर अर्थोपार्जन न कर पाने से निराशा, और अन्त में रुग्ण कन्या की परिचर्या न कर पाने से निराशा, वह इस कविता की भाव-भूमि है। इसमें निराला का व्यक्तित्व उद्धत, पराजित फिर भी संघर्षरत दिखाई पड़ता है। अन्त में कवि ने स्पष्ट शब्दों में यह नहीं कहा कि कन्या की परिचर्या के लिए अर्थाभाव रहा। वहाँ तक पहुँचते-पहुँचते मानो लेखनी जवाब दे जाती है। वह सहसा कविता को समाप्त कर देता है। जो कहा और अनकहा रह गया, दोनों से इस कविता में ऐसा तिक्त और यथार्थ सत्य अंकित किया गया है कि व्यक्तिगत जीवन-सम्बन्धी रचनाओं में वह रचना सहज ही ऊँचे-से-ऊँचा स्थान प्राप्त कर लेती है।

आत्मनिवेदन के लिए निराला जी ने मातृ-रूप की कल्पना की। मातृवियोग ने कविता में भव्य रूप धारण किया। इस कल्पित माता से वे शक्ति के लिए प्रार्थना करते और उससे अपना दु:ख भी निवेदन करते। अपने मनुष्य-जीवन के समस्त स्वार्थ वे उसके चरणों पर बलि करते हैं। वे उससे प्रार्थना करते हैं कि जीवन के रथ पर चढ़कर मृत्यु-पथ पर बढ़ें और महाकाल के तीक्ष्ण शरों को सह सकें। वह उन्हें इसकी क्षमता दे। माता की अश्रुसिक्त मूर्ति हृदय में विराजती रहे। भले ही बाधाएँ आएँ लेकिन यह शरीर क्लेद-युक्त है। उसे देकर ही वे वन्दिनी माँ को मुक्त करेंगे।

जीर्ण-शीर्ण प्राचीन को वह भस्म कर देंगी। निर्जीव शरीर का धारण करना व्यर्थ है। भारत का कल्याण तभी होगा जब यह महाशक्ति यहाँ के निवासियों के रूप में अवतरित होगी। कभी कवि सोचता है : जीवन में कुछ न हुआ, न हो। अगर संसार धोखा है तो इसमें रोना क्या! छाया की तरह नीला आसमान दिखाई देता है। मनुष्य घटता-बढ़ता आता-जाता रहता है। वह चलता है, थकता है, रुककर बकवास करता है, लेकिन दुनिया ही कमजोर है, तो वह क्या कर सकता है? यदि कहीं प्रकाश हो तो उसे दीप्त करने का प्रयास व्यर्थ होगा। फिर कहता है कि समर्थ होकर मनुष्य किनारे बैठा हुआ लहरें क्यों गिन रहा है? जिस जल के भीतर बाड़व-वह्नि जल रही है, उसे पार करके न जाने कितने लोगों ने अर्थ प्राप्त किया, तब कवि ही क्यों असफल होगा? महाशक्ति से प्रार्थना करता है : संसार में तृष्णा की विषाग्नि बुझे

और भाषा में अमृत के निर्झर फूटें। कवि के स्वर पृथ्वी से उठें और आकाश पर छा जाएँ। परस्पर कर्षण से जो द्वंद्व मचा हुआ है, वह मिट जाए और क्षुद्रता तोड़कर लोग अपना विश्व-परिचय पहचानें।

महाशक्ति की वंदना का अर्थ है, मृत्यु को वरण करना। वही जीवन के दु:ख दूर कर सकती है। महाशक्ति के चरणों से रंजित मृत्यु को वरण करने की वह प्रार्थना करता है। उसके हृदय में अपमान की अग्नि प्रज्वलित रहे और इसी प्रेरणा से वह जीवन के प्रलोभनों को ठुकरा दे। शक्ति के सिन्धु में लहरें उठ रही हैं। वह प्रतिज्ञा करता है कि समीर की भाँति वह उन्हें पार करेगा। कभी उसे मालूम होता है कि लांछना और अपमान का अन्त हो गया है और विघ्न-बाधाओं को पार करके वह सफलता प्राप्त कर चुका है। वह मातृ-मूर्ति से कहता है : मैं रात में अँधेरा पार करके तुम्हारे द्वार पर आ पहुँचा हूँ। रास्ते में पत्थर लगे। लेकिन वे फूल जैसे जान पड़े। उपल खिलकर मानो उत्पल बन गए। शरीर अवसन्न हो गया, फिर भी वर की प्राप्ति से कवि प्रसन्न हो गया है। शत्रुओं का स्मरण करके वह उनका उपहास करता है, यह तेज-हत निशाचर, वन्य, भीरु और मलिन मन क्या समझेंगे कि कवि ने कौन-सा वर प्राप्त किया है। वह अमर पदों को गह कर प्रभात धन पा गया है।

प्रात:काल किरण नीले आसमान पर सहस्त्रों रूप धारण करती है और संसार में आकर उसे रंगीन बनाती है। रात्रि के समय वही शरत्चन्द्र की किरण बन जाती है। कवि का हृदय उस मुँदे हुए कमल के समान है जिस पर आँसू जैसी ओस की बूँदें ढुलक रही हैं। कवि चाहता है कि उसकी दु:ख-रात्रि में वही किरण स्वप्न की जागृति बनकर उसके नेत्रों में शयन करे। अन्य गीतों में इस दु:ख की रात्रि की बात है। एक गीत में वह प्रश्न करते हैं : "कौन तम के पार रे, कह?" इसका उत्तर भी यही है कि अन्धकार के आगे कुछ नहीं। जो जड़ है, वही प्रवाहपूर्ण जल का रूप धारण करता है। आकाश तत्त्व ही धन की धारा बनकर गतिशील संसार बनाता है। इसी तत्त्व से गन्ध गुण की सृष्टि होती है। आनन्द का भौंरा लहर-रूपी बालों और कमल-रूपी मुख पर गूँजता है। यह परिवर्तनशील प्रकृति का रूपक है जो जल होने पर भी आनन्द से सम्बद्ध है। फिर कवि पूछता है कि अन्धकार को भेदकर जो सूर्य-रूपी नेत्र खुलता है, वह निशा-प्रेयसी के हृदय पर जब मुँद जाता है तब वह सार-तत्त्व पाता है या असार बन जाता है। संसार में आतप ही जल बनकर बरसता है; कलुष से ही कमल सुहृत बनते हैं; जो अशिव और उपलाकार है, वही नीहार के रूप में मंगलमय होकर द्रवित होता है। तब इस जड़ प्रकृति के परे क्या है? इस गीत में निराला जी ने ज्ञानजन्य सृष्टि के सिद्धान्त को अस्वीकार किया है। मनुष्य का ज्ञान, उसकी चेतना, उसका आनन्द जड़ प्रकृति के विकास से ही सम्भव हुए हैं। प्रकृति में गुणात्मक परिवर्तन होते हैं, आतप जल बन जाता

है, उपल द्रवित नीहार बनता है; इसी प्रकार एक गुणात्मक परिवर्तन से चेतना और आनन्द की भी सृष्टि हुई है। इसका कारण बताने के लिए प्रकृति से परे किसी दैवी सत्ता की कल्पना करना आवश्यक नहीं है।

दिन-पर-दिन निराला की रचनाओं में यह भावना दृढ़ होती दिखाई देती है कि पृथ्वी का यथार्थ सत्य ही नहीं है, वह आकाश की कल्पना से सुन्दर भी है। इस भाव को उन्होंने 'वनबेला' और 'नरगिस' में बड़ी अच्छी तरह व्यक्त किया है। 'वनबेला' के आरम्भ में उन्होंने पृथ्वी और सूर्य के प्रणय-व्यापार का वर्णन किया है। ग्रीष्म के ताप ने पृथ्वी को सर्वस्व दान कर दिया है। प्रस्वेद, कम्प, नि:श्वास, इनकी परिणति लू में हुई है। संध्या के समय पीताभ, अग्निमय, निर्धूम दिगन्त का प्रसार प्रलयकाल का दृश्य उपस्थित करता है। ऐसा लगता है कि समस्त विश्व जल गया है; भूल में देश अदृश्य हो गया है। कवि विरक्त और घाम से पीड़ित होकर नदी के किनारे विचार करता चला जा रहा है :

हो गया व्यर्थ जीवन
मैं रण में गया हार।

पराजय का भाव लेकर वह एक जगह आकर चुपचाप बैठ जाता है। वह राजपुत्रों की बात सोचता है, जो बड़े-बड़े विद्वानों को अपना अनुचर बना लेते हैं। वह उन धनी युवकों की बात सोचता है जो समुद्र पार से शिक्षा पाकर देश में राष्ट्रपति चुने जाते हैं और जिनकी प्रशंसा में पैसे में दस गीत रचकर लोग गर्दभ-मर्दन स्वर में उन्हें गाकर बेचते फिरते हैं। साहित्य सम्मेलन में भी तब धाक जम जाती है। उधर सांध्य नभ का मस्तक तप कर रक्ताभ हो गया था; इधर कवि के मस्तक की भी कुछ ऐसी ही दशा थी। तभी आँखें खोलकर उसने देखा कि प्रेयसी के अलकों से आती हुई गंध की तरह बेला की खुशबू उसे तृप्त कर रही है। जीवन का समस्त ताप और त्रास अपने मस्तक पर लेकर मानो अतल की साँस ऊपर उठी थी, मानो कर्म-जीवन के दुस्तर क्लेश भेद कर सुन्दर सिद्धि ऊपर उठी हो, अथवा क्षीर-सागर पार करके सिक्त-तन-केश अप्सरा ही बहुजन दर्शन से चकित होकर लहरों पर खड़ी हो। वह वन के गीत की तरह खिली हुई है। ताप प्रखर होने पर अपने लघु प्याले में अतल की शीतलता भरकर कवि को सुगन्ध का सुरापान कराती है। कवि उसके समीप पहुँचता है। फिर :

झुक झुक, तन तन, फिर झूम झूम हँस हँस, झकोर,
चिर परिचित चितवन डाल, सहज मुखड़ा मरोर।

बेला कवि के पराजय और ईर्ष्या के भावों की ओर संकेत करके उससे दूर ही रहने को कहती है। कवि अपने स्पर्श को अपवित्र समझकर रुक जाता है। उस

अग्नि-शिखा को देखकर वह सोचता है : कहीं कविता में भी ऐसे दुग्ध जैसे धवल दल खुलते। बेला उसे सुझाती है, आपा खोकर उसने जीवन का खेल खेला है। जीवन का मेला दिखाऊ वस्तुओं से ही चमकता है। इस तड़क-भड़क में आत्मा की निधि पत्थर बन जाती है। इसीलिए नगर में एक बड़ा है तो उसके बड़प्पन की रक्षा करने के लिए शेष सभी छोटे हैं। कवि सामाजिक विषमता से उत्पन्न होने वाली अपनी ग्लानि भूल जाता है। वह दो पंक्तियों में बेला के जीवन की सार्थकता व्यक्त कर देता है :

नाचती वृन्त पर तुम, ऊपर
होता है जब उपल प्रहार प्रखर!

बेला की यही सार्थकता कवि के जीवन में उसकी कविता बन जाती है।

'नरगिस' में यह ईर्ष्या भाव तिरोहित हो गया है। नरगिस के पार्थिव सौन्दर्य ने उसे अभिभूत कर लिया है। छोटे-बड़े के भाव उठते ही नहीं। हृदय में गंगातट की निर्जन शान्ति और नरगिस का सौन्दर्य छा गया। शीतकाल बीत चुका था और पश्चिम में वैभव का दीर्घ दिन अस्त हो चुका था। तारक प्रदीप लिये हुए संध्या प्रिय की समाधि की ओर चली गई है। नीड़ों में पक्षियों का स्वर भी बन्द हो गया है। केवल बीते हुए गौरव के समान गंगा का शब्द निरन्तर सुनाई पड़ता है। चैत का कृष्ण पक्ष है, तृतीया की ज्योत्स्ना पृथ्वी पर ऐसे उतरी है, जैसे नन्दनवन की अप्सरा पूर्वी को निर्जन समझकर रात्रि के समय गंगा-स्नान करने आई हो! तट पर बैठा हुआ कवि विश्व का सघन तारतम्य देख रहा था। वह सोचता था कि तत्त्व सूक्ष्मतम होता हुआ ऊपर को चला गया है और लोगों ने मान लिया है कि पृथ्वी से स्वर्ग बड़ा है। ज्योत्स्ना स्वर्ग की श्रेष्ठ सृष्टि के सामने सशरीर खड़ी है।

युवती धरा का यह वसंतकाल था; हरे-भरे स्तनों पर कलियों की माला पड़ी थी। पवन पृथ्वी की सुरभि से दिक्कुमारियों को प्रसन्न कर रहा था। ऐसा लगता था कि पृथ्वी और स्वर्ग में होड़ हो रही है। तभी कवि ने देखा कि प्रणय के एकटक नयन जैसी नरगिस खिली हुई है। वह कहती है : स्वर्ग से आने से ही क्या ज्योत्स्ना अधिक सुन्दर हो गई? वह स्वयं अन्धकार को पार कर प्रकाश में आई है; क्या उसने स्वर्ग नहीं प्राप्त कर लिया? पृथ्वी स्वर्ग पर चढ़े तो उसकी अधिक शोभा है या उस स्वर्ग की, जो नीचे पृथ्वी पर उतर आए? हवा बही और नरगिस की सुगन्ध कवि के प्राणों में छा गई। यही स्वर्ग है, यह कहकर उसने आनन्द से नेत्र बन्द कर लिये। भौतिक रूप पर इससे अच्छा और किसी छायावादी कवि ने नहीं कहा :

स्वर्ग झुक आये यदि धरा पर तो सुन्दर
या कि यदि धरा चढ़े स्वर्ग पर तो सुघर?

बही हवा नरगिस की, मंद छा गई सुगन्ध,
धन्य, स्वर्ग यही, कह किये मैंने दृग बन्द।

इन कविताओं में महाकाव्य के गुण हैं। इनमें वह उदात्त भावना है जिसे अंग्रेजी में 'एपिक क्वालिटी' कहते हैं। इनका नायक वास्तव में धीरोदात्त है, परन्तु उसके नायकत्व की परिणति रसराज में नहीं होती। वह दु:ख की कालिमा से घिरा हुआ है, जलती-बुझती प्रकाश की लौ अपराजित रहती है। ग्रीक नाटकों के हीरो की तरह वह हमारे हृदय में संवेदना का संचार करता है; संघर्ष की भयानकता दिखाकर वह विषाद, भय, कुतूहल के भावों को जाग्रत करता है। भावों के अनुरूप कवि की ओजपूर्ण शैली है, जिसके लिए मैथ्यू आरनौल्ड ने 'ग्रैंड स्टाइल' शब्दों का प्रयोग किया था। भाषा और छंद पर ऐसा अधिकार निराला में भी कम मिलता है। छायावाद ने हिन्दी कविता को गीतात्मक बनाया था। रीतिकाल की रूढ़िग्रस्त तटस्थता से हटकर उसने अपने व्यक्तित्व को मुखर किया था। गीतिकाव्य में नई भावुकता, नया अपनपौ, पाठक से नया परिचय स्थापित किया गया। निराला के गीतों और मुक्तकों में आत्म-निवेदन के साथ नाटकीयता भी है। वह अपने प्रति तटस्थ होकर अपनी अनुभूतियों का चित्रण कर सकता है। आत्मीयता और नाटकीयता का यह सम्मिश्रण अद्भुत है।

'सरोज-स्मृति', 'राम की शक्ति-पूजा', 'वनबेला' आदि रचनाओं के चित्र और अलंकार छायावाद के ही हैं परन्तु उनकी व्यंजना नवीन है। उदाहरण के लिए प्रभात और कमल को लेकर छायावादियों ने ही नहीं, भारत की पूरी कवि-परपरा ने रूपक बाँधे हैं। लेकिन 'तुलसीदास' में सांस्कृतिक सूर्य के अस्त से आरम्भ करके जिस प्रकार 'प्राची दिगन्त उर में पुष्कल रवि रेखा' से कविता का अन्त किया गया है, यह निबाह अनूठा है। छायावाद के प्रतीकों को यह अनुभूति पहले न मिली थी जो उन्हें ऐसा प्रभावशाली बनाती। निराला ने उन्हें अपनी अनुभूति से नया जीवन दिया और इसीलिए उनमें ऐसी पूर्णता है। एक ओर उनमें छायावादी अलंकरण-सौन्दर्य अपने चरम-विकास को प्राप्त हुआ है तो दूसरी ओर उनमें एक दूसरे युग के आविर्भाव की झलक है। 'सरोज-स्मृति में' कवि ने संकेत किया था कि दीन-दुखियों का अन्न छीनकर वह स्वार्थ-समर में विजयी नहीं होना चाहता था। उसके लिए स्वाभाविक था कि अपनी वेदना के चित्रण के बाद इस स्वार्थ-समर का भी वर्णन करे, जिसके कारण इन दुखियों की दशा सुधरने के बदले दिन-पर-दिन और गिरती जाती है। उसने ग़ालिब की मस्ती और उसके दर्द का परिचय दिया था। उसने नाटकीय सेटिंग में वीर नायकों का चित्रण किया था। अब उसके लिए आवश्यक था कि मैक्सिम गोर्की की तरह जनसाधारण का भी चित्रण करे। सन् '33-'34 में हिन्दी में एक नये आन्दोलन का सूत्रपात हो रहा था। छायावाद

की परिणति जिस निराशावाद में हो चुकी थी, उसके बाद यह अवश्यम्भावी था। चोटी के कलाकारों में प्रेमचन्द के बाद निराला का ध्यान सबसे पहले इस ओर गया। निराला जी ने गोर्की का अध्ययन किया और अपनी कला को एक नया रूप दिया। 'कुल्ली भाट' में गोर्की का उल्लेख भी है। उनके हृदय में समाज के निम्न वर्ग के प्रति पहले से ही जो सहानुभूति थी, वह गोर्की से एक नया संकेत पाकर उनकी कला को एक नया रूप देने लगी। हिन्दी साहित्य में 'देवी' और 'चतुरी चमार' का यह महत्त्व है कि जब सुधारवाद का भरम बना हुआ था, तब निराला ने यथार्थ जीवन के चित्र देकर हिन्दी पाठकों को झकझोर दिया। सन् '33 में इन रचनाओं की सृष्टि यह सिद्ध करती है कि हिन्दी के साहित्य को एक नई दिशा की ओर गति देना ऐतिहासिक आवश्यकता थी। एक युग की भूमि पार करके निराला उसकी सीमा तक पहुँच गए थे, अब दूसरे युग की भूमि पर कदम उठाना जरूरी था। निराला ने यह कदम उठाया।

10

कथा-साहित्य में नई प्रवृत्तियाँ

कोई भी जागरूक कलाकार यश की जागीर पाकर संतोष की साँस नहीं ले सकता। निराला जी ने यथेष्ट यश उपार्जित किया था लेकिन कलाकार का उत्तरदायित्व समाज के प्रति भी है। प्रसिद्धि पाकर वह अपनी सतर्कता छोड़ दे, समाज के परिवर्तन न देखे, मन में बनी हुई रूढ़ियों के बाहर चलने का कष्ट न करे तो वह समाज-हितैषी साहित्य का सृजन नहीं कर सकता। छोटी पूँजी के साहूकार की तरह साहित्यकारों को भी नई दिशा में बड़ा कदम उठाने से डर लगता है। वे सोचते हैं, इस ढर्रे पर चलते-चलते ही तो हम साहित्यिक बने हैं, समाज में यश और गौरव मिला है; इसे छोड़ने पर नये अपरिचित क्षेत्र में एकबारगी सफलता मिल भी नहीं सकती। इसलिए जिस राह पर चलते आए हैं, उसी राह पर अन्त तक चलते जाएँगे। अपने उत्तरदायित्व को पहचानने वाला कलाकार इस तरह एक ही लीक में बँधकर कभी नहीं रह सकता। ऐसे उत्तरदायी कलाकारों की भाँति निराला ने भी यही कार्य किया।

'भक्त और भगवान' में हम देख चुके हैं कि इष्टदेव में पूर्ण श्रद्धा होते हुए भी प्रजा की समस्या हल नहीं होती। उस कहानी में उस रियासत का जिक्र है जहाँ स्वामी प्रेमानन्द पधारे थे। एक दूसरे रेखाचित्र में रियासती जीवन का एक दूसरा पहलू दिखाया गया है। राजधानी का नाम पद्मदल है। वहाँ पर एक चौड़ी नहर है जिस पर छोटे स्टीमर, बोट और बजरे चलते हैं। राजा साहब नाव की सैर के लिए निकलते हैं। पहली ड्योढ़ी में आने पर राजा साहब के मुसाहिब कतार बाँधकर प्रणाम करते हैं। सिपाही किर्चे निकालकर उन्हें सलामी देते हैं। तीसरी ड्योढ़ी के बाद पुल के ऊपर से वे खाई पार करते हैं। घाट पर पहुँचते ही मुसलमान नौकर और माँझी सलाम करते हैं। राजा साहब एक नाव पर पतवार पकड़कर बैठते हैं। पहलवान मुसाहब डाँड सँभालते हैं, सिपाही और अर्दली लाँग समेटकर बोट के साथ-साथ नहर के किनारे दौड़ चलते हैं। आगे शक्तिपुर नाम का एक गाँव है। यहाँ विश्वम्भर भट्टाचार्य राजा साहब की प्रतीक्षा में खड़ा है। नाव के नजदीक आते ही राजा साहब का ध्यान आकर्षित करने के लिए वह

विचित्र प्रकार का शब्द करता है। राजा साहब के मुखातिब होने पर "उसने हवा में उँगली से लिखकर राजा साहब की ओर कोंचा, फिर पेट खलाकर दोनों हाथों मरोड़ा, फिर दाहिने हाथ से मुँह थपथपाया, फिर दोनों हाथों के ठेंगे हिलाकर राजा साहब को दिखाया।" सिपाही पीछे रह गए थे। पास आने पर राजा साहब का इशारा पाकर उसे पीटने लगे। उसकी दोनों हथेली और उँगलियाँ कुचल डालीं। गाँव भर के लोग आकर विश्वम्भर को उठाकर ले गए और हल्दी-चूना लगाने लगे। विश्वम्भर भी भक्त है। विशालाक्षी देवी के मन्दिर में तीन पाव चावल और चार केले प्रतिदिन और तीन रुपया मासिक पर पुजारीगीरी करता है। घर में पाँच आदमी खाने वाले हैं और बीस महीने से वेतन नहीं मिला। तनख्वाह के लिए दर्जनों दरखासें लगाईं लेकिन सुनवाई न हुई। अब उसने हवा में लिखकर बताया, अर्जी भेज चुका हूँ। पेट मलकर बताया कि भूखों मर रहा हूँ और ठेंगे हिलाकर समझाया कि खाने को कुछ नहीं है। जासूसों ने राजा साहब को समझाया कि इस गाँव के बागी विश्वम्भर से मिले हैं और उन्होंने जानबूझकर राजा साहब का अपमान कराया है। अभी उसके घाव पूर रहे थे कि उसे आज्ञापत्र मिला : तुम नौकरी से बरखास्त कर दिये गए।

यह एक छोटी-सी घटना है। रियासतों के पाशविक अत्याचार की बड़ी तेज झलक यहाँ दिखाई देती है। असंगठित जनता में जो भी रोटी के लिए फरियाद करता है, उसे फौरन कुचल दिया जाता है। अधिक देना तो दूर, जो आधी रोटी उसे मिलती है, वह भी छीन ली जाती है। इस रेखाचित्र के शुरू में निराला जी ने उस आलोचना का जिक्र किया है, जिसमें सरल और सुबोध साहित्य की माँग की गई थी। उसके पहले वाक्य से ही मालूम होता है कि उस आलोचना का असर उन पर पड़ रहा है। उन्होंने यह भी बता दिया कि यह घटना किताबों से नहीं ली गई वरन् उनकी आँखों देखी हुई है। उन्होंने लिखा है : "लोग कहते हैं, ऐसा लिखा जाए कि एक मतलब हो, उसी वक्त समझ में आ जाए, अपढ़ लोग भी समझें। बात बहुत सीधी हो। मुझे एक उदाहरण याद आया। लिखता हूँ। यह लिखा हुआ उद्धृत नहीं, देखा हुआ है।"

लेखक ने प्रयास किया कि उसकी भाषा सरल हो और बात ऐसी हो कि सबकी समझ में आ जाए। आँखों-देखी घटनाओं को लेकर उसने और भी कहानियाँ और रेखाचित्र लिखे।

'देवी' कहानी में निराला ने अपने ऊपर ही व्यंग्य किया है। श्रीमतीजी को लेकर बँगला और हिन्दी के बहुत-से लेखकों ने अपने ऊपर मजाक किया है। लेकिन 'देवी' का व्यंग्य एक पूरे आन्दोलन पर है, यह व्यंग्य छायावादी कवि के बड़प्पन पर है जो विराट् की पुकार करता हुआ साधारण जनों की महत्ता भूल जाता है। 'देवी' एक अति साधारण पगली स्त्री है। उसमें मातृत्व की भावना अभी

जाग्रत है। इसके आगे कवि का अहंकार क्षुद्र मालूम होता है। पगली का जीवन कवि पर ही नहीं, समाज के नेताओं, उसके संचालकों, उसकी संस्कृति, कला और साहित्य—सभी पर एक तीखा व्यंग्य बन जाता है।

कहा है कि ब्रह्मा नाभि के समान संसार को बनाता है और फिर उसे अपने में समेट लेता है। निराला जी ने मानो उसी की पैरोडी करते हुए लिखा है : "बारह साल तक मकड़े की तरह शब्दों का जाल बुनता हुआ मैं मक्खियाँ मारता रहा।" इस चक्रव्यूह से साहित्य की रक्षा तो न हुई, उलटे फँसने के डर से लोग दूर होते गए। फाकेमस्ती में कवि ने परियों के ख्वाब देखे। उसकी समझ में परियों के ख्वाब देखना ही साहित्य को ऊँचा उठाना था। दूसरे मित्र सांसारिक उन्नति करते गए और कवि की सनक पर राह चलते हँसते रहे। लोगों ने कविता को खुराफात बताया लेकिन उसने उसे न छोड़ा। तब क्या वह रतिशास्त्र और वनिता-विनोद या सीता, सावित्री और दमयन्ती की कहानियाँ लिखता? प्रचलित संस्कृति तो यही है कि चौरासी आसन बगल में दबाकर पत्नी को सीता और सावित्री भेंट की जाए। बड़प्पन के बिना तारीफ नहीं होती। राजा या ब्राह्मण होने पर भी राजर्षि और ब्रह्मर्षि होने की गुंजाइश है। वैश्यों और शूद्रों में कोई ऋषि नहीं हुआ। बड़े लोगों ने बड़प्पन का जो चक्रव्यूह बनाया है, वह मकड़े के जाल से कहीं अधिक भयंकर है। परियों के ख्वाब देखने और रतिशास्त्र लिखने के अलावा इस चक्रव्यूह पर भी साहित्य रचा जा सकता है। निराला ने एक ओर इस सामाजिक बड़प्पन की तसवीर दी है तो अग्रभाग में पगली का छुटपन दिखाया है। इस तुलना से सामाजिक विषमता से खरी परख हो जाती है।

वह कहते हैं : "बात यह है कि बड़प्पन चाहिए। बड़ा राज्य, बड़ा ऐश्वर्य, बड़े पोथे, तोप-तलवार, गोले-बारूद, बन्दूक-किर्च, रेल-तार, जंगी जहाज, टार्पेडो, माइन्स, सबमॅरीन, गैस, पलटन, पुलिस, अट्टालिका, उपवन आदि-आदि सब बड़े-बड़े—इतने कि वहाँ तक आँख नहीं फैलती इसलिए कि छोटे समझें कि वे कितने छोटे हैं।" इस वाक्य के साथ पंत जी के पूर्वी-पश्चिमी गोलार्द्धों वाले वाक्य का स्मरण कीजिए जिसमें कवि ने वामन की तरह सारी पृथ्वी नाप लेने की आकांक्षा प्रकट की है। निराला जी ने भी अनेक निबन्धों में विराट् चित्रों की माँग की थी। यह वाक्य मानो उन विराट् चित्रों की पैरोडी है।

कवि ने जितना ही संसार के बड़प्पन के बारे में सोचा, उतना ही उसके अपने बड़प्पन का भाव भी बढ़ता गया। सुरसा की तरह संसार का बड़प्पन अगर उसे लील जाना चाहता था, तो महावीर की तरह उसका अहंकार भी बढ़ता गया। "बड़े होने के खयाल से ही मेरी नसें तन गईं, और नाममात्र के अद्भुत प्रभाव से मैं उठकर रीढ़ सीधी कर बैठ गया।" लेकिन तभी उसकी नजर रास्ते के किनारे बैठी हुई पगली पर पड़ी। तुरन्त ही अहंकार ने मसक-रूप धारण कर लिया।

पगली के बाल कटे हुए थे। ताज्जुब की निगाह से वह आने-जाने वालों को देखती थी। उमर पच्चीस साल से भी कम होगी। दोनों स्तन खुले हुए थे। प्रकृति की मारों से लड़ती हुई मुरझा गई थी। पास में डेढ़ साल का बच्चा था। संसार की स्त्रियों जैसी एक भी भावना उसमें नहीं थी। "उसे देखते ही मेरे बड़प्पन वाले भाव उसी में समा गए और फिर वही छुटपन सवार हो गया।"

होटल के नौकर संगमलाल ने बताया कि पगली होटल की बची हुई रोटियों से पेट पालती है। पगली के बारे में पूछताछ को मजाक समझकर वह चलता हुआ। लेकिन कवि सोचने लगा : मान लो, मैं बड़ा हो भी गया तो इस स्त्री का क्या होगा? साहित्यकार का बड़प्पन समाज के इन अभागों की किस्मत नहीं पलट सकता। पेड़ की छाँह या खुले बरामदे में वह लू के थपेड़े सहती है। "मुमकिन है कि इसके बच्चे की हँसी उस समय इसे ठंडक पहुँचाती हो।" हाँ, उसे अभी इतना ज्ञान है कि प्रकृति के कठोर ताप और बच्चे की मुस्कान की कोमलता को वह समझ सके। कवि को नेपोलियन की याद आती है। वह सोचता है : क्या वह इससे भी बड़ा वीर था? क्या उसने भी इसी तरह निराश्रित और निस्सहाय होकर प्रकृति की मारें सही थीं?

कवि फिर परियों के ख्वाब देखता है लेकिन इस बार ये परियाँ स्वर्ग की नहीं। वह जिन्दगी और मौत की लड़ाई में देखता है कि पगली के भीतर की परी इस दुनिया से दूर उड़ जाने की तैयारी कर रही है। उसकी भावभंगिमा देखकर रवीन्द्रनाथ का अभिनय भी फीका लगा। उस गूँगी के भावों को व्यक्त करने के लिए कवि की भाषा ही गूँगी बन जाती है। "यहाँ माँ-बेटे के मनोभाव कितनी सूक्ष्म व्यंजना से संचरित होते थे, क्या लिखें? डेढ़-दो साल के कमजोर बच्चे को माँ मूक भाषा सिखा रही थी—आप जानते हैं, वह गूँगी थी। बच्चा माँ को कुछ कहकर न पुकारता था। केवल एक नजर देखता था, जिसके भाव में वह माँ को क्या कहता था, आप समझिए; उसकी माँ समझती थी, तो क्या वह पागल और गूँगी थी?"

नहीं, वह पागल और गूँगी नहीं, देवी थी। पागल और गूँगा वह समाज था, जिसने इस तरह की देवियों को पथ की भिखारिन बना दिया था। सम्भव है, अपने बच्चे की तरह यह पगली भी रास्ते के किनारे ही पलकर बढ़ी हो! सम्भव है, उसका विवाह हुआ हो और गूँगेपन का पता लगने पर पति ने उसे निकाल दिया हो! शायद यह बच्चा किसी ख्वाहिशमन्द का सबूत हो! कुछ भी हो, उसकी इस हालत की जिम्मेदारी समाज पर है, इससे इनकार नहीं किया जा सकता। परियों के ख्वाब देखकर यह समाज क्या खाक आगे बढ़ेगा, जब उसकी देवियाँ इस तरह प्रकृति से लड़ती हुई लांछित और पीड़ित होकर मन, बुद्धि और देह—सभी कुछ नष्ट कर देंगी?

यह स्वाभाविक था कि कवि को महाशक्ति की याद आए जिसकी बाँह पर अपना सिर रखने का स्वप्न उसने देखा था। यदि शक्ति कहीं है तो यही है क्योंकि

उसने बड़े-बड़े लोगों का स्वप्न चूर कर दिया। बड़ी-बड़ी सभ्यता, बड़े-बड़े शिक्षालय चूर्ण हो गए। उसका बच्चा भारत का सच्चा रूप था।

एक रोज उसी रास्ते नेता का जुलूस निकला। पगली आश्चर्य से हजारों आदमियों की भीड़ देख रही थी। भौंहें सिकोड़े, मुँह फैलाये, आँखों पर जोर देकर वह इस भीड़ का मतलब समझने का प्रयत्न कर रही थी। कवि पूछता है : "क्या समझी, आप समझते हैं?" फिर उत्तर देता है : "भीड़ में उसका बच्चा कुचल गया और रो उठा।" नेता दस हजार की थैली लेकर जनता का उपकार करने चले गए।

एक दिन रामायणी समाज में रामायण का पाठ हुआ। मानस में स्नान करने के बाद भक्त-मंडली पगली के पास से निकली। किसी ने कहा : कर्म का दंड है; किसी ने कहा : स्वर्ग और नरक इसी संसार में है। तीसरे ने गोस्वामी जी की चौपाई पढ़ दी :

सकल पदारथ हैं जग माहीं।
कर्महीन नर पावत नाहीं।

धर्म ने राजनीति से अधिक उदारता नहीं दिखाई।

पगली की जाति क्या थी, उसका धरम क्या था, इसके बारे में लोगों को अब भी चिन्ता थी। संगमलाल ने बताया : यह हिन्दू थी, फिर मुसलमान हो गई। लेकिन उस रास्ते से जितने हिन्दू-मुसलमान निकलते, उन्हें देखने-दिखाने की ऐसी आदत पड़ गई थी कि वे तसवीर के अलावा भाव तक पहुँच ही न पाते थे।

एक दिन शहर में फौज का प्रदर्शन भी हुआ। कवि बरामदे में नंगे बदन खड़ा हुआ सिपाहियों को देख रहा था। बड़े बालों के कारण लोग पीठ पीछे मिस फैशन कहकर आवाजकशी करते थे। "मेरे ग्रीक कट, पाँच फुट साढ़े ग्यारह इंच लम्बे, जरूरत से ज्यादा चौड़े और चढ़े मोड़ों के कसरती बदन को देखकर किसी को आतंक नहीं हुआ।" पगली बैठी हुई सिपाहियों को देख रही थी। "सिपाही मिलिट्री ढंग से लेफ्ट-राइट, लेफ्ट-राइट दुरुस्त, दर्प से जितना ही पृथ्वी को दहलाते हुए चल रहे थे, पगली उतना ही उन्हें देख-देखकर हँस रही थी। गोरे गम्भीर हो जाते थे। मैंने सोचा, मेरा बदला इसने चुका लिया।" पगली ने गोरों से ही बदला नहीं चुकाया। राजनीति के नेता जिन्होंने निराला जी की कद्र नहीं की, रामायण का पाठ करने वाली ब्राह्मण-मंडली जो यज्ञोपवीत उतार फेंकने के कारण कवि की भर्त्सना करती थी, शिक्षा के केन्द्र जो डिग्री न होने से उन्हें अशिक्षित समझते—इन सभी से पगली ने बदला ले लिया।

पगली से जान-पहचान हुई। वह इनको अपना शरीर-रक्षक समझती थी और ये उसको अपना सम्मान-रक्षक। लड़के तंग करते थे तो पगली करुण दृष्टि से इनकी ओर देखने लगती थी। वह खुद भी पैसे देते थे, और मित्रों से भी दिला देते

थे। कुछ लोगों ने उड़ाया कि उसके पास बहुत बड़ी दौलत है जो उसने मिट्टी में गाड़कर रख छोड़ी है। एक मित्र मजाक में उससे दो रुपये माँगने लगे। दौलत की बात सुनकर पगली खूब हँसी और फिर कमर के तीन पैसे निकालकर उनके सामने बढ़ा दिये।

पानी बरसने पर बिस्तर उठाते-उठाते भीग जाता था। इसी तरह पगली को लू की मार भी सहनी पड़ती थी। पगली तपस्या तो करती थी लेकिन काम न करती थी। बैठे-बैठे हाथ-पैर जकड़ गए। पानी पीने के लिए सड़क पार करती थी तो उसे आधा घंटा लग जाता था। एक फर्लांग पर भी इक्का या ताँगा होता तो वह खड़ी रहती। उसकी नजर मानो कहती थी, क्या सड़क सिर्फ मोटर और ताँगों के लिए है? एक दिन उसका बच्चा बरामदे से नीचे गिर पड़ा। होटल के एक अमीर बोर्डर ने संगम से कहा कि वह पगली को ढूँढ़कर बुला दे। उसकी बात कवि के हृदय पर चाबुक जैसी लगी। उसने दौड़कर बच्चे को उठा लिया। मित्र ने सावधान भी किया कि बच्चा बहुत गन्दा है। बहुत दिन बाद कवि एक छोटा बच्चा लेकर गोद में खिलाने लगा। लिखा है : "उतनी चोट खाया हुआ बच्चा चुप हो गया। क्योंकि इतना आराम उसे कभी नहीं मिला। उसकी माँ इस तरह बच्चे को सुख के झूले में झुलाना नहीं जानती। जानती भी हो तो उसमें शक्ति नहीं... इसलिए वह चोट की पीड़ा को भूल गया, और सुख की गोद में पलकें मूँदकर बात की बात में सो गया।"

आसपास के मित्रों ने इस बात को बड़ा महत्त्व दिया। जो सो गए थे, उन्होंने दूसरों को जगा दिया, सिर्फ यह देखने के लिए कि हिन्दी का इतना बड़ा कलाकार इतने छोटे बच्चे को खिला रहा है।

जाड़े की रात में होटल के बाहर कूँ-कूँ की आवाज सुनाई दी। बाहर एक मामूली कम्बल-सा ओढ़े हुए बच्चे के साथ पगली फुटपाथ पर लेटी थी। जब दुनिया का ज्ञान रहता, तब वह हाड़ छेदने वाली सर्दी से कराह उठती। कवि को अपनी विवशता का ध्यान आया। उसने देखा लेकिन देखकर भी कुछ कर न सका। "जमीन पर एक फटी-पुरानी, ओस से भीगी कथरी बिछी है, ऊपर पतला कम्बल। ईश्वर ने मुझे देखने के लिए पैदा किया है। मेरे पास जो ओढ़ना है, वह मेरे लिए भी ऐसा नहीं, कि खुली जगह सो सकूँ।" कवि-सम्मेलन में लम्बी रकम माँगने का, टोपी से जूते तक सारी पोशाक बनवाने और दो महीने बाद गायब हो जाने का यही रहस्य है।

सड़े खाने की शिकायत करते हुए होटल के बहुत से बोर्डर निकल गए। होटल बन्द करने की नौबत आ गई। संगम ने भी दो महीने की बकाया तनख्वाह की शिकायत की और दस रुपये काटकर पहले उसे देने के लिए कवि से सिफारिश की। आश्वासन पाते ही उसके ओठों पर नवयुवतियों की आँखों को मात करने

वाली हँसी फैल गई। लेकिन मैनेजर साहब ने उसकी यह आशा पूरी न होने दी। पगली को डबल निमोनिया हो गया और बच्चे को अनाथालय भेज दिया गया। पगली ने बच्चे को पास रखने की बड़ी जिद की। एक दिन संगम ने फिर आकर खबर दी कि मैनेजर साहब रुपये लेकर भाग गए। पगली का मरना और मैनेजर का भागना, दोनों बातें एक ही साथ होती हैं। हत्या और लूट, दोनों का जान-बूझकर एक साथ चित्रण किया गया है। जाड़े के दिनों में किसी स्त्री को फुटपाथ पर सुलाना उसकी हत्या करना ही नहीं तो और क्या है? नौकरों के रुपये मारकर खुद बड़े आदमी बनना दुनिया को लूटना नहीं तो और क्या है? इस प्रकार निराला जी ने अपना यह रेखाचित्र—जिसका नये साहित्य के लिए वही महत्त्व है जो छायावादी कविता में 'जुही की कली' का—समाप्त किया है।

रोमांटिक कवि हास्य और व्यंग्य के लिए शायद ही कहीं विख्यात हुए हों। शेली ने 'मास्क ऑव एनार्की' नाम की कविता में इंग्लैंड के शासक वर्ग पर तीव्र व्यंग्य किया है। ऐसा व्यंग्य इंग्लैंड के उन कवियों में भी नहीं मिलता जो केवल व्यंग्य के लिए ही प्रसिद्ध हैं। परन्तु शेली की यह रचना एक अपवाद जैसी है। निराला ने अपनी रचनाओं में, विशेष कर गद्य में, हास्य और व्यंग्य के इतने उदाहरण दिये हैं कि कभी-कभी यह निश्चय करना कठिन हो जाता है कि उनके भीतर कौन-सी प्रवृत्ति अधिक सबल है। उनका व्यंग्य हमें अंग्रेज कवियों में बायरन की याद दिलाता है, जिसकी कला का सबसे अच्छा नमूना उसकी व्यंग्यप्रधान रचना 'डॉन जुआन' है।

'देवी' का व्यंग्य इतना प्रभावपूर्ण इसलिए है कि उसका लक्ष्य व्यक्ति विशेष नहीं है वरन् वह सामाजिक व्यवस्था है जिसमें मुफ्तखोर पूजे जाते हैं, और जिन्हें पूजना चाहिए, वे ठोकरें खाते हैं। यहाँ पर निराला जी ने भारतीयता के नाम पर जो अन्याय-लीला होती है, उसकी हकीकत बयान कर दी है। धर्म, राजनीति, समाज-सुधार देखने में बड़े सुन्दर शब्द हैं, लेकिन इनकी आड़ में न जाने कितने लोग अपनी स्वार्थ-साधना में लगे हैं। निराला ने दिखाया है कि वही राजनीति सफल होगी, जिसमें 'देवी' जैसी स्त्रियाँ समाज से बहिष्कृत होकर होटल की जूठन की मोहताज न रहेंगी। वह धर्म नष्ट हो जाएगा जो इस तरह की सामाजिक विषमता को यह कहकर सहन कर लेता है कि अपने-अपने कर्मों का फल है, किसी के बाँटे घी-शक्कर है और किसी को एक जून नमक और चना भी नसीब नहीं है।

निराला जी ने अपने उपन्यासों और कहानियों में स्वाभाविक वार्तालाप के उदाहरण दिये हैं। लेकिन छायावादी कहानियों में—जिनका आरम्भ बहुधा सोलह साल की अधखुली जुही की कली से होता है—ऐसा मालूम होता है कि पात्रों के मुँह से स्वयं लेखक बातें कर रहा है। पुरुष पात्रों के मुँह से ही नहीं, स्त्री पात्रों की बातचीत भी वैसी है, जैसी निराला जी चाहते हैं कि वह हो। 'देवी'

में इसके विपरीत पात्र सजीव हैं और उनका वार्तालाप पात्रों के व्यक्तित्व से ही फूटकर निकलता है। छायावादी लेखकों की कहानी-कला में यह एक बहुत बड़ा परिवर्तन था। इनके साथ हम उस मौन सम्भाषण को नहीं भूल सकते जो पगली और उसके बच्चे में होता है। उनके मनोभावों को व्यक्त करना बड़े ही कुशल कलाकार का काम था।

'देवी' और 'चतुरी चमार' का अटूट सम्बन्ध है। दोनों का रचनाकाल भी एक ही है और दोनों की शैली भी मिलती-जुलती है। दोनों रेखाचित्रों में लेखक स्वयं पात्र के रूप में आता है, लेकिन 'चतुरी चमार' में जीवन की विविधता अधिक है। लेखक बरामदे में खड़ा होकर धर्म और राजनीति के ठेकेदारों पर टीका-टिप्पणी नहीं करता; वह उस समाज में पैठ जाता है जहाँ इस ठेकेदारी का बीभत्स रूप दिखाई देता है।

चतुरी चमार का जन्म उसी गाँव में हुआ है जहाँ कवि के पूर्वज न जाने कितनी पीढ़ियों से रहते चले आए थे। चतुरी का पुश्तैनी घर उस जगह बना है जहाँ गाँव भर के पनाले आकर पड़ते हैं। उम्र में वह कवि के चाचा के बराबर है। चमार होने के कारण उन्हें काका कहता है। काका के लिए भी एक कठिनाई है। वह उसे आदर देना चाहते हैं क्योंकि वह देखते हैं कि जीवन-चरित या ऐसा ही कुछ लिख लेने वाले लोग भी बड़े-बड़े आचार्यों से प्रोत्साहन पा जाते हैं। चतुरी श्रद्धेय है क्योंकि उसके जूतों की बदौलत पासी जंगली जानवर फाँसते हैं, किसान ठूँठों पर ढोर हाँकते हैं और नाई न्योता बाँटते हुए साल में हजार कोस की यात्रा करता है। यह जरूर है कि बाँदा जिले के जूते ज्यादा वजनी होते हैं। इसका कारण यह है कि वहाँ के चर्मकारों पर रामचन्द्रजी की तपस्या का प्रभाव पड़ा है। नवाबी के नजदीक होने के कारण चतुरी के जूते मजबूत होने पर भी वजन में कम बैठते हैं। उसका घर कवि के पड़ोस ही में था। इसलिए उसे यह पता लगाते देर न लगी कि चतुरी को बहुत से सम्पादकों से संत-साहित्य का ज्यादा अच्छा ज्ञान है।

कवि के मन में इच्छा हुई कि वह भी निर्गुण पद सुने। बैठक लगाने के लिए चरस का इन्तजाम कर देना ही काफी था। मजीरेदार डफलियों के साथ चतुरी ने अनेक-अनेक संतों के पद सुनाये। बैठक का लीडर वही था। लोगों को बताया जाता था कि कौन से पद सुनाये जाएँ। अपने काका को विद्वान् समझकर उसने संत-साहित्य के प्रति विद्वानों की उपेक्षा की शिकायत भी की। कहा : ये निर्गुण पद बड़े-बड़े विद्वान नहीं समझते। फिर एक पद का मतलब समझाने लगा लेकिन उसके काका ने इसे अपनी विद्वत्ता के प्रति अनुचित स्पर्द्धा समझकर उसे बीच ही में रोक दिया और सवेरे आकर मतलब समझाने को कहा। फिर भी "वे लोग ऊँचे

दरजे के उन गीतों का मतलब समझते थे, उनकी नीचता पर यह एक आश्चर्य मेरे साथ रहा।" रात को एक बजे कविवर को नींद ने सताया। चतुरी से आज्ञा लेकर और दिवंगता काकी की चर्चा करके वह शयन करने चले गए। चतुरी की बैठक रात भर जमी रही और जब सवेरा हुआ तो दरवाजा खोलने पर कविवर ने देखा कि चतुरी बाहर बैठा हुआ दरवाजा खुलने की ही बाट जोह रहा था। संत-साहित्य का वह सच्चा भक्त था। रात के वादे के मुताबिक वह अर्थ समझाने आया था। कविवर को मानना पड़ा : "जिनमें शक्ति होती है, अवैतनिक शिक्षक वही हो सकते हैं।" फिर भी मानो उसकी परीक्षा लेने के लिए उन्होंने कबीर की उलटबाँसी सीधी करने को कहा। वे उलटबाँसियाँ चतुरी के लिए खेल थीं क्योंकि उसे विश्वास था, जहाँ गिरह लगती है, साहब आप खोल देते हैं। उसके अर्थ सुनकर उन्होंने फिर विवाद न किया, सिर्फ यह टिप्पणी की कि "तुम पढ़े-लिखे होते तो पाँच सौ की जगह पाते।"

यहाँ से कथा का दूसरा सूत्र आरम्भ होता है। चतुरी को अपने लिए तो कोई आशा न थी, परन्तु वह चाहता था कि उसका पुत्र शिक्षा पाकर वैसी ही कोई जगह जरूर पा जाए। उसने प्रस्ताव किया कि काका उसे पढ़ा दें। आदान-प्रदान में बुराई भी नहीं। उसने कहा : "तुम्हारी विद्या ले लेगा, मैं भी अपनी दे दूँगा, तो कहो, भगवान की इच्छा हो जाए तो कुछ हो जाए।" सौदा इस शर्त पर तय हुआ कि चतुरी बाजार से गोश्त ला दिया करे और चक्की से आटा पिसवा लाया करे। जूतों की तारीफ करने पर चतुरी ने जमींदार की शिकायत की कि वह मुफ्त दो-दो जोड़े बनवाता है जब उसका काम मजे में एक जोड़े से ही चल सकता है। काका ने कानूनी सलाह दी, देखना चाहिए कि जूते देना वाजिब-उलअर्ज में दर्ज है कि नहीं।

बाजार से गोश्त आने लगा और उसमें लोध-पासी, धोबी-चमार, सभी शरीक होने लगे। कवि का घर साधारण जनों का अड्डा, बल्कि House of Commons हो गया। चतुरी के लड़के अर्जुन की पढ़ाई चलने लगी। इसी समय कवि के चिरंजीव श्री रामकृष्ण त्रिपाठी आम खाने के लिए गाँव पधारे। चमारों से इनका व्यवहार दूसरी तरह का था। उनके टोले में निकलने पर कवि को गोस्वामी जी की यह पंक्ति याद आ जाती थी : 'मनहुँ मत्त गजगन निरखि, सिंह किसोरहिं चोप।' पुराने संस्कार जोर मार रहे थे। चमार ने दबना सीखा था और बाह्मण ने दबाना। कवि ने समझ लिया कि इस ब्राह्मणत्व और शूद्रत्व का खात्मा किये बिना समाज का कल्याण न होगा।

अर्जुन में बहुत-सी कमजोरियाँ थीं जिनके प्रति कवि की सहानुभूति थी तो चिरंजीव के लिए वे मनोरंजन का विषय बन गई थीं। गुण, गणेश आदि में 'ण' वर्ण का उच्चारण न कर पाने पर नौ-दस साल के पंडित रामकृष्ण त्रिपाठी चतुरी के चिरंजीव अर्जुनवा पर धौंस गाँठ रहे थे। पिता ने प्रकट होकर उस नाटक को समाप्त किया। परन्तु आपस में एक दूसरा नाटक शुरू हो गया। पंडित रामकृष्ण ने

अपना कसूर मानने के बदले पिता को ही अयोग्य शिक्षक ठहराया। पिता ने आज्ञा दी कि अर्जुन से तुम्हारी बातचीत बन्द। पंडित रामकृष्ण ने कहा कि यहाँ के आम खट्टे हैं, हमें नानी के यहाँ भेज दो। गाँव छोड़कर कुछ दिन के लिए निराला जी लखनऊ, बनारस आदि शहरों में रहे। उन दिनों किसान-आन्दोलन जोरों पर था। इस समय सहायता के लिए गाँव के लोगों ने इन्हें भी स्मरण किया। जमींदार ने किसानों पर झूठे मुकदमे दायर कर दिये थे। तहकीकात करने के लिए दारोगाजी भी आए। महावीरजी के अहाते में तिरंगा झंडा धुलकर सफेद हो गया था। दारोगाजी की हिम्मत न पड़ी कि उसे उतारें। फिर वह गाँव की कांग्रेस के बारे में पूछताछ करने लगे। कविवर ने अंग्रेजी में उन्हें बताया, मैं विश्व-सभा का सदस्य हूँ और सदस्यों में नोबुल पुरस्कार पाए हुए विद्वानों के नाम गिना दिये।

दुर्भाग्य से थानेदार साहब इन सब नामों से अपरिचित थे, इसलिए विश्व-सभा की सदस्यता का उन पर कोई असर न पड़ा। लेकिन गढ़ाकोला की कांग्रेस भी ऐसी अंडर-ग्राउंड हुई कि दारोगाजी पता लगाते ही रह गए। न तो उसका जिले की कांग्रेस से ताल्लुक था, न किसी रजिस्टर में वहाँ के नेताओं के नाम लिखे थे। काम करने में वह जरूर तहसील भर से आगे थी।

किसानों पर जमींदार को डिग्री दे दी गई। इसके बाद चतुरी वगैरह पर दावे दायर किये गए। पहली डिग्री से लोग इतने आतंकित हो गए कि चतुरी के लिए कोई मदद की आशा न रही। घर की पूँजी बेचकर वह मुकदमा लड़ने के लिए तैयार हुआ लेकिन जीतने की आशा कम थी। सत्तू बाँधकर उन्नाव तक दस कोस पैदल चलकर चतुरी ने अदालत लड़ी और एक दिन बहुत खुश होकर अपने काका को यह शुभ संवाद सुनाया : "जूता और पुर वाली बात अब्दुल अर्ज में दर्ज नहीं है।" उसे इस बात का ज्ञान हो गया कि जमींदार को जबरदस्ती दो जोड़े लेने का अधिकार नहीं है। इस तरह पराजय में भी चतुरी की विजय हुई।

चतुरी में कोई भी बात असाधारण नहीं। उसके जैसे निम्न वर्ग के न जाने कितने लोग संतों के पद गाते और जमींदार के लिए मुफ्त जूते बनाते चले जाते हैं। लेकिन चतुरी में विद्या प्राप्त करने की इच्छा है। वह भी चाहता है, उसकी संतान पढ़-लिखकर सुख से जीवन बिताये। देश में राष्ट्रीय आन्दोलन छिड़ता है और उसकी एक हल्की लहर चतुरी के जीवन से भी टकराती है। पीढ़ियों से दबे हुए अरमान कसमसा उठते हैं। किसानों पर डिग्रियाँ करके जमींदार सारे गाँव को आतंकित कर लेता है लेकिन चतुरी थका होने पर भी हार नहीं मानता। वह जमींदार से अकेले लोहा लेने की तैयारी करता है। लेखक ने उसका साथ ही नहीं दिया वरन् निम्न वर्ग की इस नवीन चेतना से अपने साहित्य के लिए प्रेरणा भी पाई है। चतुरी दस-दस कोस पैदल चलता है, जमींदार और उसके साथ शोषण का जो तमाम प्रपंच है, उसकी परवाह न करके वह लड़ाई के मैदान में कदम बढ़ाता है।

जिस दिन चतुरी जैसे साधारण व्यक्ति को अपने अधिकार का, अपने मनुष्यत्व का ज्ञान हो जाता है, उस दिन उसमें असाधारण शक्ति आ जाती है। शूद्रत्व का कैसे अन्त होता है, निराला जी ने यह तत्त्व चतुरी के जीवन से समझा दिया। अब्दुल अर्ज में जूतों के दर्ज न होने पर चतुरी को जो खुशी होती है, वह इसलिए कि उसकी दास-भावना मिट रही है।

नये ढंग के यथार्थवादी रेखाचित्रों का सिलसिला एकबारगी ही नहीं चल पड़ा। 'देवी' और 'चतुरी चमार' लिखने के बाद निराला जी पीछे छोड़े हुए रोमांस की ओर बार-बार झुकते थे। 'निरुपमा' और 'प्रभावती' के नायक 'अप्सरा' और 'अलका' से मिलते-जुलते हैं लेकिन पार्श्व-भूमि में पहले से चित्रमयता अधिक है।

'प्रभावती' में उन्होंने मध्यकालीन इतिहास पर अपने विचार प्रकट किये हैं। 'निरुपमा' के कथोपकथन और ग्रामीण जीवन के चित्रों में यथार्थवाद का रंग है।

'निरुपमा' का नायक कृष्ण कुमार बंगाल में पैदा हुआ है। उसकी बँगला सुनकर शिक्षित महिलाएँ दंग रह जाती हैं। कलकत्ते से एम.ए. करने के बाद लंदन जाकर वह डी.लिट्. की उपाधि लाता है। वह अंग्रेजी साहित्य का ही विद्वान् नहीं है, यूरोप की अनेक भाषाओं और उनके साहित्य से भी परिचित है। बाल भी उसने लम्बे रख छोड़े हैं। संगीत में उसकी गति है और टैगोर स्कूल की गायकी वह अच्छी तरह जानता है। रहने वाला वह उन्नाव जिले का है और सम्पत्ति सब रहन रखी जा चुकी है। लन्दन से लौटने के बाद लखनऊ में ठहरा। नौकरी के लिए यूनिवर्सिटी, क्रिश्चियन कॉलेज सब छान डाले लेकिन बंगाली प्रोफेसरों के अनुचित स्पर्द्धा-भाव के कारण उसे कहीं जगह नहीं मिलती। उधर गाँव में वह जातिच्युत कर दिया गया और उसके छोटे भाई और माँ को अनेक अत्याचार सहने पड़े।

उसके गाँव की जमींदार निरुपमा देवी उसी के होटल के सामने एक मकान में रहती है। विचित्र ढंग से दोनों की मुलाकात होती है। सड़क पर खाट बिछाये लेटा हुआ वह गाना गा रहा था। वही हाल था कि 'बिस्तर बिछा दिया है, तेरे दर के सामने।' सामने के मकान से हारमोनियम पर गीत से जवाब मिला : "तोमारे करियाछि जीवनेर ध्रुवतारा।" आवेश में कुमार भी उन्हीं परदों पर गीत के स्वरों की आवृत्ति करने लगा। उसे चुनौती देने के लिए अब ग्रामोफोन का रिकॉर्ड लगा दिया गया जिसमें एक रमणी तार सप्तक में रवीन्द्र स्कूल का गाना गाने लगी। कुमार ने एक सप्तक घटाकर गीत अदा कर दिया। "अगर कंठ के कामिनीत्व को छोड़कर कमनीयत्व की ओर जाया जाए तो कुमार ने ही बाजी मारी।" हारकर तरुणी ने बरामदे की छत पर आकर यह अन्तिम सन्देश सुनाया : "छूँचो, गोरू, गाधा।" फुटनोट के अनुसार, छूँचो अर्थात् छछूँदर, आलंकारिक रूप में औरतों

के पीछे छुछुवाने वाला, गोरू अर्थात् गऊ यानी बुद्धिहीन, और गधा तो प्रसिद्ध है ही। कुमार 'भज गोविन्दम् भज गोविन्दम्' गाता हुआ करवट बदलकर लेट रहा।

नौकरी न मिलने से निराश होकर उसने बूट पॉलिश करने का काम शुरू किया। अपनी प्रोफेसरी पोशाक का पूरा फायदा उठाता था; पैसा चमारों से कम लेता था। चमारों में ईर्ष्या भाव जागा कि यह तो धन्धा खराब कर रहा है। गनीमत यह हुई कि चमारों का अभी कोई संगठन न था, नहीं तो वे कुमार का पॉलिश करना मुहाल कर देते। उसके इस काम से पठित वर्ग में सनसनी फैल गई। जितने मुँह, उतनी बातें सुनाई पड़ीं। 'सस्ता साहित्य समुद्र' के प्रकाशक ताना मारते हैं कि हम चार रुपये फार्म दे रहे थे, मोपासाँ के अनुवाद के, वह आपको नहीं मंजूर हुआ; आखिर पॉलिश और ब्रुश लेकर बैठे। ऐसे ही एक दूसरे सज्जन सात रुपये घंटे की ट्यूशन दे रहे थे, उसे भी कुमार ने ठुकरा दिया था।

जमींदारी का इन्तजाम निरुपमा के दादा सुरेश बाबू करते हैं। उनका अत्याचार साधारण जमींदारों से भी बढ़ा हुआ है। एक बार वह खुद जमींदारी देखने गई। वहाँ की दशा देखकर उसकी आँखें खुल गईं। एक बुढ़िया ने आकर उसे बताया कि छः रुपये वाले खेत के अठारह रुपये देने पड़ते हैं, नजराना ऊपर से। सुरेश बाबू कच्ची रसीद देते थे। "पन्द्रह के पट्टे पर जबानी पच्चीस तय कर लेते थे। लोगों से बेगार लेकर खर्च का हिसाब जोड़ते थे। बबूलों की बिक्री में आधी रकम साफ कर जाते थे।" कृष्णकुमार के खेत बेदखल हो जाने से वह अपने ही खुदाये हुए कुएँ से पानी नहीं ले सकता। समाज में बहिष्कृत होने के कारण भोले-भाले बालक रामचन्द्र—कुमार के छोटे भाई—को जगह-जगह अपमानित होना पड़ता है। जाति-प्रथा के कारण समाज में जो ऊँच-नीच का भाव फैल गया है, उसकी तसवीर इस तरह की है : "नीम के नीचे बैठक है। गुरुदीन तीन बिस्वे वाले तिवारी हैं; सीतल पाँच बिस्वे वाले पाठक, मन्नी दो बिस्वे के सुकुल, ललई गोद लिये हुए मिसिर—पहले पाँच बिस्वे के पाँडे, अब दो कट गए हैं; गाँव वालों के हिसाब से ललई पाँच ही जोड़ते हैं। सब हल जोतते और श्रद्धापूर्वक धर्म की रक्षा करते हैं।"

यामिनी हरण बाबू ने कुमार की नौकरी ही न छीन ली थी बल्कि अपने नाम को सार्थक करते हुए निरुपमा पर भी अधिकार जमा रक्खा था। सम्बन्धियों के दबाव से इच्छा न रहने पर भी निरुपमा ने यामिनी बाबू से विवाह की अनुमति दे दी। इधर उसकी मित्र कमला ने कुमार को दो सौ रुपये पर अपना शिक्षक नियुक्त कर लिया। यामिनी बाबू पहले मिस दुबे का हरण कर चुके थे। इसलिए कमला ने धोखा देकर उनका विवाह मिस दुबे से ही करा दिया। निरुपमा से विवाह करने पर कुमार को अपनी ही नहीं, पत्नी की सम्पत्ति भी मिल गई।

सन् '36 के आरम्भ में निराला जी ने अपना पहला ऐतिहासिक उपन्यास 'प्रभावती' समाप्त किया। इसे उन्होंने अपनी सलहज साहबा को समर्पित किया है। इन शिशुकृत कपोलकज्जला बीवी की तारीफ में उन्होंने लिखा है कि पन्द्रह वर्ष की वधू के रूप में उन्होंने मातृविहीन दो शिशुओं की सेवा करना शुरू कर दिया था। इसलिए शृंगार की साधना का समय नहीं मिला। ऐसी देवी के हाथ किसी भी चमत्कार से पुरस्कृत नहीं किये जा सकते। कालिदास भी उन्हें 'वीणा-पुस्तक रंजित हस्ते' नहीं कह सकते। फिर भी निराला जी ने उन्हें 'प्रभावती' उपन्यास समर्पित किया है। इस उदार रमणी के आदर्श को यमुना के रूप में उपन्यास में प्रतिष्ठित किया गया है। इसलिए समर्पण उपयुक्त ही है।

उपन्यास के आरम्भ में ही बैसवाड़े का वर्णन है। घनी अमराइयों की याद करके वह उसे सौ योजन तक फैला हुआ एक सुन्दर उपवन कहते हैं। वहाँ के ग्राम-गीत किसी भी दर्शक को तुरन्त मुग्ध कर लेते हैं। यही पर लोना नदी बहती है जिसकी उत्पत्ति में राजा भगीरथ के बदले लोना चमारिन की कथा है। कहते हैं कि लोना खेत काट रही थी, तभी पुत्रों के आ जाने से अपने वस्त्रहीन अंगों को छिपाने के लिए वह भागी और उसने भागते-भागते गंगा के गर्भ में आश्रय लिया। निराला जी ने लिखा है कि यह नदी वैसी ही आख्या रखती है, जैसी भागीरथी।

इसका यह मतलब नहीं कि गंगा से उन्हें कम स्नेह है। 'प्रभावती' ऐतिहासिक के साथ-साथ प्रादेशिक उपन्यास भी है, उसमें एक जनपद के नदी-नालों, वन-उपवन, ऐतिहासिक संस्कृति, रीति-रिवाजों का बड़े प्रेम से वर्णन किया गया है। लोना नदी गढ़ाकोला को घेरकर बहती है। इसलिए उसका जिक्र भी आया है। डलमऊ की गंगा के पास के अनेक दृश्यों का भी वर्णन किया गया है। कल्पना नेत्रों से इसी के किनारे उन्होंने अप्सरा के समान स्वर्ग से उतरते हुए कुमारी प्रभावती को देखा। मध्यकाल में डलमऊ की कुमारियाँ घी के दीपक जलाकर गंगा में प्रवाहित करती थीं।

'प्रभावती' के कथानक-सूत्र कुछ उलझे हुए हैं, फिर भी मूल कथा सीधी है। प्रभावती और राजकुमार देव शिकार खेलते हुए प्रेम करने लगते हैं। दोनों के पिता एक-दूसरे के कट्टर शत्रु हैं। यमुना जो वास्तव में राजकुमारी है, परन्तु दासी के रूप में प्रभावती के यहाँ रहती है, गुप्त रूप से विवाह का प्रबन्ध करती है। नौका-विहार करते समय विरोधी दल से मुठभेड़ हो जाती है। राजकुमार देव घायल हो जाते हैं और शेष उपन्यास में उनकी कोई उल्लेखनीय भूमिका नहीं होती। यह युग पृथ्वीराज और जयचन्द की परस्पर स्पर्द्धा का है। मूल कथा के चारों ओर सरदारों की साजिशें, बन्दीगृह में षड्यंत्र, वन में साधुवेश धारण किये हुए वीरसिंह के राजनीतिक और सामरिक दाँवघात, विद्या का गुप्त जीवन, पहले नर्तकी फिर डाकुओं में राजराजेश्वरी आदि-आदि अनेक चमत्कारी वृत्तांत गुँथे हुए हैं। संयोगिता

और पृथ्वीराज की रक्षा करते हुए प्रभावती खेत रहती है। कथा में घटनाओं का ऐसा ऊहापोह न रहता तो उपन्यास अधिक रोचक होता।

महाराज शिवस्वरूप एक बहुत ही सजीव पात्र हैं। वह अपनी दंड-बैठक और मोटी बुद्धि के कारण इतने स्पष्ट हैं कि धुँधलेपन की गुंजाइश नहीं। लेखक का आदर्श पात्र यमुना है। वह प्रभावती को वे तमाम रहस्य समझाती है जिनसे क्षत्रियों को पग-पग पर हार खानी पड़ रही है। प्रभावती अप्सरा की तरह छायावादी कविता का एक उपकरण है। यमुना की तुलना में उसका व्यक्तित्व विकसित नहीं हो पाया। लेकिन छायावादी सौन्दर्य ऐसे भव्य रूप में पहले कम प्रकट हो पाया था। गंगा के किनारे किले की ऊँची सीढ़ियों से चाँदनी रात में उतरती हुई, आभूषणों से सजी हुई राजकुमारी साक्षात् अप्सरा-सी जान पड़ती है। उसके आगे कनक का वैभव फीका लगता है। लिखा है : "अकूल ज्योत्स्ना के शुभ्र समुद्र में आकुल पदों की नूपुर ध्वनि-तरंगें कितने प्रिय अर्थों से दिगन्त से उर में गूँजने लगीं। प्रभा का हृदय अनेक सार्थक कल्पनाओं से द्रवीभूत होने लगा। बार-बार पुलक में पलकों तक डूबती रही। सोपान-सोपान पर सुरंजिता, शिंजित चरण उतरती हुई, प्रति पद-क्षेप झंकार कम्प पर चापल्य से लज्जित कमला-सी रुकती रही। उरोजों से गुण चिह्न जैसे आए झीने चित्रित समीर-चंचल उत्तरीय को दोनों हाथों से पकड़े उड़ते अंचलों से, प्रिय के लिए स्वर्ग से उतरती अप्सरा हो रही थी।"

'प्रभावती' उपन्यास इस अप्सरा की ट्रैजेडी है। उसके प्रेम की परिणति यौवन के मधुर स्वप्नों के अनुकूल नहीं होती। पृथ्वीराज और जयचन्द के गृहयुद्ध में यह सारा ऐश्वर्य नष्ट-भ्रष्ट हो जाता है। मध्यकालीन समाज में जो सामाजिक उत्पीड़न की आग धधक रही थी, उससे यह वैभव अपनी रक्षा न कर सका। 'प्रभावती' उपन्यास इतिहास के प्रति एक नया दृष्टिकोण भी है।

प्रत्येक रोमांटिक आन्दोलन में यह देखा जा सकता है कि कवि पुरातन को स्वर्ण युग के रूप में चित्रित करते हैं। ऊँच-नीच का भेद-भाव, घरेलू लड़ाई, किसानों पर अत्याचार—ये सब बातें भूलकर वे उस युग पर ऐसा मुलम्मा चढ़ाते हैं कि अपने युग से असंतुष्ट पाठक को वह खरा सोना जान पड़ता है। निराला ने मध्यकाल की बर्बरता, उत्पीड़न और दासता को भावुकता की रंगीन चादर से ढक नहीं दिया। उन्होंने स्पष्ट शब्दों में हिन्दुस्तान की पराजय के लिए सामन्तों के उत्पीड़न को दोषी ठहराया है। यमुना कहती है : "क्षत्रियों में स्पर्द्धा से दबाने का जो भाव बढ़ा हुआ है, यह उन्हें ही दबाकर नष्ट कर देगा, यह प्राकृतिक सत्य है...वर्णाश्रम धर्म की प्रतिष्ठा में बौद्धों पर विजय पानेवाले क्षत्रिय कदापि इस धर्म की रक्षा न कर सकेंगे क्योंकि साधारण जातियाँ इनके तथा ब्राह्मणों के घृणा भावों से पीड़ित हैं। ये आपस में कटकर क्षीण हो जाएँगे।"

बाह्मण जनता को शिक्षा देते थे कि राजा भगवान का अंश है, उसकी आज्ञा मानना प्रजा का कर्तव्य है। इस धर्म के अनुसार सभी देशभक्त राजा के सिपाही थे।

उन्हें वेतन मिले चाहे न मिले। किसानों को खेती छोड़कर इस धर्म का पालन करना पड़ता था। निराला जी कहते हैं : "वह और ही युग था। एक ओर गाँवों में गरीब किसान छप्परों के नीचे, दूसरी ओर दुर्ग में महाराज धन-धान्य और हीरे-मोतियों से भरे प्रासादों में, फिर भी उन्हीं के फैसले के लिए जाना और उन्हें भगवान का रूप मानना पड़ता था।"

यह विषमता आज भी चली आती है। लेकिन आज सामन्तशाही का ह्रास हो रहा है, उन दिनों सामन्तशाही का बोलबाला था। कवियों ने पृथ्वीराज और संयोगिता के प्रेम से भारती को कृतार्थ किया। लेकिन निराला की दृष्टि ने देखा कि जामवन्ती, इच्छनकुमारी, शशिव्रता, इन्द्रावती, हंसावती आदि-आदि कुमारियों ने पृथ्वीराज से नहीं, उसके ऐश्वर्य से प्रेम किया था। "ये वरे हुए वीर को वरकर कीर्ति को वरती हैं, जो स्त्री है।" इसलिए इनका विवाह अस्वाभाविक और समाज के लिए घातक है। वीर वह समझा जाता था जो दम्भ का परिचय दे और उसी कुमारी का प्रेम सार्थक समझा जाता था, जो ऐसे दम्भी को वरे। यह सामाजिक विषमता "साधारण जनों को आत्मा से असह्य थी।" इसलिए अब या तो ऐसे उपन्यास लिखे जाएँ, जिनमें इस असह्य विषमता का चित्रण हो, या वर्तमान समाज में उस तरह के चित्र ढूँढ़े जाएँ। जागरूक कलाकार मध्यकालीन समाज के वैभव का चित्र अंकित करके संतुष्ट न रह सकता था।

11

प्रगति और प्रयोग

निराला जी अपनी मित्र-मंडली में वह कथा बड़े नाटकीय ढंग से सुनाया करते थे जो पहले धारावाहिक रूप में 'माधुरी' में और फिर पुस्तक रूप में 'कुल्ली भाट' के नाम से प्रकाशित हुई। ससुराल के दोस्त कुल्ली का देहान्त हुआ था। उसके जीवन में निराला जी ने कुछ बातें ऐसी देखीं, जिन पर लिखना जरूरी समझा। प्रगतिशील साहित्य की भी इधर काफी चर्चा रहती थी। निराला जी ने इस स्केच में यह दिखाया कि साधारण मनुष्य भी अनेक कमजोरियों होते हुए समाज का बहुत बड़ा उपकार कर सकते हैं और महापुरुष कहलाने वाले लोग चरित्र पर नकली सफेदी किये हुए समाज का उपकार करना तो दूर, सच्चे सेवकों का साथ भी नहीं दे सकते। समर्पण के योग्य कोई भी व्यक्ति हिन्दी साहित्य में नहीं मिला, इसलिए यह कार्य स्थगित रखा गया है। पुस्तक में स्वयं लेखक के जीवन पर यथेष्ठ प्रकाश डाला गया है लेकिन वर्णन में विशेषता हो तो आत्मचर्चा भी एक गुण मानी जाएगी, यह कहकर निराला जी ने इसका समर्थन किया है। बहुत-से लोगों पर जहाँ-तहाँ व्यंग्य किया है। जो नाराज होगा, वह अपनी ही कमजोरी साबित करेगा, यह कहकर निराला जी ने इन विरोधियों का मुँह पहले से ही बन्द कर दिया है।

पहले उन्होंने जीवन-चरित लिखनेवालों पर भी व्यंग्य किया। ये लोग जीवन से चरित ज्यादा देते हैं। 'चरित' शब्द का प्रयोग 'चरित्तर' के अर्थ में हुआ है। महापुरुषों ने अपने हाथ से अपनी जीवनियाँ लिखी हैं, उनके लिखने से मालूम होता है कि वे पराधीन देश के रहनेवाले हैं। इनके महान् कृत्यों को देखकर बम्बई के सिनेमा स्टारों की याद आती है जो दीवाल चढ़ने की करामात दिखाया करते हैं। ऐसी स्थिति में वह कुल्ली का चरित लिखकर एक आदर्श उपस्थित करना चाहते हैं। इनके जीवन के महत्त्व को समझने वाला ऐसा अब तक एक ही पुरुष संसार में आया, पर दुर्भाग्य से अब वह संसार में नहीं रहा—गोर्की, लेकिन गोर्की भी जीवन से जीवन की मुद्रा को ज्यादा देखता था, इसलिए कुल्ली का जीवन-चरित्र लिखने की योग्यता निराला जी में ही सिद्ध हुई। फिर भी आशंका है कि हिन्दी पाठकों को संतुष्ट करने में सफलता न मिलेगी, यही बीस साल का अनुभव है।

निराला जी उन दिनों की याद करते हैं जब सोलहवाँ साल पार किया था और लोग कहते थे, अब बबुआ नहीं है, गौना करा दो। प्लेग के दिनों में गौना हुआ, और गाँव के बाहर एक झोंपड़े में प्रथम मिलन हुआ। पाँच दिन बाद विदा होने पर गवहीं का बुलावा आया। पिताजी ने तिगुना खाने और रोज रूह की मालिश कराने का उपदेश देकर पुत्र को विदा किया।

आगे चलकर कुल्ली की पाठशाला में अछूत लड़कों की चर्चा है; मानो उसकी तुलना करने के लिए आरम्भ में शान्तिपुरी धोती और बंगाली ठाठ का वर्णन किया गया है। ठीक दोपहरी को स्टेशन की तरफ चले तो लू का ऐसा झोंका आया कि सारे परदे एक साथ ही हट गए। रहस्यवादियों की तरह ब्रह्म का ज्ञान हो गया। "वह प्रकाश देखा कि मोह दूर हो गया, लेकिन व्यक्ति-भेद है; रवि बाबू को आरामकुर्सी पर दिखा, हजरत मूसा को पहाड़ पर, मुझे गलियारे में।" बंगाल की कविता और प्रेम के कारण लू के विरोध में भी पैर बढ़ते गए। बैलगाड़ियों के ढर्रे में पैर फिसल जाने से अक्षरश: धूल चाटने की नौबत भी आ गई। मुँह पर क्रीम, पाउडर की कसर पूरी हो गई। कंकड़ में ठोकर लगने से जूते ने मुँह फैला दिया, छाता उलटकर कमल बन गया। लोन नदी के किनारे बेर-बबूल के वन में आए जिससे 'बारह कुँअर बनौधे केर' प्रसिद्ध हुए थे। काँटों ने दामन थाम लिया, धोती छप्पन-छुरी हो गई। स्टेशन के सामने का मैदान मिला तो गाड़ी की आवाज सुनाई दी। बाबू बनकर ससुराल चले थे, दौड़ना अभद्रता थी। फिर भी बगल में छाता, हाथ में जूते साधे, चार बजे की चटकती धूप में एक मील का भूभलवाला मैदान पार किया। डलमऊ स्टेशन उतरने पर तेल से जुल्फें तर किये दुपलिया टोपी, ऐंठी मूँछें, चिकन का कुरता, हाथ में बेंत लिये कुल्ली ने स्वागत किया और इन्हें उस शुभ दृष्टि से देखा जो "सुन्दरी से सुन्दर पर पड़ती है।" सासुजी को कुल्ली के इक्के की बात का पता लगा तो वह अपने दामाद के लहराते हुए बंगाली बालों को बड़े संशय से देखने लगीं। रात में संसार के समस्त छंदों को परास्त करती हुई श्रीमती भीतर आईं और छूटते ही प्रश्न किया : "तुम कुल्ली के इक्के पर आए हो?"

दूसरे दिन कुल्ली किला दिखाने ले गए। सासुजी ने गुप्तचरों की तरह चन्द्रिका नाई को साथ लगा दिया लेकिन दामाद ने उसे रूह लेने के बहाने टरका दिया। रनिवास, मसजिद, ड्योढ़ियाँ वगैरह दिखाने के बाद बारहदरी की सीढ़ी पर बैठाकर कहा : "दोस्त, क्या हवा चल रही है!" फिर गाने का आग्रह किया। गलत ताल और सम पर सिर हिलाकर भी कुल्ली ने अपनी तारीफ से दोस्त को खुश कर लिया और अपने मकान को पवित्र करने के लिए कहा। पान खिलाकर बोले : "पान भी क्या खूबसूरत बनाता है तुम्हें! तुम्हारे होंठ भी गजब के हैं। पान की बारीक लकीर रचकर, क्या कहूँ, शमशीर बन जाती है।" ससुराल का सम्बन्ध लगाकर कविवर प्रसन्न हुए। घर आकर रूह की मालिश कराई और सासुजी को यह पूछने

पर विवश किया : "तुम्हारे पिताजी तनख्वाह कितनी पाते हैं?" रात में श्रीमतीजी की तुलना मछुआइन से की और वह रुष्ट होकर चली आईं। कुल्ली फिर अपने घर ले गए और मिठाई पान खिलाकर सुन्दर गलीचे वाले पलंग पर बिठाया। इत्र की शीशी दिखाने पर "मैं अज्ञात-यौवन युवक की तरह कुल्ली को देखने लगा।" फिर काफी हिचकिचाहट के बाद कुल्ली ने कहा, मैं तुम्हें प्यार करता हूँ। परन्तु कुल्ली अपना अर्थ न समझा सके और अज्ञात-यौवन युवक उन्हें नमस्कार करके बाहर चला आया।

कुल्ली से तो बराबर की छूटी लेकिन खड़ी बोली के मैदान में श्रीमतीजी ने परास्त कर दिया। जिस समय उन्होंने स्त्रियों की भीड़ में 'श्री रामचन्द्र कृपालु भजु मन, हरण भव भय दारुणम्' गाया तो मालूम हुआ कि गले में मृदंग बज रहे हैं। संगीत और साहित्य पर उनका यह अधिकार देखकर "मेरा दम उखड़ गया।" इस पराजय से लज्जित होकर कलकत्ते जाने की तैयारी की।

उसके बाद इन्फ्लुएंजा का प्रकोप हुआ जिसमें दोनों ओर के परिवार नष्ट हो गए। फिर रियासत में नौकरी की और उसे भी छोड़कर साहित्य-सेवा में लग गए। लेख वापस आने पर कोरियों के यहाँ बुनाई सीखने जाने लगे। लेकिन उन्होंने भी कहा : महाराज होकर यह काम क्या करोगे, जाकर कहीं भागवत बाँचो। चारों तरफ निराशा की अग्नि जल रही थी, इसलिए जब कुल्ली ने कुछ उपदेश देने के लिए कहा तो इन्होंने संक्षिप्त उत्तर दिया : "गंगा में डूब जाइए।"

कुल्ली एक मुसलमान महिला से प्रेम करने लगे। लेकिन समाज में कोई सहारा न था। कविवर ने उसे ले आने की सलाह दी। समाज में बहिष्कार हुआ; कुल्ली अछूतों के लड़कों को पढ़ाने लगे। अपनी पाठशाला में एक दिन कविवर को भी आमंत्रित किया। गड़हे के किनारे कुटीनुमा बँगले के सामने टाट बिछाये, श्रद्धा की मूर्ति बने अछूत लड़के बैठे थे। "कुल्ली आनन्द की मूर्ति, साक्षात् आचार्य।" निराला जी इस अछूत वर्ग के पीढ़ी-दर-पीढ़ी उत्पीड़न का ध्यान करके लिखते हैं : "इनकी ओर कभी किसी ने नहीं देखा है। ये पुश्त-दर-पुश्त से सम्मान देकर नतमस्तक ही संसार से चले गए हैं। संसार की सभ्यता के इतिहास में इनका स्थान नहीं। ये नहीं कह सकते, हमारे पूर्वज कश्यप, भारद्वाज, कपिल, कणाद थे; रामायण, महाभारत इनकी कृतियाँ हैं; अर्थशास्त्र, कामसूत्र इन्होंने लिखे हैं; अशोक, विक्रमादित्य, हर्षवर्द्धन, पृथ्वीराज इनके वंश के हैं। फिर भी ये थे और हैं।"

एक बार 'देवी' को देखकर छायावादी अहंकार नष्ट हो गया था, इस बार फिर वही छुटपन सवार हो गया। सदियों के इस उत्पीड़न के महत्त्व का ज्ञान हुआ जो उन्हें उठाकर अपनी मनुष्यता के स्तर तक लाया था। पुरानी कविता वैभव और विलास की चेरी मालूम हुई; युग-प्रवर्तक और क्रान्तिकारी होने का दावा दम्भ मालूम हुआ। निराला ने लिखा :

"अधिक न सोच सका। मालूम दिया : जो कुछ पढ़ा है, कुछ नहीं; जो कुछ किया है, व्यर्थ है; जो कुछ सोचा है, स्वप्न है। कुल्ली धन्य है। वह मनुष्य है। इतने जम्बुकों में वह सिंह है...ये इतने दीन दूसरे के द्वार पर नहीं दीख पड़ते? मैं बार-बार आँसू रोक रहा था। इसी समय बिना स्तव के, बिना मंत्र के, बिना वाद्य, बिना गीत के, बिना बनाव, बिना सिंगार वाले, पासी, धोबी और कोरी दोने में फूल लिये हुए मेरे सामने आ-आकर रखने लगे। मारे डर के हाथ पर नहीं दे रहे थे कि कहीं छू जाने पर मुझे नहाना होगा। इतना नत, इतना अधम बनाया है मेरे समाज ने उन्हें...लज्जा से मैं वहीं गड़ गया। वह दृष्टि इतनी साफ है कि सब कुछ देखती-समझती है। वहाँ चालाकी नहीं चलती। ओफ! कितना मोह है! मैं ईश्वर, सौन्दर्य, वैभव और विलास का कवि हूँ! फिर क्रान्तिकारी!!"

सत्य से यह प्रेम, कटु सत्य कहने का यह साहस निराला ही में है। यही उनके व्यक्तित्व को महान बनाता है। कल्पना-प्रेमी साहित्य को वह वैभव और विलास की वन्दना कहकर उसका तिरस्कार करते हैं। एक नये युग, एक नई साहित्यिक धारा का स्पष्ट स्वर इन वाक्यों में सुनाई पड़ता है।

समाज के बहिष्कृत, किसी भी बड़े नेता से सहारा न पाकर कुल्ली जैसे-तैसे पाठशाला का कार्य चलाते रहे। उनके जीवन का करुण अन्त हुआ। मृत्यु के उपरान्त कोई अन्तिम क्रिया कराने को तैयार न हुआ। निराला जी ने स्वयं जनेऊ धारण करके मंत्र पढ़कर सब कार्य कराये।

कुल्ली भाट का व्यंग्य एक पूरे युग पर है। एक ओर बंगाल की मध्यवर्गीय संस्कृति है, रहस्यवाद की बातें हैं, साहित्य और संगीत की चर्चा है; दूसरी ओर समाज के अछूत हैं, उच्च वर्गों की असहनशीलता है, हिन्दू मुसलमान का तीव्र भेदभाव है, बड़े-बड़े नेताओं में सच्ची समाज-सेवा के प्रति उपेक्षा है, कल्पना की उड़ान भरने वाले कवियों में क्रान्ति का दम्भ है। कुल्ली की पाठशाला की ठोस जमीन पर मनोहर कल्पनाएँ चूर हो जाती हैं। यहाँ वह सत्य दिखाई देता है जिससे समाज और साहित्य के नेता आँखें चुराते हैं। जल के ऊपर संतोष की स्थिरता जान पड़ती है लेकिन नीचे जीवन को नाश करनेवाला कर्दम छिपा हुआ है। निराला जी ने व्यंग्य की तलवार से इस शान्त जल का संतोष काट दिया है। उन्होंने लोगों को विवश किया है कि वे मनुष्य द्वारा मनुष्य के इस उत्पीड़न को देखें। चन्द्रिका, कुल्ली, सासुजी, अपने पिता का और स्वयं अपना चित्रण बड़े कौशल से किया है। पात्रों में वैसी ही सजीवता है जैसी बैसवाड़े के वर्णन में चित्रमयता। भाषा सरल और सधी हुई है। यथार्थवादी रचनाओं में अपने व्यंग्य और हास्य से निराला जी ने एक नई परम्परा का श्रीगणेश किया है।

'बिल्लेसुर बकरिहा' ग्रामीण जीवन का एक दूसरा चित्र है। इसमें लेखक स्वयं पात्र के रूप में नहीं आया। यहाँ उसने अवध के किसानों की एक भरी-पूरी तसवीर खींची है।

बिल्लेसुर 'निरुपमा' के कृष्णकुमार की तरह उन्नाव जिले के रहनेवाले हैं, लेकिन उसकी तरह लन्दन से डी.लिट्. न पाने पर भी जीवन में अधिक सफलता पाते हैं। बकरी पालने के कारण उनका नाम बकरिहा पड़ा। उनके तीन भाई और थे—मन्नी, ललई और दुलारे। इन सबके रेखाचित्र भी काफी मनोरंजक हैं। तरी के सुकुल होने के कारण मन्नी का ब्याह न होता था। एक विधवा माँ की दूध पीती लड़की से विवाह करने का विचार किया। जमींदार का खलिहान और गाँव के बाग अपने बताकर उसे फुसलाया। फिर दूध में भंग छनवाई और पूरी-तरकारी खिलाकर सासुजी को सुला दिया। आधी रात को "भावी पत्नी को गले लगाया" और भगवान बुद्ध की तरह घर त्यागकर चल दिये। दस-बारह साल सेवा की। बीस साल की उम्र में उसे एक कन्या रत्न देकर स्वर्गवासी हुए। दूसरे भाई ललई ने रतलाम के एक गुजराती ब्राह्मण के यहाँ नौकरी की। उनके मरने पर उनके घर का कुल भार, उनकी पत्नी और बेटा-बेटियों समेत ललई ने सँभाला। गृहस्थी और माल-असबाब लेकर घर आए लेकिन लोगों ने स्वागत करने के बदले उनका पानी बन्द कर दिया। राष्ट्रीय आन्दोलन चलने पर देश के उद्धार में हिस्सा लिया और जब बड़ा लड़का गुजरात से रुपये भेजने लगा तो गाँव का असहयोग टूट गया। दुलारे आर्यसमाजी थे। एक सुकुलजी पचास साल की उम्र में एक विधवा लाये थे। दुलारे ने उससे अपना घर आबाद किया। उसे गर्भिणी छोड़कर वह भी परलोक सिधारे। बिल्लेसुर का वृत्तांत अपने भाइयों में सबसे ज्यादा रोचक था।

बिल्लेसुर ने सुना था कि बंगाल का पैसा टिकता है। पास के गाँव के कुछ लोग बर्दवान के महाराज के यहाँ से काफी रुपया लाये थे। बिल्लेसुर ने भी बर्दवान जाने का विचार किया। बिना टिकट सविनय कानून भंग करके चढ़ते-उतरते बर्दवान पहुँचे और वहाँ जमींदार सत्तीदीन सुकुल के यहाँ रहने लगे। उनकी गाएँ चराने लगे और चिट्ठियाँ बाँटकर चार-पाँच रुपया महीना पीटने लगे। सत्तीदीन की स्त्री को यह अच्छा न लगता था कि बिल्लेसुर चिट्ठी लगाने जाएँ। बाहर की धूप और घर की गर्मी के मारे बिल्लेसुर का बुरा हाल था।

"गर्मी के दिनों में दस-बारह बजे तक घर का कुछ काम करते थे, फिर चिट्ठी लगाते हुए, देर हुई सोचकर धूप में, नंगे सिर, बिना छाता, दौड़ते हुए रास्ता पार करते थे। लौटते थे, हाँफते हुए, मुँह का थूक सूखा हुआ, होंठ सिमटे हुए, पसीने-पसीने, दिल धड़कता हुआ, यहाँ का बाकी काम करने के लिए। पहुँचकर जमीन पर जरा बैठते थे कि सत्तीदीन की स्त्री पूछती थी : कितना कमा लाये बिल्लेसुर? "जबान छुरी से पैनी, मतलब हलाल करती हुई।"

बिल्लेसुर जान-पहचान के लोगों से कहने लगे कि मर्द से औरत होना अच्छा है। लोग समझते नहीं थे; बिल्लेसुर चुपचाप बर्दाश्त करते थे। जिन्दगी की लड़ाई में उन्हें बराबर धीरज से काम लेना पड़ता था। वैसे ही आस्तिकता भी घटती जाती थी। "अपनी जिन्दगी की किताब पढ़ते गए, किसी भी वैज्ञानिक से बढ़कर नास्तिक।"

साल भर बाद जमादार से नौकरी दिलाने को कहा। नाप के वक्त चमरौधे जूतों में रूई की गद्दी लगाकर खड़े हुए फिर भी डेढ़ इंच की कमी रह गई। पक्की नौकरी तो न लगी, लेकिन एवजी में काम करने की इजाजत मिल गई। जमादार के कोई संतान न थी। स्त्री ने जगन्नाथजी के दर्शन करने को कहा। बिल्लेसुर भी साथ चले। समुद्र देखकर बहुत खुश हुए और जगन्नाथजी की स्मृति में बहुत से घोंघे समुद्र के किनारे से चुनकर रख लिये। सत्तीदीन के पैर पकड़कर गायत्री का मंत्र लिया। सत्तीदीन की पत्नी तीर्थयात्रा के बाद साल भर देवता की शक्ति की परीक्षा करती रहीं। जब कोई फल न हुआ तो मनुष्य की पक्षपातिनी बन गईं। उनका यह यथार्थवाद बिल्लेसुर को यहाँ तक खला कि एक दिन उनके सामने कंठी माला पटक दी और गायत्री का मंत्र सुनाकर बिना पाँव छुए ही गाँव चल दिये।

गाँव के सम्मानित लोग इनकी उन्नति से डाह करने लगे। त्रिलोचन ज्ञान वाली आँख से ताड़ने लगे। बैल बेचने की बात चलाई लेकिन दूसरे दिन बिल्लेसुर तीन बड़ी-बड़ी गाभिन बकरियाँ ले आए। पंडित रामदीन ने लोभी निगाह से बकरियों को देखकर कहा : "ब्राह्मण होकर बकरी पालोगे?" ललई ने उत्साह बढ़ाया। मन्दिर के पास पहुँचकर बिल्लेसुर ने महावीरजी से बकरियों की रक्षा करने की प्रार्थना की। चरवाहे लड़के बकरियाँ उड़ाने के फेर में खेलने के लिए बुलाने लगे। बिल्लेसुर ने संक्षिप्त उत्तर दिया : "अपने बाप को बुला लाओ, तुम क्या हमारे साथ खेलोगे?" दीनानाथ ने बकरियों के दाम पूछे और एकाध को उड़ाने की प्रतिज्ञा की।

बिल्लेसुर गाँव में ऐसे रहते थे, जैसे दुश्मनों के गढ़ में। भाई भी साथ नहीं देते थे। बकरियों की गन्ध से नफरत होने के कारण उन्होंने बिल्लेसुर को मजबूर किया कि वे अलग मकान में रहे। "बिल्लेसुर सोचते थे, क्यों एक दूसरे के लिए नहीं खड़ा होता? जवाब कभी कुछ नहीं मिला। मुमकिन है, दुनिया का असली मतलब उन्होंने लगाया हो...हमारे सुकरात के जबान न थी, पर इसकी फिलासफी लचर न थी; सिर्फ कोई इसकी सुनता न था; इसे भी भूलभुलैयों से बाहर निकलने का रास्ता न दिखा। इसलिए यह भटकता रहा।"

जिन्दगी की लड़ाई से बिल्लेसुर ने सीखा कि आदमी अब भी अज्ञान में है। जो ज्ञानी कहलाते थे, उनके अज्ञान का पता उन्हें लग गया।

बकरियों के नाती-नातिनें हुईं; कुछ पट्ठे बेचे और आमदनी हुई। लोग जलकर इन्हें बकरिहा कहने लगे। इसके जवाब में बिल्लेसुर बकरियों के बच्चों को अपने विरोधी गाँववालों के नाम से पुकारने लगे। एक दिन जामुन खाते हुए बकरियाँ लिये

हुए चले जा रहे थे कि 'दीनानाथ' कहीं पीछे रह गए। होश आने पर बिल्लेसुर ने 'उर्र उर्र! अले! अले!' कहकर बहुत पुकारा लेकिन दीनानाथ का कहीं पता न लगा। झाड़ी के पास खून से तर जमीन देखकर आँखों में शाम की उदासी छा गई। झुटपुटे में मन्दिर के पास आकर उल्टी प्रदक्षिणा की और फिर ललकारा : "क्या तूने रखवाली की, बता; लिये थूथन-सा मुँह खड़ा है!" उत्तर न मिलने पर महावीरजी के मुँह पर भरपूर डंडा जमाया, जिससे मुँह टूटकर गिल्ली की तरह दूर जा गिरा।

अब तक बिल्लेसुर जीवन-संग्राम में जूझकर खरे सिपाही बन गए थे। हार मानना सीखा ही न था; दु:ख का मुँह देखते-देखते उसकी डरावनी सूरत को बार-बार चुनौती दे चुके थे। खोया बनाकर बेचने की कोशिश की लेकिन नाकामयाब रहे। फिर भैंस के घी में बकरी का घी मिलाकर व्यापार किया। अकेले खेत गोड़कर शकरकंद की बौंड़ी लगाई। कभी लपसी, कभी बकरी के दूध में सत्तू सानकर खाते रहे। त्रिलोचन ब्याह का प्रस्ताव लेकर आए। जीवन में एक नया रोमांस शुरू हुआ। छायावादी कवि की तरह इन्हें भी संसार अबलामय दिखाई देने लगा। रात को उसी के रूप का स्वप्न देखते थे। "बहुत गोरी है, सोचते रामरतन की स्त्री ही याद आई। सोलह साल की है, सोचा तो रामचरन सुकुल की बिटिया की सूरत सामने आ गई। बड़ी-बड़ी आँखें होंगी, जैसी पुखराजबाई की लड़की हसीना की हैं।" झोंपड़ी में परियों का ख्वाब देखने वाले कल्पनावादी कवि की तरह "एक दफा बिल्लेसुर ने नहीं सोचा कि बकरी की लेंड़ियों की बदबू में ऐसी औरत एक दिन भी उस मकान में न रह सकेगी।" नई पोशाक तैयार कराकर बिल्लेसुर ने त्रिलोचन का पीछा किया और उसकी जालसाजी का तुरन्त ही पता लगा लिया। हताश न होकर मन्नी की ससुराल चले गए।

कातिक में मन्नी की सास आईं और मन्नी की ही तरह बिल्लेसुर ने उनका सत्कार किया। चने भिगोकर तरकारी बनाने के बदले काछी से बैंगन लाए। बंगाल की रंगीन दरी बिछाई और सत्तीदीन की श्रीमती को धोतियों का तकिया रखा। सासजी ने प्रसन्न होकर विवाह का वर दिया। बिल्लेसुर ने सत्तर रुपये की शकरकन्दें बेचीं और ब्याह की तैयारी की।

शकरकन्द के बाद चने और मटर की भी खेती थी। कुछ अग्रिम रुपये लेकर ब्याह पक्का हुआ। गाँव के परजा नेगचार के लिए घेरने लगे। अब जमींदार ने भी अपने चरण-रज से उनका घर पवित्र किया। लोगों में अफवाह फैल गई कि बिल्लेसुर सोने की ईंटें उठा लाए हैं। बिल्लेसुर ने ब्याह किया और बहुत बार पूछने पर भी अपने धनी होने का भेद किसी को न बताया।

बिल्लेसुर ब्राह्मण-कुल में पैदा हुए लेकिन जाति-प्रथा ने मनुष्यता के इतने टुकड़े कर दिये हैं कि वह ब्राह्मणों में भी अछूत समझे जाते हैं। यह जाति-प्रथा पैसे का मुँह देखती है। यह बिल्लेसुर के एक भाई का बहिष्कार और फिर समाज

में ग्रहण करने से सिद्ध है। गाँव के सम्मानित वर्ग यह नहीं चाहते कि इतर जन किसी तरह भी उन्नति करें। बाह्मणत्व के क्षेत्र में थोड़े-से ही बिस्वे पाने वाले बिल्लेसुर उन्नति की फसल न काट सकते थे। लाचार होकर और बहुत से लोगों की तरह वह भी परदेस गए। घोर तपस्या करने के बाद गाँठ में कुछ रुपये लेकर गाँव लौटे। यहाँ खेतिहर मजदूर के तरह जीवन संग्राम में फिर जूझना पड़ा। ऊँची जाति के ग्रामीणों की तरह बिल्लेसुर की बुद्धि का ह्रास न हुआ था। उनके चरित्र में एक बहुत बड़ी दृढ़ता थी।

निराला जी ने दिखाया है कि साधन न होने पर भी अवध का एक साधारण किसान किस तरह अपनी रोटी के लिए लड़ाई लड़ता है। गाँव के लोग चिढ़ाते ही नहीं हैं, उसका घर लूट लेने पर भी उतारू हैं। बिल्लेसुर यह सब विरोध सहन करते हैं। एक देवता का सहारा था, कुछ दिनों में वह भी छूट गया। फिर भी हार नहीं मानी। उनके भीतर हिन्दुस्तानी किसान की अपराजिता शक्ति है, उसी ने उन्हें एक वास्तविक हीरो बनाया है जिसका वीरत्व 'अप्सरा' या 'निरुपमा' के नायकों में नहीं है।

'बिल्लेसुर बकरिहा' हिन्दी के यथार्थवादी साहित्य को एक बहुत बड़ी देन है।

12

निराला जी की युद्धकालीन कविताएँ

दूसरे महायुद्ध का समय निराला जी के प्रयोगों का समय रहा है। इस काल में हमारे देश ने क्या-क्या घटनाएँ नहीं देखीं? बंगाल में ऐसा अकाल पड़ा, जैसा संसार के इतिहास में पहले कभी देखा-सुना न गया था। सन् '42 में अंग्रेजी राज्य ने कांग्रेसी नेताओं को जेलों में ठूँस दिया और जनता पर दमन ढाया। युद्ध में सोवियत संघ की विजय हुई और फासिस्ट राज्यों के गढ़ टूटने से समाजवादी क्षेत्र और फैल गया। काफी दिन तक हमारा राजनीतिक जीवन दिशाहीन-सा रहा। सभी हिन्दी लेखकों पर युद्ध के संकट का प्रभाव पड़ा है। कुछ ने तो इन दिनों लिखना ही बन्द कर दिया था; कुछ में पुराने निराशावाद ने फिर सिर उभारा। कुछ लोग नये-नये प्रयोग करने लगे। ऐसे संकट के समय जनता में विश्वास रखकर सही मार्ग पहचानना बड़े जीवट का काम था। युद्धकाल का यह प्रभाव अनेक रूपों में निराला जी की रचनाओं में भी दिखाई देता है।

युद्ध के पहले वर्षों में उन्होंने कुछ व्यंग्यात्मक कविताएँ लिखी थीं। इनमें 'कुकुरमुत्ता' की विशेष चर्चा हुई। अभी तक किसी ने नाम से ही नगण्य कुकुरमुत्ता जैसी वस्तु पर लिखने का विचार न किया था। लोगों में इस बात पर मतभेद रहा कि निराला जी इस कविता में किस पर व्यंग्य करना चाहते हैं।

कहानी संक्षेप में यों है। एक नवाब साहब ने फारस से गुलाब मँगाकर अपने बाग में लगाये थे। वहीं एक गन्दी जगह में कुकुरमुत्ता भी फूला हुआ था। फारस के मेहमान को इतराते हुए देखकर देशी कुकुरमुत्ते ने उसे लताड़ना शुरू किया। गुलाब अपनी खातिर माली को जाड़ा-घाम सहने पर मजबूर करता है। जो उसे हाथ में लेकर सूँघते रहते हैं, वे मैदाने-जंग छोड़कर औरत की जानिब भाग चलते हैं। अमीरों और बादशाहों से सम्मान पाने के कारण साधारण लोगों से यह दूर रहा है।

संक्षेप में :

रोज पड़ता रहा पानी
तू हरामी खानदानी।

वह उस कविता का प्रतीक है जो मनुष्य को मँझधार में छोड़ देती है, जहाँ कोई सहारा नहीं होता। वह ऐसे ख्वाब दिखलाता है कि लोग मुँह से रस की बातें करते हैं और पेट में चूहे डंड पेलते हैं।

इसके बदले कुकुरमुत्ता अपने-आप उगा है और गुलाब से डेढ़ बालिश्त ऊँचा बढ़ गया है। वह एक तरफ भारत का छत्र है तो दूसरी तरफ महायुद्ध का पैराशूट है। वह क्या-क्या है, इसकी कोई गिनती नहीं। टी.एस. इलियट पर उनकी पंक्तियाँ देखने लायक हैं :

कहीं का रोड़ा, कहीं का पत्थर,
टी.एस. इलियट ने जैसे दे मारा,
पढ़ने वालों ने जिगर पर रखकर
हाथ कहा, लिख दिया जहाँ सारा।

नवाब का बागीचा जितना सुन्दर है, उसके खादिमों के झोंपड़े वैसे ही घिनौने हैं। मोरियों में रुका पानी सड़ता रहता था। कहीं हड्डियाँ बिखरी थीं और कहीं परों की गड्डियाँ पड़ी थीं। हवा में बदबू छाई रहती थी। यहीं पर किस्मत की एक ही रस्सी से बँधा हुआ 'एक खासा हिन्दू-मुस्लिम खानदान' रहा करता था। यहीं पर मालिन की लड़की गोली रहती थी जिसका नवाब की लड़की बहार से बड़ा हेल-मेल था। एक दिन बाग में जब बहार गुलाब देख रही थी, तभी गोली की नजर कुकुरमुत्ते पर पड़ी। उसने कुकुरमुत्ते के कवाब की वह तारीफ की कि बहार के मुँह में पानी आ गया। गोली की माँ ने कुकुरमुत्ते का कलिया कवाब बनाकर तैयार किया। बहार के मुँह से तारीफ सुनकर नवाब ने माली से कुकुरमुत्ता ले आने को कहा। लेकिन अब बाग में एक भी कुकुरमुत्ता न था, सिर्फ गुलाब बच रहे थे। नवाब ने खफा होकर हुक्म दिया, जहाँ गुलाब लगे हैं, वहाँ कुकुरमुत्ता लगाया जाए। लेकिन कुकुरमुता गुलाब की तरह लगाया नहीं जाता। वह अपने-आप उगता है।

'खजोहरा' एक हास्य-रस की कविता है। सावन के दिनों में ग्रामीण जीवन का चित्र महत्त्वपूर्ण है। हाईकोर्ट के मतवाले वकीलों की तरह बादल भी जरूरत की जगह न बरसकर जहाँ पानी भरा है, वहीं "कहकहे लगाते हुए टूट पड़े।" लोग ढोलक पर आल्हा गाते हैं और लड़कियाँ झूलों में सावन गाती हैं। सावन में भतीजा हुआ है। इसलिए बुआ भी गाँव में आई हैं। ससुराल से फिर स्वच्छंदता पाकर वह ताल में नहाने चलीं। टैगोर की विजयिनी की तरह वह पानी में उतरीं। लेकिन कामदेव के बाणों के बदले खजोहरा ने उनका सत्कार किया। निःसन्देह निराला जी के दिमाग में विश्वकवि की वह भव्य कल्पना थी जिसमें नग्न तरुणी सरोवर की सीढ़ियों पर गीले चरण-चिह्न अंकित करती हुई अपने सौन्दर्य से कामदेव को परास्त करती है।

'स्फटिक शिला' 'स्वामी प्रेमानन्दजी महाराज और मैं' की तरह वर्णनात्मक कविता है। इसका अन्त बड़े मार्के का हुआ है। निराला जी ने अपनी दृष्टि की तुलना जयन्त की चोंच से की है। स्नान करके आई हुई युवती पर निगाह पड़ते ही जीवन की और चाहें जैसे नष्ट हो गईं। मानवीय भावनाओं ने उनके अध्यात्मवाद को फिर झकझोर दिया है।

'अणिमा' के गीतों में विषाद बढ़ता गया है। उसे दूर करने के लिए ज्ञानमय प्रकाश की कल्पना की गई है। चरण स्वच्छंद न रहने पर नूपुर के स्वर मन्द हो गए हैं। स्नेह से निर्झर बह चुके हैं और जीवन रेत-मात्र रह गया है। 'परिमल' के आँसू पोंछनेवाले इष्टदेव की तरह फिर कोई रहस्य-शक्ति सर झुकने पर कवि को धरती से उठा लेती है। कभी वह सोचते हैं कि जिसने मृत्यु को वरण किया है, उसी को जीवन मिला है। कभी मन को समझाते हैं :

गया अँधेरा
देख, हृदय, हुआ है सवेरा।

परन्तु वास्तव में सवेरा नहीं हुआ; उन्हें रह-रहकर वार्धक्य वाला भाव सताता है। उन्हें अपने पके बालों की याद आती है और उनका हृदय जैसे चीत्कार कर उठता है :

मैं अकेला, मैं अकेला,
आ रही मेरे गगन की सांध्यबेला।

अपनी वेदना का यह यथार्थवादी चित्रण उनकी नई कविताओं की विशेषता है।

'अणिमा' में अंग्रेजी के 'ओड' जैसी चीजें भी हैं जो विशेष व्यक्तियों के प्रति लिखी गई हैं। संत कवि रैदास को ज्ञान-गंगा में नहाने वाला चर्मकार कहकर उन्होंने प्रणाम किया है। शुक्ल जी को समालोचना की अमावस्या में उदित होने वाला हिन्दी का दिव्य कलाधर कहा है। प्रसादजी को अग्रज कहकर उनको श्रद्धांजलि अर्पित की है। इसके साथ कुछ ऐसी कविताएँ हैं जिनमें किसी दृश्य का वर्णन किया गया है। जलाशय के किनारे कुहरी, सड़क के किनारे की दुकान वाली कविताएँ ऐसी ही हैं। कहीं-कहीं जनसाधारण के साथ जीवन के कष्ट सहने की इच्छा प्रकट की है।

नए प्रयोगों में निराला जी की गजलें भी शामिल हैं। इनका संग्रह 'बेला' नाम से प्रकाशित हुआ है। गजलों की परम्परा उर्दू ही में खत्म हो रही है। नये कवि नये ढंग के मुक्तक और गीत लिख रहे हैं। निराला जी ने 'गीतिका' में भी एक गजल लिखी थी : 'गई निशा वह, रँगी दिशाएँ, उड़ा तुम्हारा प्रकाश केतन'। अनेक गजलों में उन्होंने रहस्यवाद का रूपक बाँधा है लेकिन नई गजलों में देश और समाज के बारे में भी बातें कही गई हैं। नाथ के हाथ पकड़ने पर वीणा का बजना,

किरण पड़ने पर कमल का खिलना, प्रभु के नयनों से ज्योति के सहस्त्रों शरों का निकलना, पुरानी कल्पनाएँ हैं। कहीं-कहीं भौतिक सौन्दर्य के वर्णन हैं। 'गीतिका' के अनेक छंदों जैसी मांसलता है। देह की सुरबहार पर स्नेह की रागिनी बजना ऐसी ही कल्पना है। 'कहाँ की मित्रता, वे हँस के बोले'—इस तरह की पंक्तियों में उन्होंने उर्दू की बोलचाल का रंग अपनाया है। इन गजलों को पढ़ने से ऐसा लगता है, जैसे कवि की नई चेतना प्रकाश में आने के लिए रूढ़ियों से टकरा रही हैं। यह बन्धन तोड़कर वह चेतना अनेक बार जनगीतों के रूप में फूट निकली है।

इलाहाबाद में विद्यार्थियों पर पुलिस का आक्रमण होने पर कजली लिखी थी :

युवक जनों की है जान खून की होली जो खेली।

इन गीतों में उन्होंने संकेत किया है कि वह एक सफल जनगीतकार हो सकते हैं।

गजलों में अनेक पंक्तियाँ ऐसी हैं जिनमें उन्होंने नये ढंग से नई बातें कही हैं जो चित्त पर चढ़कर फिर उतरती नहीं। यहाँ पर कुछ उदाहरण दिये जाते हैं। संसार में जो लोग विजयी कहलाते हैं, वे वास्तव में दूसरों का लहू पीकर ही बड़े बनते हैं :

खुला भेद विजयी कहाए हुए जो
लहू दूसरों का पिए जा रहे हैं।

एक गजल में गजल वालों को ही चुनौती देकर कहते हैं :

बिगड़कर बनते और बनकर बिगड़ते एक युग बीता,
परी और शाम रहने दे, शराब और जाम रहने दे।

पूँजीपतियों को ललकार कर कहते हैं :

भेद कुल खुल जाय वह सूरत हमारे दिल में है।
देश को मिल जाय जो पूँजी तुम्हारी मिल में है।

आर्थिक संकट से पीड़ित जनता और आजादी दिलाने वाले नेताओं को लक्ष्य करके कहा है :

आया मजा कि लाखों आँखों से दम घुटा है,
पटली है बैठने को गोरे की साँवले से।

'नये पत्ते' में कुकुरमुत्ता आदि पुरानी कविताओं के साथ 'महगू महगा रहा' जैसे कुछ नये व्यंग्य चित्र भी हैं। इस रचना में हिन्दुस्तान की राजनीति में जो नया अध्याय शुरू हुआ है, उसी की कुछ पंक्तियाँ आई हैं। गाँव में किसानों का उद्धार

करने के लिए ऐसे नेता पहुँचते हैं जिन्हें जमींदार और मुनाफेखोर अपना हितू समझते हैं। राष्ट्रीयता के इन नये उम्मीदवार जमींदार की बातें सुनकर लुकुआ की समझ में नहीं आता कि यह सब क्या हो रहा है। कानपुर को लकड़ी, कोयला लादने वाला महगू उसे समझाता है कि कानपुर में मजदूर 'किरिया' के जो गोली लगी थी, वह मिल मालिक के कारण और आजकल उन्हीं की चाँदी से राजनीति चमक रही है। लेकिन हमारे लिए लड़ने वाले लोग भी हैं जिनके नाम अभी नहीं सुनाई देते क्योंकि "अखबार व्यापारियों की ही सम्पत्ति हैं।" महगू को विश्वास है कि जब बड़े आदमी अपनी धन-सम्पत्ति छोड़ेंगे, तभी देश मुक्त होगा।

यद्यपि इन नई रचनाओं में पहले के स्केचों और कहानियों जैसी स्पष्टता नहीं है, फिर भी राजनीतिक उलझन में कवि की चेतना किसका साथ दे रही है और किस जीवन को अपने साहित्य का लक्ष्य बना रही है, यह स्पष्ट है। समाज और देश को लेकर आम बातें कहने के बदले इधर उन्होंने विशेष घटनाओं पर कविताएँ लिखी हैं। शाश्वत सत्य और ब्रह्मानन्द सहोदर की कल्पना से विचलित न होकर उन्होंने बताया है कि लेखक का स्थान जनता के साथ है। उसी के सुख-दुःख, आशा-निराशा, विद्रोह और विजय का चित्रण करके वह अपनी वाणी सार्थक कर सकता है।

देश के जीवन में एक ओर भाई-भाई की मारकाट और गृहयुद्ध की लपटें फैल रही हैं तो दूसरी ओर मजदूर वर्ग के नेतृत्व में एक महान क्रान्तिकारी ज्वार आया है। निराला जी के विकास की समूची परम्परा हमें सिखाती है कि इस ज्वार के साथ बढ़कर परिवर्तन की शुभ घड़ी लाने के लिए हिन्दी लेखकों और कवियों को आगे बढ़ना है। उनके अदम्य जीवन और अनवरत साहित्य-साधना का यही सन्देश है कि हम देश को आज के घोर संकट से मुक्त करें और वह स्वाधीनता के वातावरण में फिर खुलकर साँस ले सके।

13

जीवन-दर्शन और कला

'पंचवटी प्रसंग' नाम की कविता में राम कहते हैं कि व्यष्टि और समष्टि में भेद नहीं है। इसका अर्थ यह है कि ब्रह्म और जीव में भेद नहीं है। माया से दोनों में भेद उत्पन्न होता है। जिस प्रकाश से ब्रह्मांड प्रकाशित है, उसी से मनुष्य भी उद्भासित है। जब चेतना कहती है, द्वैत का खेल छोड़ो, तब जीव-तत्त्व जागता है। वह मन, बुद्धि और अहंकार से लड़ता है। उसे सूर्य-चन्द्र-ग्रह-तारे अपने ही भीतर दिखाई देते हैं। वह अपने को ही सृष्टि-स्थिति-प्रलय का कारण भी मानता है। 'परिमल' की अनेक कविताओं में, 'गीतिका' के अनेक गीतों में निराला जी ने इस अद्वैतवाद की प्रतिष्ठा की है। उन्होंने अनेक बार यह घोषणा की है कि अज्ञान की रात दूर हो गई है और वह अखंड प्रकाश के दर्शन से आनन्दमग्न हो गए हैं। अनेक कविताओं में हम यह भी देखते हैं कि कवि दुखी है और अपने इष्टदेव से अपने आँसू पोंछ देने की प्रार्थना करता है। वास्तव में उसका ब्रह्म निर्गुण न होकर सगुण है; उसमें दयालुता आदि मानवोचित गुण हैं।

'पंचवटी प्रसंग' ही में राम कहते हैं कि द्वैतवाद भ्रम तो है लेकिन भ्रम के ही भीतर से भ्रम के पार जाना है।

इसीलिए द्वैतवाद-भावुकों में
भक्ति की भावना भरी।

भक्ति की भावना द्वैतभावपूर्ण है, स्वयं भ्रम है लेकिन व्यष्टि और समष्टि का भ्रम दूर करने के लिए आवश्यक है। भ्रम से भ्रम दूर करना वैसे ही है, जैसे लोहे से लोहा काटना। 'गीतिका' में जहाँ उन्होंने मातृरूप अपने इष्टदेव की वन्दना की है, वहाँ उन्होंने इसी तरह के भ्रम का सहारा लिया है।

निराला जी की रचनाओं में एक ओर रवीन्द्रनाथ ठाकुर की रहस्यवादी रचनाओं का प्रभाव दिखाई देता है, तो दूसरी ओर तुलसीदास की भक्ति का। एक ओर जहाँ नदी अपने प्रियतम असीम से मिलने चलती है, सारा संसार सच्चिदानन्द के प्रकाश

में डूबा दिखाई देता है, वहाँ दुखी भक्त कृपालु ईश्वर से सहायता की प्रार्थना भी करता है। 'परिमल' ही में :

डोलती नाव, प्रखर है धार,
सँभालो जीवन-खेवनहार।

जैसे भक्तिपूर्ण गीत मिलते हैं। 'अणिमा' में 'दलित जन पर करो करुणा' आदि गीत, 'अर्चना' में 'भजन कर हरि के चरण, मन!' और 'आराधना' में :

कामरूप, हरो काम
जपूँ नाम, राम, राम।

आदि रचनाओं की एक लम्बी परम्परा है जो निराला का सम्बन्ध सगुणवादी भक्त कवियों से जोड़ती है। जो लोग छायावादी कविता को रहस्यवादी मानकर उसे हिन्दी से बाहर की चीज समझते थे, उनके लिए हिन्दी के भक्त-साहित्य से निराला का यह सम्बन्ध ध्यान देने योग्य है।

भारतीय संत कवि प्रेम के कवि रहे हैं। प्रेम की भूमि पर निर्गुण और सगुण, दोनों के उपासक एक हुए हैं। 'पंचवटी प्रसंग' में राम कहते हैं :

प्रेम की महोर्मिमाला तोड़ देती क्षुद्र ठाट,
जिसमें संसारियों के सारे क्षुद्र मनोवेग तृण सम बह जाते हैं।

यदि यह प्रेम आध्यात्मिक हो, जीव का ब्रह्म के लिए प्रेम हो, तो कोई दार्शनिक समस्या नहीं उठ खड़ी होती। संतों में मानव-प्रेम और आध्यात्मिक-प्रेम के बीच कोई गहरी खाई न थी और न उनके बीच कोई द्वन्द्व था जिससे उन्हें कोई परेशानी होती। लेकिन निराला जी बीसवीं सदी के कवि हैं। उनके सामने समस्या है कि मानव-प्रेम भी क्या माया नहीं है? जब तक मन मनुष्य की वेदना से दुखी है तब तक वह माया से मुक्त कैसे होगा? यह समस्या बहुत ही स्पष्ट शब्दों में उन्होंने 'अधिवास' कविता में पाठकों के सामने रखी है। उनका समाधान यह है कि अधिवास चाहे छूट जाए, वह दुखी मानव को छोड़ने के लिए तैयार नहीं है।

निराला ने मानव-प्रेम बनाम ब्रह्मवाद, इस समस्या को पहचाना है, उसका समाधान ढूँढ़ने की कोशिश की है। यदि संसार भ्रम है, सच्चा ज्ञान उससे मुक्ति पाने ही में है, तब मनुष्य का दु:ख दूर करने में समय क्यों नष्ट किया जाए? निराला के हृदय में दुखी मनुष्यों के लिए जो करुणा थी, उसे भुला सकना असम्भव था। इसीलिए वह सच्चिदानन्द ब्रह्म से अधिक दुखी मानव के कवि हैं।

'परिमल' में उनकी एक कविता है 'माया'। माया क्या है? इस प्रश्न का हल ढूँढ़ते हुए वह कहते हैं :

या कि भव-रण-रंग से भागे हुए
कायरों के चित्त की तू भीति है?

मायावाद संसार से पराङ्मुख कायरों का भय मात्र है, इस तरह का संशय निराला के हृदय में उठा है। उसका अद्वैतवाद ऐसी दृढ़ भूमि पर स्थित नहीं है जहाँ से उसे डिगाया न जा सके। इसी संशय के कारण कभी-कभी कवि सोचता है कि मृत्यु के बाद कुछ नहीं है, मनुष्य के जीवन का वहाँ सदा के लिए अन्त हो जाता है। सन् '27 की एक कविता 'हताश' में, जो 'अनामिका' में छपी है, वह जीवन की असफलताओं से दुखी होकर कहते हैं :

शून्य सृष्टि में मेरे प्राण
प्राप्त करें शून्यता सृष्टि की,
मेरा जग हो अन्तर्धान,
तब भी क्या ऐसे ही तम में
अटकेगा जर्जर स्यन्दन?

इसी तरह 'गीतिका' के 'कौन तम के पार?' गीत में अशिव उपल को द्रवित जल बनते दिखाकर उन्होंने भौतिक प्रकृति से परे और कुछ न होने की ओर संकेत किया है।

निराला जी ने जितना ही प्रकाशमय आनन्दमय ब्रह्म का स्मरण किया, उतना ही यह संसार अन्धकारमय और उनका जीवन दु:खमय दिखाई दिया। यह दु:ख व्यष्टि और समष्टि का भेद न समझने के कारण नहीं है। यह दु:ख ठोस भौतिक जीवन की परिस्थितियों से उत्पन्न हुआ है। 'परिमल' में जहाँ-तहाँ इसका आभास मिलता है : 'जब कड़ी मारें पड़ीं, दिल हिल गया', 'हमारा डूब रहा दिनमान' आदि। आगे चलकर इसका रूप और भी स्पष्ट होता गया है। 'मित्र के प्रति' कविता में वह उन मित्रों का उल्लेख करते हैं जो इनसे अपना नीरस गान बन्द करने को कहते हैं।

निराला जी की कविताओं का जो विरोध हुआ, वह उनके दु:ख का एक कारण बना, इसमें सन्देह नहीं। 'सच है' नाम की कविता में उन्होंने साहित्यिक क्षेत्र में बार-बार हारने की बात कही है, अपनी उस दशा का उल्लेख किया है जब 'उड़ी धूल, तन सारा भर गया'। 'हिन्दी के सुमनों के प्रति' कविता में भी उन्होंने अपने जीर्णसाज और बहुछिद्र होने का उल्लेख करके सुरंग सुमनों पर

व्यंग्य किया है। 'कुछ न हुआ न हो' कविता में अपनी शिक्षा आदि पर लोगों की आलोचना की चर्चा की है। उन्हें जो साहित्य-क्षेत्र में बार-बार अपमानित होना पड़ा है, उसकी व्यथित प्रतिध्वनि गीतिका में फूट पड़ी है :

लांछना ईंधन हृदयतल जले अनल।

'सरोज-स्मृति' में साहित्य-समर में सैकड़ों वार झेलने की बात उन्होंने सच ही लिखी है।

निराला का दु:ख व्यष्टि और समष्टि का भेद न समझने से नहीं पैदा हुआ। यह उनके जीवन-संघर्ष से उत्पन्न हुआ है, प्रतिक्रियावादियों के सम्मिलित विरोध के कारण पैदा हुआ है, उनके आर्थिक कष्टों के कारण पैदा हुआ है। 'विनयपत्रिका' और 'कवितावली' के तुलसीदास की तरह वह अपनी असह्य व्यथा के कारण सहज ही हमारी सहानुभूति अपनी ओर खींच लेते हैं। 'मरण दृश्य' में वह मृत्यु के रूप में आई हुई मुक्ति को वरण करने चलते हैं, स्नेह-चुम्बनों के बदले गरल के प्याले पीते हैं। 'गीतिका' में वह प्रार्थना करते हैं :

दे मैं करूँ वरण
जननि, दु:ख-हरण पद-राग रंजित मरण।

निराला अपने दु:ख के ही कवि नहीं हैं। वह मानवीय करुणा और सहानुभूति के कवि हैं। 'परिमल' ही में उन्होंने दीन भिक्षुक और दुखी विधवा के मार्मिक चित्र दिये थे। 'दान' कविता में बन्दरों को खिलाने वाले और भूखे मनुष्य के प्रति उदासीन विप्र पर उन्होंने व्यंग्य किया है। 'वह तोड़ती पत्थर' में उन्होंने मेहनत करती हुई स्त्री के कठिन जीवन की झाँकी दी है। 'गीतिका' में वह धनी लोगों से गरीबों को भी आदमी समझने का अनुरोध करते हुए कहते हैं :

मिला तुम्हें, सच है अपार धन,
पाया कृश उसने कैसा तन!
क्या तुम निर्मल, वही अपावन?
सोचो भी, सँभलो।

आज निराला-साहित्य का मूल्यांकन करते हुए बहुत से आलोचक उनके रहस्यवादी पक्ष को लेते हैं, उनके अपने यथार्थ दु:ख को भूल जाते हैं। अपने देशवासियों के दु:ख को उन्होंने जो अभिव्यक्ति दी है, उसे भी भूल जाते हैं। जिसे वह भूल जाते हैं—मनुष्य और उसका दु:ख—वही निराला को महान् कवि बनाता है। उस दु:ख को भुलाया नहीं जा सकता क्योंकि वह दु:ख सत्य

है, मनुष्य के सामाजिक जीवन से उत्पन्न हुआ है, वह दूर किया जा सकता है, मनुष्य आज उसे दूर करने का प्रयत्न कर रहा है। स्वयं निराला ने भी उससे संघर्ष किया है।

निराला मानव-दु:ख के ही कवि नहीं हैं, वह उससे मुक्ति पाने की प्रबल कामना के कवि भी हैं। सन् '24 में उन्होंने लिखा था :

बहा उसी स्वर में सदियों का दारुण हाहाकार
संचरित कर नूतन अनुराग।

उनकी वाणी दारुण हाहाकार की चुनौती देती है, उसे दूर करने के लिए मानव को समरभूमि में उतरने के लिए ललकारती भी है। वह पराधीन भारतवासियों से कहती है : 'सिंहों की माँद में आया है आज स्यार।' वह गोविन्दसिंह और शिवाजी की वीरता का स्मरण दिलाकर जनता को अपने स्वत्वों के लिए लड़ना सिखाते हैं। वह दु:ख से तप्त धरती पर विप्लव का जलधर बुलाते हैं जिसकी ओर नर-कंकाल आशा भरी दृष्टि से निहारते हैं। वह जनता को विश्वास दिलाते हैं कि आतंक का सहारा लेने पर भी धनी वर्ग विप्लवी बादल के वज्र-गर्जन से सिहर उठते हैं।

निराला मानव जीवन को स्वीकार करने वाले कवि हैं। वह प्रेम और शृंगार के भी कवि हैं। वह जुही की कली और शेफाली के सौन्दर्य को मुग्ध होकर देखते हैं। वह गुलाल मले मुख, खुली अलकों, अलस पंकज-दृगों के भी कवि हैं। वह झूम-झूमकर वर्षा के गीत गाते हैं, वह शरत् की चाँदनी और वसंत के फूलों पर मुग्ध हैं, वह जीना चाहते हैं जिससे कि पृथ्वी के सौन्दर्य को भरपूर देख सकें। वह कहते हैं :

अभी न होगा मेरा अन्त।
अभी-अभी ही तो आया है
मेरे वन में मृदुल वसंत।

'नरगिस' को देखकर वह कहते हैं कि पृथ्वी का सौन्दर्य स्वर्ग की कल्पना से सुन्दर है। यह भी निराला का जीवन-दर्शन है।

इसलिए निराला को शुद्ध अद्वैतवादी, संसार को माया समझने वाले वैरागी बना देना उनके साहित्य के साथ सरासर अन्याय करना है। निराला के जीवन-दर्शन में असंगतियाँ हैं जिन्हें समझे बिना उनके साथ न्याय नहीं किया जा सकता। वह एक ओर यथार्थ जीवन को माया कहते हैं तो दूसरी ओर इस मायामय यथार्थ जीवन से प्रेरणा लेकर महान् रचनाएँ भी हमें देते हैं। इस सत्य से कैसे इनकार किया जा सकता है?

निराला के साहित्य में यह यथार्थ जीवन की एक धुँधली अस्पष्ट कल्पना नहीं है; उसका बहुत ही स्पष्ट रूप हमें देखने को मिलता है। इस यथार्थ जीवन में दुखी और संघर्षरत कवि हैं, उनके प्रतिक्रियावादी आलोचक हैं, उन्हें हतोत्साहित करने वाले मित्र हैं, उनके अभावों के कारण अकाल मृत्यु का ग्रास बनने वाली उनकी युवा पुत्री सरोज है, दाने-दाने को मोहताज भिक्षुक हैं, बन्दरों को पुए खिलाने वाले विप्र हैं, पत्थर तोड़ती मजदूर-स्त्री है, विप्लवी बादल की ओर हाथ उठाता हुआ किसान है। यह सब कुछ है और इसकी ओर निराला तटस्थ नहीं हैं; उनकी सक्रिय सहानुभूति दु:ख सहने वालों के साथ है, उनका आक्रोश दुखियों को सताने वालों पर है। वह जब प्रतिरोध की बात कहते हैं तब निष्क्रिय प्रतिरोध की नहीं, वह अन्याय का सक्रिय प्रतिरोध करने का आह्वान करते हैं। उनके राम, शक्ति की साधना करते हैं, शस्त्र लेकर रावण से युद्ध करते हैं। उनका बादल आसमान छूने वालों की स्पर्धा चूर कर देता है :

अशनिपात से शायित उन्नत शत-शत वीर
क्षत-विक्षत हत अचल शरीर,
गगन-स्पर्शी स्पर्द्धाधीर।

वह जीवन-संघर्ष से डरने वालों को ललकारते हैं :

जीवन की तरी खोल दे रे
जल की उत्ताल तरंगों पर।

सामाजिक यथार्थ का चित्र निराला के गद्य-साहित्य में और भी विशदता के साथ, रेखाओं और रंगों की और भी सजीवता के साथ मिलता है। इस गद्य-साहित्य को पढ़कर यह स्पष्ट हो जाता है कि निराला की वेदना के मूल स्रोत क्या हैं। उनका कथा-साहित्य भारत पर अंग्रेजी राज की कटु आलोचना है; जनता की दरिद्रता और दुखी जीवन की तसवीरें सभ्य अंग्रेज-शासन पर सबसे अच्छी टिप्पणी हैं। साथ ही उनका साहित्य भारतीय रूढ़िवाद की खरी आलोचना करता है। विशेष रूप से वह जाति-प्रथा के हामियों, समाज में ऊँच-नीच का भेद कायम रखने वालों की असलियत जाहिर कर देता है। वह उनके ऊपर से धर्म के लबादे उतार फेंकता है और उनका सच्चा मानव-द्रोही रूप प्रकट कर देता है। वह रूढ़िवादी समाज के ऊपरी दिखावे और भीतरी सड़ांध का भेद प्रकट करता है। धर्म ही नहीं, विवाह, पारिवारिक जीवन, नैतिक मूल्य, जहाँ भी मनुष्य दुरंगी नीति बरतता है, उनका साहित्य उसे उघारकर रख देता है। वह जमींदारों के निर्मम अत्याचारों से लड़ते हुए किसानों के चित्र देता है, समाज के सबसे निचले स्तरों में मानवता

के दर्शन कराता है। अनेक कथाओं में उसने काल्पनिक रोमांस के चित्र दिये हैं, छायावादी नायिकाओं की सृष्टि की है लेकिन उसकी सहज सहानुभूति उसे यथार्थवाद की ओर खींच ले आती है। इस तरह जहाँ निराला में एक प्रवृत्ति संसार की माया समझने की, रंगीन सपनों द्वारा अभावों की काल्पनिक पूर्ति करने की है तो दूसरी ओर संसार को सत्य समझने की, इस भौतिक संसार के दु:ख-सुख से प्रभावित होने की, दुखी मानव के प्रति सहानुभूति प्रकट करने की, जीवन-संघर्ष में लड़ने के लिए उसे ललकारने की, अन्याय का सक्रिय विरोध करने की प्रवृत्ति भी उनमें है। यह दूसरी प्रवृत्ति ही अधिक शक्तिशाली है और उन्हें युग-निर्माता साहित्यकार बनाती है।

निराला एक अत्यन्त सहृदय साहित्यकार होने के साथ-साथ श्रेष्ठ कलाकार भी हैं।

उनकी कला की पहली विशेषता उनका निर्माण-कौशल है। किसी भी रोमांटिक कवि में विषयवस्तु पर ऐसा दृढ़ नियंत्रण न मिलेगा, जैसा निराला में। चाहे छोटा गीत हो, चाहे मुक्तक, चाहे 'राम की शक्ति-पूजा' जैसी नाटकीय कविता, उनका विषय-निर्वाह देखते ही बनता है। आदि-मध्य-अन्त की शृंखला जोड़कर वह सुगठित रूप की सृष्टि करते हैं। इसका कारण उनकी सहृदयता के साथ उनकी प्रबल मेधा का योग है। वह अपने को, और संसार को, भूलने वाले गायक नहीं हैं कि आवेश में गाना शुरू करें और थक जाएँ तब बन्द करें। वह स्थापत्य-कला-विशारद की तरह काव्यरूप को तराशते और गढ़ते हैं। एक छोटा-सा गीत ले लीजिए : 'पावन करो नयन'! इसमें किरण के फूटने और संसार में रंग भरने से लेकर रात्रि में कमल के ऊपर चन्द्रकिरण के रूप में स्वप्न की जागृति बनकर शयन करने तक का विवरण है। 'जुही की कली' में जुही के स्नेह-स्वप्नमग्न होने से लेकर 'खिली खेल रंग, प्यारे संग' की परिणति तक का पूरा चित्र है।

उनकी कला की दूसरी विशेषता उसकी चित्रमयता है। उनकी भाषा भले जहाँ-तहाँ दुरूह हो, लेकिन जहाँ वे चित्र आँकते हैं, वहाँ उनकी रूपरेखा बहुत ही स्पष्ट, उनका सौन्दर्य बहुत ही आकर्षक होता है। इन चित्रों में प्रकृति के दृश्य, नारी और पुरुष की भंगिमाएँ, माता आदि के प्रतीक—सभी अपनी रूपमयता से पाठक को मुग्ध करने वाले हैं।

उनकी कला की तीसरी विशेषता न्यूनतम रूप-सामग्री का उपयोग है। वह व्यर्थ ही बात बढ़ाकर नहीं कहते। गद्य हो चाहे पद्य, उनकी शब्द-योजना बहुत ही गठी हुई होती है। विषयवस्तु के अनुसार उनकी शैली बदलती रहती है, शब्दचयन की प्रणाली बदलती रहती है लेकिन उनकी अधिकांश रचनाओं में भाषा और चित्रों का यह कसाव जरूर मिलेगा। उनकी दुरूहता का यह भी एक कारण है, उनकी रचनाओं में ओजगुण का भी।

गद्य और पद्य, दोनों ही में निराला ने अनेक साहित्यिक रूपों को अपनाया है और तरह-तरह की शैलियों की सृष्टि की है। उन्होंने मुक्त छंद में 'जुही की कली' जैसे मुक्तक लिखे हैं, जहाँ हर चीज हल्की और खिलती हुई है। कविता में पहाड़ी झरने जैसा प्रवाह है। उन्होंने 'गीतिका' में ऐसे गीत लिखे हैं :

प्रात तव द्वार पर
आया जननि नैश अन्ध पथ पार कर।

जहाँ पाठक को प्रत्येक शब्द के साथ धीरे-धीरे आगे बढ़ना होता है। निराला में प्रसाद और ओजगुणों का अनुपम सम्मिश्रण है। एक ओर 'पिउ रव पपीहे प्रिय बोल रहे' की ललित शब्दावली है, दूसरी ओर 'बिंध महोल्लास से बार-बार आकाश विकल' का गगनभेदी स्वर है। शब्दों की ध्वनि पर उनका असाधारण अधिकार है। 'समर में अमर कर प्राण' आदि में अनुप्रासों का नया चमत्कार है।

उनका मुक्त छंद—चाहे वार्णिक हो, चाहे मात्रिक—इस तरह के अनुप्रासों से सुगठित रहता है, जैसे :

याद कर बीते बातें
रातें मन मिलन की

समर में अमर कर प्राण
गान गायेमहा सिन्धु से

दिवसावसान का समय
मेघमय आसमान से।

इस तरह के अनुप्रास वह तुकान्त पंक्तियों के बीच में भी डाल देते हैं, जैसे :

बिंध महोल्लास से बार-बार आकाश विकल।

क्या तुकान्त, क्या अतुकान्त, यति को बराबर हटाकर वह छंद में नया प्रवाह पैदा कर देते हैं। यदि एक पंक्ति यह है :

माता कहती थीं मुझे सदा राजीवनयन

तो उसी छंद में दूसरी पंक्ति यह है :

वानरवाहिनी खिन्न लख रघुपति चरण चिह्न।

अंग्रेजी में जिसे 'एनजैबमेंट' कहते हैं अर्थात् एक पंक्ति से दूसरी पंक्ति में बिना विराम के पहुँच जाना, वह निराला जी के यहाँ साधारण बात है। जैसे 'सरोज-स्मृति' में :

इससे पहले आत्मीय स्वजन
सस्नेह कह चुके थे, जीवन
सुखमय होगा, विवाह कर लो
जो पढ़ी-लिखी हो—सुन्दर हो।

पंक्ति की सीमा तोड़ने वाले इस प्रवाह से छंद की एकरसता ही दूर नहीं होती, भाषा-शैली भी अधिक स्वाभाविक और बोलचाल के निकट मालूम होती है।

निराला जी की श्रेष्ठ रचनाओं में महाकाव्यों जैसी उदात्त शैली के दर्शन होते हैं। हिन्दी में उन जैसी ओजपूर्ण कविताएँ और किसी की नही हैं। उनकी शब्दावली में काफी तत्सम शब्द रहते हैं। फिर भी साधारण शब्दों से चमत्कारी प्रभाव पैदा करने और स्मरणीय पंक्तियाँ लिखने में वह अद्वितीय हैं। जैसे 'सरोज-स्मृति' में :

दुःख ही जीवन की कथा रही
क्या कहूँ आज जो नहीं कही।

या :

खंडित करने को भाग्य अंक
देखा भविष्य के प्रति अशंक।

या 'जुही की कली' में :

आई याद बिछुड़न से मिलन की वह मधुर बात,
आई याद चाँदनी की धुली हुई आधी रात।

निराला की अनेक रचनाएँ लोकगीतों के बहुत ही नजदीक हैं। 'गीतिका' में 'नयनों के डोरे लाल' भाषा, भाव और संगीत, सभी दृष्टियों से लोकगीतों की परम्परा के अनुकूल है। इस तरह के उनके और गीत भी हैं।

निराला जी ने जैसे पद्य सँवारा है, वैसे ही गद्य को भी अलंकृत किया है। बिना बाँकपन के वह बात नहीं करते। उनका गद्य बहुत ही चुस्त होता है; रेखाचित्रों में वह सरल, सुगठित और व्यंग्यपूर्ण होता है। उपमा और रूपकों के वह उस्ताद हैं। कोई भी अलंकार-प्रेमी उनके गद्य से भी संतुष्ट हो जाएगा। उनके पैराग्राफ के पैराग्राफ

काव्य की तरह अनूठे और स्मरणीय होते हैं। गद्य लेखक निराला ने बालमुकुन्द गुप्त और प्रेमचन्द की परम्परा को और ऊँचा उठाया है। उन्होंने गद्य-लेखन को काव्य-रचना के समान ही सरस और कलापूर्ण बना दिया है। हिन्दी भाषा की नई क्षमता निराला के गद्य में प्रकट हुई है।

निराला जी के कथा-साहित्य में जहाँ कल्पना का पुट अधिक है, वहाँ पात्रों का विकास कम हुआ है और घटनाओं के नीचे कथा दब गई है या घटनाएँ भी काल्पनिक लगती हैं। लेकिन जहाँ वह यथार्थवाद की ओर झुके हैं, वहाँ उनकी कला और निखर गई है, पात्रों का चित्रण सजीव और भरापूरा हुआ है और घटनाएँ कथा-प्रवाह में—नदी के द्वीपों की तरह—यथास्थान हैं।

निराला जी एक श्रेष्ठ विचारक और समालोचक हैं। उन्होंने अपनी आलोचनाओं को भी कला का रूप दिया है। व्यंग्य और चुटकुलों से जैसे उनके निबन्ध मनोरंजक हैं, वैसे ही तर्क-योजना प्रभावशाली है। उनके विचारों पर रूढ़िवाद का प्रभाव भी पड़ा है लेकिन उसका खंडन करने वाली स्थापनाएँ भी उनमें भरी पड़ी हैं, जैसे वर्णाश्रम धर्म के बारे में। निराला जी की कला सोद्देश्य है, जनकल्याण के लिए है, इसीलिए 'कला कला के लिए' वालों का उन्होंने मजाक उड़ाया है।

हिन्दी-भाषी जनता के सांस्कृतिक विकास में निराला की ऐतिहासिक भूमिका है। उनके साहित्य का युगान्तरकारी महत्त्व है। जिस समय उन्होंने लिखना शुरू किया था, उस समय कविता की भाषा खड़ी बोली हो या ब्रज भाषा हो, यह विवाद जोरों पर था। प्रसाद और पंत के साथ निराला ने काव्य में खड़ी बोली की जड़ जमा दी, अपने अमल से उस विवाद को सदा के लिए खत्म कर दिया। वह अपने-आप में हिन्दी-भाषी जनता की बहुत बड़ी सेवा थी।

निराला जी के रचनाकाल में दूसरी भाषाओं के लोगों से अक्सर यह सुनने को मिलता था : हिन्दी में क्या है? निराला ने इस मनोवृत्ति के खिलाफ संघर्ष किया, अपने ही घर के उन नेताओं से लोहा लिया जो हिन्दी को घृणा की दृष्टि से देखते थे। निराला ने हिन्दी भाषा और साहित्य की सम्मान-रक्षा के लिए आजीवन युद्ध किया। 'प्रबन्ध प्रतिमा' में उनकी 'गांधीजी से बातचीत', 'नेहरूजी से दो बातें', 'प्रान्तीय साहित्य सम्मेलन, फैजाबाद' आदि रचनाएँ इसका प्रमाण हैं। इतना ही नहीं, उन्होंने कविता, कथा, आलोचना आदि के क्षेत्र में जो कुछ दिया, उससे हिन्दी का सम्मान बढ़ा, जनता की संस्कृति और समृद्ध हुई।

निराला जी ने काव्य-क्षेत्र से रीतिकालीन परम्परा को विदा कर दिया। यह परम्परा यहाँ के नष्ट होते हुए सामन्ती वर्ग के साथ जुड़ी हुई थी, अपने जीवन की अन्तिम साँसें गिनती हुई भी वह नये साहित्य की राह रोके हुई थी। निराला जी ने अपनी आलोचना से इसके धुरंधरों के छक्के छुड़ा दिये और अपने काव्य में उससे

होड़ करनेवाली रचनाएँ सामने रखीं। यह रीतिकालीन परम्परा के वीररस के नाम पर सामन्तों की चाटुकारिता करती थी। निराला ने हिन्दी में वास्तविक दु:ख के चित्र देकर, संघर्ष और उत्पीड़न के बीच यथार्थ भूमि पर ओजगुण की सृष्टि की। वह रूढ़िवादी परम्परा श्रृंगार के नाम पर नारी को सामन्तों के आमोद-प्रमोद की वस्तु बनाती थी। निराला ने रत्नावली में नारी का दूसरा रूप दिखाया जो तुलसीदास को महाकवि बनाने वाला था। उन्होंने नारी को श्रृंगार और प्रेम की मूर्ति के रूप ही में नहीं देखा, उन्होंने देवी जैसी गूँगी स्त्री में महामहिमामयी मानवता भी देखी। और प्राचीन रूढ़िवाद जहाँ सामन्तों को ईश्वर का अंश कहकर उनकी रक्षा करता था, जाति-प्रथा कायम रखकर शूद्रों पर अत्याचार करता था, वहाँ निराला ने सामन्ती अत्याचारों और जातिगत उत्पीड़न के चित्र खींचकर उस रूढ़िवाद से संघर्ष करने में योग दिया।

हिन्दी में जैसा विरोध निराला का हुआ है, वैसा किसी का नहीं हुआ। इस विरोध का कारण उनके साहित्य का वह युगान्तरकारी पक्ष है जिसकी ओर ऊपर संकेत किया गया है। साहित्य और समाज में कौन ऐसा निहित स्वार्थ है जिसे निराला से भय न हुआ हो? नायिका-भेद के उपासक पुरानपंथी कवि, जातिप्रथा के सहारे जीने वाले धर्मध्वज पंडे-पुरोहित, सामन्तों और पूँजीपतियों के दलाल—सभी इस व्यक्तित्व से चौकन्ने थे। इस विरोध ने आज निराला को क्षत-विक्षत कर दिया है। प्रतिक्रिया की थपेड़े सहता हुआ वह वीर आज निरुपाय हो गया है। लेकिन उसके संघर्ष का मूल्य क्या कभी हिन्दी संसार चुका पाएगा? उसने हिन्दी की विजय-पताका झुकने नहीं दी। विरोध के स्वर शांत हो गए हैं। नये और पुराने, सभी विचारों के साहित्यकार और साहित्य-प्रेमी उसके सामने श्रद्धानत हैं। यह उन आदर्शों की विजय है जिनके लिए निराला लड़ा है।

निराला का सम्मान सबसे अधिक इस बात में है कि हम उनके साहित्य को पढ़ें, समझें और उससे सीखें। श्रद्धा का पर्दा डालकर उनके साहित्य को ढक देने से हिन्दी का हित न होगा। कितना भी विरोध हो, निराला अपने साहित्य के प्रति, अपनी कला के प्रति सच्चे रहे हैं। उनकी ईमानदारी अनमोल है। उन्होंने समझौता नहीं किया। जिसे ठीक समझा, उस पर अडिग रहे हैं। हमारे कलात्मक साहित्य के विकास का यही रास्ता है।

निराला ने जहाँ दरबारी साहित्य का विरोध किया है, वहाँ संत साहित्य का समर्थन भी किया है। वह न हर नई चीज के समर्थक हैं, न हर पुरानी चीज के विरोधी हैं। हमारे भावी साहित्य में प्रगति और परम्परा की ऐसी ही कड़ी जुड़नी चाहिए।

निराला ने जहाँ हिन्दी की सम्मान-रक्षा की है, वहाँ बँगला से घृणा नहीं की, वैष्णव कवियों और रवीन्द्रनाथ ठाकुर की रचनाओं की व्याख्या करते हुए

उन्होंने निबन्ध लिखे हैं, पुस्तक रची है। हिन्दी, और अहिन्दी-भाषियों के बीच सुहृद्भाव कायम करके समूचे देश की जनता और संस्कृति का इसी तरह विकास होना चाहिए।

निराला ने जहाँ पुस्तकों से बहुत सीखा है, वहाँ उसने बिल्लेसुर, चतुरी, कुल्ली, देवी आदि साधारण नर-नारियों से भी बहुत कुछ सीखा है। उनके साहित्य की जड़ें देश की धरती और साधारण जनता में गहरी चली गई हैं। हिन्दी का भावी साहित्य देश की जनता का साहित्य होगा, उसमें जनता का चित्रण होगा, उसका उद्देश्य जनता की सेवा करना होगा।

निराला विद्रोह और परिवर्तन के कवि हैं, वह जीवन-संघर्ष में कूदने के लिए आह्वान करने वाले कवि हैं। यह युग देश में महान् परिवर्तनों का युग है। हिन्दी साहित्य में यह युग चित्रित होगा और हिन्दी साहित्य इन परिवर्तनों को लाने में प्रेरणा देगा। इसमें सन्देह नहीं कि हिन्दी साहित्य की इस भूमिका पर कोई भी रोक न लगा सकेगा क्योंकि इसकी प्रतिष्ठा महाकवि निराला ने की है।

14

उदात्त-अनुदात्त*

दुःख ही जीवन की कथा रही,
क्या कहूँ आज, जो नहीं कही।

और जिसे कवि नहीं कह पाया, उसे आलोचक क्या कहेगा? बहुत कम लोगों ने देखा कि निराला के जीवन में दुःख है : अपना ही नहीं, दूसरों का दुख भी उनमें सिमटकर भर आया है। वह वाल्मीकि, भवभूति और तुलसीदास की परम्परा के कवि हैं और उसमें प्राचीन मंत्र-द्रष्टाओं की-सी दीप्ति है यद्यपि वह पराधीन भारत के अभिशप्त कवि रहे हैं।

लोगों ने देखा, छह फुट से लम्बा शरीर, कंठ तक लहराते हुए कुंचित केश, वेश अस्तव्यस्त, कभी कुर्ता-धोती, कभी तहमद या लुंगी, विशाल नेत्र, अजन्ता की कारीगरी-सी लम्बी और वक्र उँगलियाँ, पम्प शू, फटी चप्पल या नंगे पैर, बातचीत में अटपटा, जिसे हम सभ्यता और शिष्टता कहते हैं, उसका अक्सर उल्लंघन करने वालो, 'मतवाला' के सम पर नाम निराला, कविता भी निराली, कोई लाइन तीन फुट लम्बी, कोई सिर्फ डेढ़ इंच की, भाषा ऊबड़-खाबड़, छंद बेसिर-पैर के। विद्वान् कहते : कोश देखकर लिखते हैं—जो कुछ लिखते हैं, उसका कोई अर्थ ही नहीं होता। कविता तो वह, जो पढ़ते या सुनते ही समझ में आ जाए, यह भी कोई कविता हुई कि या तो आप समझें या फिर खुदा समझे। कवि-सम्मेलनों के मंच पर लोग स्वाँग बनाकर आते, मुक्त छंद के साथ कवि की चालढाल की भी नकल करते, पत्रिकाओं में कार्टून छपते और विरोध में लिखे हुए लेखों की भरमार। निराला की पीढ़ी के शेष सभी कवियों के खिलाफ जितना लिखा गया, उसका दस गुना अकेले निराला के विरुद्ध लिखा गया। जितना लिखा गया, उससे ज्यादा कहा गया। निराला राह चलते प्रवादों और अफवाहों के केन्द्र बन गए।

---

* यह निबन्ध निराला जी के जीवनकाल में उनके एक कविता-संकलन की भूमिका के रूप में लिखा गया था। यहाँ पहली बार प्रकाशित हो रहा है।

धीरे-धीरे यह कोलाहल कम होता गया। सैकड़ों सम्मेलनों में—आवश्यक रूप से कवि-सम्मेलनों में ही नहीं—निराला की आवाज गूँजी। भारत सोवियत मैत्री संघ के खुले अधिवेशन (लखनऊ) में जहाँ सहस्रों जनों ने श्री जवाहरलाल नेहरू और श्रीमती सरोजिनी नायडू का भाषण सुना, वहाँ निराला ने अपने मेघमेन्द्र स्वरों में बादल-राग सुनाया। निराला युवकों के विशेष प्रिय कवि बने। वह उन्हें उत्साहित करते, नई प्रेरणा देते और स्वयं नये आत्मविश्वास से आगे बढ़ाते। निराला का साहित्य विश्वविद्यालयों के अध्ययन क्रम से बाहर रखा गया, अब भी बहुत कुछ बाहर है। किन्तु विद्यार्थी समाज ने उसे बहुत पहले अपना लिया था, उसने अपने सहज ज्ञान से परख लिया कि तरुण हृदयों में जो भावना प्रकट होने के लिए कसमसा रही है, उसी को मूर्त रूप दिया है कवि निराला ने। इस सम्पर्क की एक झलक निराला के इस पत्र में मिलती है जिसे 20 नवम्बर, 1936 को उन्होंने इन पंक्तियों के लेखक के नाम इलाहाबाद से लिखा था :

"यहाँ की यूनिवर्सिटी में 'आधुनिक हिन्दी साहित्य की गतिविधि' पर भाषण था। यह यहाँ की एक हिन्दी की सभा है। प्राय: 40-50 विद्यार्थी और 10-12 छात्राएँ थीं। पं. देवीप्रसाद शुक्ल और कवि रामकुमार वर्मा जैसे प्रोफेसर, कुछ प्रोफेसर डॉ. धीरेन्द्र वर्मा जैसे काम से बाहर गए हुए थे। कुछ अन्य सज्जन थे अतिथि। यहाँ वही छात्र और छात्राएँ आ सकते हैं जो इसके मेम्बर हैं। भाषण और कविता-पाठ, दोनों एक प्रकार अच्छे रहे। फिर सबने एक साथ चाय-नाश्ता किया। भाषण और कविता-पाठ प्राय: डेढ़ घंटे हुआ। पहले एक विद्यार्थी ने निबन्ध पढ़ा, फिर कुछ समय रामकुमारजी ने मेरी तारीफ की। कुछ समय तक छात्र और छात्राओं के नोट-बुक में मैं कविता लिख-लिखकर हस्ताक्षर करता रहा, कुछ समय चाय-नाश्ता और प्रश्नोत्तर में बीता। इस प्रकार ढाई घंटे से कुछ अधिक समय सर्फ हुआ, शाम सात बजे तक।"

विरोधी परास्त हुए, कवि की साधना विजयी हुई। किन्तु कवि के प्रति श्रद्धा प्रकट करने के साथ उसकी रचनाओं का अध्ययन और मूल्यांकन भी आवश्यक है।

कवि का सही परिचय उसका काव्य है। फिर भी निराला के जीवन से सम्बन्धित कुछ घटनाओं को जानने से उनका साहित्य समझने में आसानी होती है। उनका जन्म बंगाल के महिषादल राज्य में हुआ। उनके पिता ग्राम गढ़ाकोला, जिला उन्नाव के निवासी थे और जीविका के लिए महिषादल राज्य में सिपाही थे। अपने पिता के पेशे की याद करके कवि निराला गालिब की ये पंक्तियाँ दोहराया करते थे :

सौ पुश्त से है पेशए आबा सिपहगरी।
कुछ शायरी जरीय-ए-इज्जत नहीं मुझे॥

निराला में जो अक्खड़पन है, उनकी सहज विलम्बित गति और गर्वोन्नत अविनीत भाल—यह सब सम्भवत: उन्हें अपने पिता से विरासत में मिला है। बंगाल

में पैदा होने से उन्हें बँगला का सहज बोध मातृभाषा के समान ही हुआ। 'परिमल' संग्रह की अनेक कविताओं में विशेष कर वर्षा ऋतु से सम्बन्धित रचनाओं में उन्होंने बंगाल के प्राकृतिक सौन्दर्य का वर्णन किया है, जैसे इन पंक्तियों में :

धँसता दलदल
हँसता है नद खल्-खल्
बहता, कहता
देख-देख नाचता हृदय
बहने को महा विकल-बेकल।

निराला जी का विवाह लड़कपन में हुआ और वह बीस साल के भी नहीं थे जब उन्हें एक पुत्र श्रीरामकृष्ण त्रिपाठी और एक कन्या (स्वर्गीया) सरोज देकर उनकी पत्नी इन्फ्लूएंजा के प्रकोप से स्वर्ग सिधारीं। कवि के मन पर अपनी मधुर वाणी, संगीतप्रियता और रामचरितमानस प्रेम की अमिट छाप छोड़ गईं। धरती के सौन्दर्य के गीत गाते हुए :

रँग गई पग-पग धन्य धरा,
हुई जग जगमग मनोहरा।

इन पंक्तियों में कवि ने उन्हीं मनोहारा देवी को स्मरण किया है जिन्हें 'स्वर्गीया प्रिया प्रकृति' कहकर 'गीतिका' समर्पित की है।

जिस महामारी में कवि की पत्नी और परिवार के अन्य सदस्य उनसे बिछुड़ गए, उसे याद करके उन्होंने अपने 'अलका' उपन्यास में लिखा था : "गंगा के दोनों ओर दो-दो और तीन-तीन कोस पर जो घाट हैं, उनमें हर एक पर एक दिन में दो-दो हजार लाशें पहुँचती हैं। जलमग्न दोनों किनारे शवों से ठँसे हुए, बीच में प्रवाह की क्षीण रेखा, घोर दुर्गन्ध, दोनों ओर एक-एक मील तक रहा नहीं जाता।" चारों ओर मृत्यु की विभीषिका—इस वातावरण में निराला ने अपना साहित्यिक जीवन आरम्भ किया। वैसे अपने भौतिक जीवन के आरम्भ में ही वह मातृस्नेह से वंचित हो गए थे। मानो उसी अभाव की पूर्ति के लिए उन्होंने अपने गीतों में इष्ट देवी के रूप में बराबर अपनी दिवंगता जननी को पुकारा है :

अनगिनत आ गए शरण में जन, जननि।

प्रकृति के सौन्दर्य का प्रतीक बनकर यदि स्वर्गीया प्रिया आती हैं तो मृत्युंजयी शक्ति के रूप में—जिनकी अर्चना 'राम की शक्ति-पूजा' में स्वयं राम ने की है—उनकी स्वर्गीया जननी अवतरित होती हैं :

दे, मैं करूँ वरण
जननि, दुःख हरण पदरागरंजित मरण।

उनके लिए जननी के पदराग से रंजित होकर मृत्यु भी मंगलकारी हो गई है। अप्रत्यक्ष रूप से इन दो स्वर्गीया देवियों की स्मृति ने निराला को शक्ति और सौन्दर्य के अद्‌भुत समन्वय का कवि बना दिया।

प्रथम महायुद्ध के बाद से कवि ने साहित्य-रचना का कार्य आरम्भ कर दिया था किन्तु उसकी रचनाओं का महत्त्व आँकने वाला कोई न था। सम्पादक के दफ्तर से कविताएँ 'स्थानाभाव' से सधन्यवाद वापस आ जातीं। लौटी हुई रचनाओं को लेकर वह आकाश की ओर घास नोंचकर सम्पादकों के नाम चढ़ाया करते :

लौटी रचना लेकर उदास
ताकता हुआ मैं दिशाकाश
बैठा प्रान्तर में दीर्घ प्रहर
व्यतीत करता था गुनगुन कर
सम्पादक के गुण, यथाभ्यास
पास की नोचता हुआ घास
अज्ञात फेंकता इधर-उधर
भाव की चढ़ी पूजा उन पर।

श्रावणी पूर्णिमा संवत् 1980 को कलकत्ते से स्वर्गीय महादेव प्रसाद सेठ ने 'मतवाला' का प्रकाशन आरम्भ किया। प्रथम वर्ष के अठारहवें अंक में कवि की प्रसिद्ध रचना 'जुही की कली' (जो अभी 'जूही की कली' है) प्रकाशित हुई। 'मतवाला' में साल-दो साल काम करने के बाद वह बनारस आए और उसके बाद अपने गाँव में रहे। उन दिनों वे अस्वस्थ थे। तभी कवि श्री सुमित्रानन्दन पंत का कविता-संग्रह 'पल्लव' प्रकाशित हुआ और निराला ने 'पंत जी और पल्लव' नाम से उसकी आलोचना लिखी। गाँव में रहते हुए उनका घनिष्ठ सम्बन्ध-सम्पर्क गरीब किसान और समाज के सबसे दलित अंग अछूतों से हुआ। 'अलका', 'निरुपमा' जैसे उपन्यासों में, 'चतुरी चमार', 'कुल्ली भाट', 'बिल्लेसुर बकरिहा' जैसे रेखाचित्रों और अनेक कहानियों में गद्य-लेखक निराला ने अपनी कला को एक नया यथार्थवादी रूप दिया।

सन् '29 के लगभग वे लखनऊ में आकर जमे। गंगा-पुस्तक-माला कार्यालय से उनका कविता संग्रह 'परिमल' निकला, 'अप्सरा' आदि उपन्यास निकले, 'सुधा' के सम्पादन में वह हाथ बटाते रहे। दस वर्ष तक लखनऊ में रहते हुए उन्होंने गद्य-पद्य की सर्वोत्तम कृतियाँ हिन्दी को दीं। इसके बाद दूसरे महायुद्ध का समय आया, उनकी आर्थिक कठिनाइयाँ बढ़ीं। वह इलाहाबाद गए और तब से अस्वस्थता, बुढ़ापा, तरह-तरह की आधि-व्याधियाँ उन्हें घेरे रहीं। वह लिखते रहे और अब भी जब-तब उनके गीत प्रकाशित होते रहते हैं लेकिन अब उस मेघ-मन्द्र-स्वर की गूँज ही जब-तब सुनाई देती है। सन् '43 में उनकी वर्तमान अस्वस्थता की पहली मंजिल

थी। उस समय वह बड़े सचेत और सतर्क ढंग से अपनी स्थिति का विश्लेषण कर सकते थे। दूसरी फरवरी, '43 को अवधी के सरस कवि स्वर्गीय श्री बलभद्र दीक्षित की चर्चा करते हुए उन्होंने पत्र में मुझे लिखा था :

"दीक्षित के लिए बहुत सोचता हूँ, मगर वह नस मेरी कट चुकी है जिसमें स्नेह सार्थक है : अपने-आप दिन-रात जलन होती है। किसी से अपनी तरफ से प्राय: नहीं मिलता। मिल नहीं सकता। कोई आता है तो थोड़ी-सी बातचीत। आने वाला ऊब जाता है। मुझे भी बातचीत अच्छी नहीं लगती। कभी रात-रात भर नींद नहीं आती। तम्बाकू छूटती नहीं। खोपड़ी भन्नाई रहती है। चित्रकूट में एक दफा बीमारी के समय छोड़ दिया था खाना, फिर आदत पड़ गई।"

निराला का स्वभाव, उनका व्यक्तित्व उनकी रचनाओं का अभिन्न अंग है। इस स्वभाव की मुख्य विशेषता है करुणा, सहानुभूति। दूसरों का दु:ख देखकर वह इतना द्रवित हो जाते हैं कि उन्हें अपने वर्तमान या भविष्य की चिन्ता नहीं रहती। संसार में जो बुद्धिमान कहलाते हैं, वे निराला में व्यवहार-कुशलता का अभाव देखते हैं। आखिर अकेले आदमी हैं; साहित्य से कुछ पैसा तो मिला ही, थोड़ा अर्थशास्त्र का ज्ञान होता तो खाते-कमाते, मजे में दिन काटते। लोग इससे कम पूँजी में मालामाल हो जाते हैं लेकिन निराला जल में कमल-पत्र की तरह इस व्यापारिक सभ्यता से अछूते रहे हैं। इस पर तबीयत बादशाहों की पाई है। जिस पर प्रसन्न हो जाएँ उस पर सब कुछ निछावर कर दें। दोस्त की तो बात ही क्या, दुश्मन भी आए तो कर्ज लेकर उसका सत्कार करें। आत्म-सम्मान की मात्रा इतनी अधिक है कि पैसे को 'त्वमेव माता च पिता त्वमेव' कहने वालों से समझौता कर नहीं पाते। एक बार किसी कवि-सम्मेलन में कोई सज्जन उन्हें बुलाने आए; गर्व से कवि के लिए मोटर भेजने की बात कही। कवि ने कहा : "हम पैदल ही आ जाएँगे।" इसी आत्मसम्मान के कारण जहाँ किसी राजा के यहाँ अराजकतावादी लेखक आश्रय खोजते थे, वहाँ निराला उनके सम्मान में अन्य लेखकों के साथ अपने आसान से उठे भी नहीं। आत्मसम्मान से अधिक उन्हें हिन्दी भाषा और साहित्यकारों के सम्मान की चिन्ता रही है। किसी साहित्यिक सभा में राजनीतिक नेताओं को मंच पर और आचार्य रामचन्द्र शुक्ल को नीचे बैठे देखकर भरी सभा में नेताओं को ललकारना निराला ही का काम था। हिन्दी भाषा और साहित्य के गौरव के प्रतिकूल, अपमानजनक शब्द कहने वालों को उन्होंने हमेशा आड़े हाथों लिया, साहित्य के भिन्न क्षेत्रों में उन लोगों का चाहे कितना ही नाम क्यों न रहा हो।

अपनी आलोचना के प्रति वह सदा सजग रहे हैं। अपनी चीजों को परखने और सुधारने में उन्हें कभी हिचक नहीं रही। छोटों के मुँह से भी अपनी आलोचना में धैर्यपूर्वक सुन लेते थे। अपनी प्रशंसा सुनकर उन्हें बच्चों की तरह खुशी होती थी यद्यपि ऊपर से वे वीतराग दिखने का प्रयत्न करते थे लेकिन प्रशंसा समझकर की

जा रही है या केवल उनकी चापलूसी करने के लिए, यह वह बहुत अच्छी तरह भाँप लेते थे। ऐसे प्रशंसकों पर वह व्यंग्य करने में न चूकते थे। जैसे एक मित्र ने उनकी आँखों की प्रशंसा की तो बोले—जी हाँ, बड़ी-बड़ी हैं, बैल की-सी।

अन्यायपूर्ण आलोचना से वह बहुत क्रुद्ध होते थे यद्यपि उनका यह क्रोध बहुत दिन तक नहीं रहता था। लेकिन लगातार और इतने दिन तक लिखित और मौखिक रूप में इतनी ज्यादा उनकी आलोचना हुई है—और इतनी बेसिर-पैर की और अन्यायपूर्ण—कि उससे उनके मन पर प्रबल आघात हुआ है। उन्हें मानसिक और शारीरिक रूप से अस्वस्थ करने में व्यक्तिगत कारणों के अलावा उनके विरोधी आलोचकों का बहुत बड़ा हाथ है। इनके बाद वे प्रकाशक स्मरणीय हैं जिनके व्यवहार से निराला सदा असंतुष्ट रहे और आजीवन एक के बाद दूसरा प्रकाशक टटोलते रहे। साहित्य के सौदागरों ने निराला की प्रतिभा को न पहचाना। बिकाऊ माल पाने की तलाश में उनसे अनुवाद का काम कराया और उन्हें अपनी श्रम-शक्ति बहुत सस्ते दामों में बेचने पर मजबूर किया। इनके बाद हिन्दी-भाषी प्रदेश—विशेष कर उत्तर प्रदेश—के राजनीतिक नेता हैं जिन्होंने या तो हिन्दी साहित्य या हिन्द-प्रदेश की संस्कृति को बिल्कुल अवज्ञा की दृष्टि से देखा, या अपने चाटुकार साहित्यकारों को उकसाकर छिपे तौर से निराला के विरोध को बढ़ावा देते रहे। इसी कारण निराला कहीं अपने को 'वसंत का अग्रदूत' घोषित करते हैं तो साथ ही यह भी बताना नहीं भूलते कि वह 'ब्राह्मण समाज में अछूत' हैं।

उनका जीवन जब-तब उच्छृंखल का-सा लग सकता है किन्तु उसकी मुख्य गति एक सामाजिक क्रान्तिकारी के जीवन की रही है। चोटी कटाकर, जनेऊ उतारकर, खान-पान के भेदभाव की पूरी अवहेलना करके, गाँव के चमारों के मुकदमों में जमींदार के विरुद्ध उनका साथ देकर और अपने घर उनके बच्चों को पढ़ाकर उन्होंने अभूतपूर्व साहस का परिचय दिया था। इसीलिए वह दु:ख और वेदना के साथ संघर्ष और चुनौती के कवि भी हैं।

जब लोग उनके चरण छूते तो वह हाथ जोड़कर या एक हाथ उठा कर 'नमोनम:' कहते। उन्होंने वेदान्त को इस रूप में अपनाया था कि सभी मनुष्य समान हैं, इसीलिए प्रणाम कौन किसको करे। विदेशी अत्याचारों से जैसे उन्हें घृणा थी, वैसे ही भारतीय समाज में निर्धन किसानों और दलित जनों पर अत्याचार होते देखकर उन्हें रोष हो आता था और वह समाज के शत्रुओं पर तीव्र व्यंग्य वाणों की वर्षा करते।

वह चरणस्पर्श से प्रसन्न होकर आशीर्वाद देने वाले गुरु कभी नहीं रहे। वह गुरु से अधिक अपने परिचितों के मित्र रहे हैं। इस मित्रता में भी दूसरे के आत्मसम्मान को धक्का न लगे, इसका वह सदा ध्यान रखते थे।

परिश्रम करने की उनमें अद्भुत क्षमता रही है। उनका साहित्य इधर-उधर बिखरा पड़ा है। हजारों सफ्हे उन्होंने अनुवाद किये है, जीवनियाँ लिखी हैं, निबन्ध लिखे हैं

जिनमें बहुत से संगृहीत नहीं हुए। उपन्यास, कहानियाँ, रेखाचित्र, 'मतवाला' और 'सुधा' में छद्‌मनाम से या बिना नाम के टिप्पणियाँ लिखी हैं। और जितना काम किया है, उतना ईमानदारी से, भाषा और शैली को भरसक सँवारते हुए। इसीलिए कवि होने के साथ वह हिन्दी के बहुत समर्थ गद्य-लेखक—कथाकार, निबन्धकार और आलोचक—भी हैं। निराला बहुमुखी प्रतिभा के साहित्यकार हैं—हिन्दी, बँगला, अंग्रेजी, संस्कृत और उर्दू काव्य के अध्ययनशील साहित्यकार।

अब निराला के काव्य पर विचार करना चाहिए। उनका जीवन-दर्शन क्या है? बंगाल में रहते हुए उन पर रामकृष्ण मिशन के साधुओं और स्वामी विवेकानन्द का प्रभाव पड़ा। वह कुछ दिन तक मिशन के दार्शनिक पत्र 'समन्वय' के सम्पादक भी रहे। स्वामी विवेकानन्द की कुछ रचनाओं का उन्होंने अनुवाद किया है। संसार माया है, मनुष्य सच्चिदानन्द ब्रह्मरूप है, इसलिए कायरता और दुर्बल इच्छाएँ उसे अपने पास न फटकने देनी चाहिए। 'जागो फिर एक बार' में उनके दर्शन का सारतत्त्व देखा जा सकता है। सिंहिनी की गोद से कोई उसका शिशु नहीं छीन सकता, शिशु छिनने पर मेषमाता ही, निर्निमेष रहती है। वह गीता का स्मरण कराके ऐतिहासिक प्रसंग के बहाने पराधीन देश की जनता को संघर्ष के लिए ललकारते हैं।

जयशंकर प्रसाद और श्री सुमित्रानन्दन पंत के साथ निराला जिस धारा के प्रतिनिधि कवि हैं, उसे छायावाद नाम दिया गया है। छायावाद की एक प्रवृत्ति रहस्यवाद की है। लोकोत्तर आनन्द की प्राप्ति, प्रकृति में रहस्यमय चेतना की झलक, ब्रह्म में लीन होने की उत्कंठा—यह सब रहस्यवाद कहलाता है। निराला रहस्यमयी अनुभूति के कवि नहीं हैं, उन्होंने रहस्यवाद को वेदान्त का पर्यायवाची मानकर उसे बौद्धिक रूप में अपनाया है। उनका विवेक कभी-कभी इस दर्शन के प्रति विद्रोह भी करता रहा है। 'अधिवास' कविता में वह वेदान्तियों की माया के बारे में कहते हैं कि दुखी को देखकर उनके हृदय में करुणा उमड़ती है, वह गतिहीन सच्चिदानन्द में कैसे लीन हों?

फँसा माया में हूँ निरुपाय,
कहो, कैसे फिर गति रुक जाय?

इस माया से न निकल पाने के कारण उनका रहस्यवादी अधिवास छूट जाता है लेकिन इससे उन्हें चिन्ता नहीं होती।

रहस्यवादी कवि कहते हैं—अज्ञान की निशा बीत गई, संसार नये आलोक से प्रकाशित दिखाई देता है। निराला ने भी यही भाव प्रकट करते हुए बहुत-से गीत लिखे हैं। लेकिन 'कौन तम के पार, रे कह' गीत में वह अन्धकार को भी जीवन के लिए आवश्यक बताते हैं। 'अशिव उपलाकर मंगल द्रवित जल नीहार'—जो अशिव है, वही स्थिति बदलने से शिव बनता है। जो पत्थर के समान कठोर है, वही द्रवित होकर नीहार बनता है।

शिव और अशिव, उपल और नीहार—विरोधी तत्त्वों की एकता से यह संसार बना है। संसार के सभी पदार्थ और उनकी गतिविधि शक्ति के ही विभिन्न रूप हैं। मनुष्य को इसी शक्ति का सागर पार करना होता है :

प्राणसंघात के सिन्धु के तीर मैं
गिनता रहूँगा न कितने तरंग हैं,
धीर मैं ज्यों समीरण करूँगा तरण।

ऐसी स्थिति में कवि के लिए जीवन के अभिशाप भी वरदान हो जाते हैं। अपमान की आग उसे आगे बढ़ने की प्रेरणा देती है; इस ज्वाला से प्रेरित होकर वह जीवन के प्रलोभनों पर विजय पाता है :

लांछना ईंधन, हृदय-तल जले अनल,
भक्ति-नत-नयन मैं चलूँ अविरत सबल,
पार कर जीवन—प्रलोभन समुपकरण।

फूल की खुशबू धरती का ताप सहकर ऊपर उठती है। अगर कोई चाहे कि कर्ममय जीवन के क्लेश सहे बिना परोक्ष सत्ता का ध्यान करने से सिद्धि मिल जाएगी तो यह सम्भव नहीं है। 'वनबेला' को देखकर कवि कहता है :

यह ताप, त्रास
मस्तक पर लेकर उठी अतल की अतुल साँस
ज्यों सिद्धि परम
भेदकर कर्म-जीवन के क्लेश, सुषम
आई भू पर।

'नरगिस' नाम की कविता में गंगा के किनारे खड़ा हुआ कवि चाँदनी का सौन्दर्य देखता है। उसे लगता है कि स्वर्ग ने जो कुछ सबसे सुन्दर रचा और सँवारा है, वह यह चाँदनी ही है। लेकिन नरगिस उससे कहती है कि पृथ्वी का फूल धरती का अन्धकार पार करके आकाश की ओर उठता है, वह स्वर्ग की सृष्टि चाँदनी से भी सुन्दर है।

शक्ति के उपासक कवि के लिए कर्ममय जीवन व्यर्थ नहीं है। वह जीवन-संघर्ष में भाग लेने के लिए जनता का आह्वान करता है :

जीवन की तरी खोल दे रे
जग की उत्ताल तरंगों पर।

निराला की कविता अपने सत्य से पाठक को इसलिए प्रभावित करती है कि उन्होंने संघर्ष का स्वप्न नहीं देखा वरन् अपने जीवन में प्रतिक्षण उसका अनुभव किया है। 'सरोज-स्मृति' में हम उनके जीवन-संघर्ष का चित्र देखते हैं। चारों ओर

से प्रहार होने पर वह भविष्य में अपना विश्वास दृढ़ रखे हुए उनका सामना करते हैं। अपने साहित्यिक कर्मों से ही वह अपनी स्वर्गीया कन्या का तर्पण करते हैं। 'तुलसीदास' में उन्होंने रामचरितमानस के लेखक के मानसिक संघर्ष का चित्रण किया है। उन महाकवि को भी सिद्धि आसानी से न मिल पाई थी। 'राम की शक्ति-पूजा' में राम पहले रावण से पराजित होते हैं क्योंकि शक्ति रावण की ओर है। शक्ति की उपासना करके ही राम इस योग्य होते हैं कि वह तमोगुण के प्रतीक रावण पर विजय प्राप्त कर सकें। पराजय का क्षोभ, अभिशाप की पीड़ा, फिर भी साधना के लिए प्रयास और अन्तिम विजय में विश्वास—निराला के जीवन-दर्शन का अन्तस् इन्हीं कोमल-कठोर मानवीय सूत्रों से रचा गया है।

शक्ति-उपासक निराला के काव्य का एक सबल सामाजिक पक्ष है। 'अधिवास' कविता में उन्होंने लिखा था कि वह अपने दुखी भाइयों का दुख भूल नहीं सकते, इसलिए 'माया' में फँसे हुए हैं। 'भिक्षुक' में उन्होंने उन गरीबों का चित्र खींचा है जो 'घूँट आँसुओं के पीकर रह जाते।' 'दान' में उन पाखंडियों पर व्यंग्य है; जो :

कर रामायण का पारायण
जपते हैं श्रीमन्नारायण।

और मनुष्य को भूखा छोड़कर बन्दरों को पुए खिलाते हैं। 'तोड़ती पत्थर' में एक मजदूर स्त्री धूप और लू सहती हुई पत्थर तोड़ती है। सामने अट्टालिकाओं में धनीजन आनन्द से समय बिताते हैं। किन्तु वह मजदूर स्त्री परास्त नहीं हुई :

देखकर कोई नहीं
देखा मुझे उस दृष्टि से
जो मार खा रोई नहीं।

निराला की आस्था का आधार भारतीय जनता की यह अजेय शूरता है।

निराला क्रान्तिकारी कवि हैं। शक्ति का उपासक कवि चुपचाप अन्याय कैसे सह सकता है? 'महाराज शिवाजी का पत्र' में ऐतिहासिक प्रसंग द्वारा पराधीन राष्ट्र के सुप्त सस्कारों को जगाते हैं :

आ रही है याद अपनी मरजाद की,
चाहते हो यदि कुछ प्रतिकार
तुम रहते तलवार के म्यान में,
आओ वीर, स्वागत है,
सादर बुलाता हूँ।
हैं जो बहादुर समर के
वे मर के भी

माता को बचाएँगे।
शत्रुओं के खून से
धो सके यदि एक भी तुम माँ का दाग़
कितना अनुराग देशवासियों का पाओगे!
निर्जर हो जाओगे—
अमर कहलाओगे।

सन् '30-'40 में इन पंक्तियों का स्पष्ट राजनीतिक संकेत समझने में किसी श्रोता को दिक्कत न होती थी। इसी तरह 'जागो फिर एक बार' में इतिहास का हवाला देकर वह कायरता की भर्त्सना करते हैं :

सिंहों की माँद में आया है आज स्यार!

बादल को क्रान्ति का प्रतीक बनाकर उन्होंने क्रान्ति का आह्वान किया :

भय के मायामय आँगन पर
गरजो विप्लव के नव जलधर!

उन्होंने इस क्रान्ति के सामाजिक तत्त्वों का भी उल्लेख किया। समाज में बड़े कहलाने वालों को इस क्रान्ति से प्रसन्नता नहीं होती। आतंक का सहारा लेने पर भी उन्हें भय से मुक्ति नहीं मिलती :

रुद्ध कोष, है क्षुब्ध तोष,
अंगना-अंग से लिपटे भी
आतंक अंक पर काँप रहे हैं
धनी, वज्र-गर्जन से बादल!
त्रस्त नयन मुख ढाँप रहे हैं।

क्रान्ति से प्रसन्नता होती है साधारण जनों को :

हँसते हैं छोटे पौधे लघुभार—
शस्य अपार।

भारतीय जनता का बहुसंख्यक भाग हैं किसान। इनकी दशा में आमूल परिवर्तन किये बिना देश की दशा सुधर नहीं सकती। क्रान्ति की बाट जोहने वाले यही किसान हैं :

जीर्ण बाहु, है शीर्ष शरीर,
तुझे बुलाता कृषक अधीर,
ऐ विप्लव के वीर!

चूस लिया है उसका सार
हाड़ मात्र ही हैं आधार
ऐ जीवन के पारावार!

प्रेमचन्द के समान भारतीय साहित्य के लिए निराला का यह युगान्तरकारी महत्त्व है कि उन्होंने देश के स्वाधीनता-आन्दोलन में किसानों की भूमिका के महत्त्व को समझा और राजनीतिक नेताओं की तुलना में उसे ज्यादा स्पष्टता से जनता के सामने रखा।

ये नये भाव थे जो सन् '20-'30 के भारतीय समाज को आन्दोलित कर रहे थे। निराला के साहित्य में विदेशी साम्राज्यवाद और सदियों से चले आते हुए घरेलू रूढ़िवाद के विरुद्ध कसमसाती हुई जनता की नई चेतना प्रतिबिम्बित हुई। लेकिन निराला ने साहित्य के जिन पुराने विषयों को चुना, उनके चित्रण में उन्होंने आमूल परिवर्तन किये। संसार सुन्दर है, जीवन उल्लासमय है, इसलिए निषेधभावना त्याग कर इन्हें हृदय से स्वीकार करना चाहिए। 'जुही की कली' में वह अनन्त यौवन का स्वप्न देखते हैं। 'गीतिका' के अनेक गीतों में कहीं होली खेलने वाली महिला के 'नयनों के डोरे लाल' का चित्र खींचते हैं, कहीं स्पर्श से लजाती हुई 'चुम्बन-चकित चतुर्दिक चंचल' रमणी की छवि आँकते हैं, कहीं रात की जागी हुई 'अलस पंकज दृग अरुण मुख तरुण अनुरागी' पर मुग्ध हो जाते हैं। पुराने नायिका-भेदी साहित्य और इस श्रृंगार में बड़ा अन्तर है। सौन्दर्य की यह गरिमा, रूप की यह उदात्त भावना, हृदय की यह विह्वलता, कवि की ऐसी आत्मविभोर गेयता पुराने कवियों में सूरदास को छोड़कर कम मिलती है। इसी तरह प्रकृति के चित्रण में कवि पूर्ण तल्लीनता का परिचय देता है। शरद्, शिशिर, वसंत और सबसे अधिक वर्षा में इस देश की प्रकृति जिस तरह उल्लसित होती है, उसे देखकर कवि का मन-मयूर नाच उठता है। बेला, नरगिस, हरसिंगार, जुही—देश के इन फूलों को निराला ने अमर कर दिया है। वह रूप, रस, गंध, स्पर्श और शब्द के कवि हैं। वनवेला कवि के संतप्त मन को ऐसे ही आह्लादित कर देती है।

'प्रेयसी के अलक से आती ज्यों स्निग्ध गन्ध'—मेघ का गर्जन प्रकृति का सुन्दरतम संगीत है। और जब कवि प्रकृति का संगीत सुनता है तब वह उसका रूप देखना नहीं भूलता :

रंग अपार
किरण तूलिकाओं से अंकित
इन्द्रधनुष के सप्तक, तार;—
व्योम और जगती का राग उदार
मध्य देश में गुडाकेश!

गाते हो बारम्बार।
मुक्त! तुम्हारे मुक्त कंठ में
स्वरारोह, अवरोह, विधान
मधुर मन्द्र उठ पुनः-पुनः ध्वनि
छा लेती है गगन, श्याम, कानन
सुरभित उद्यान।

निराला की कविता भी ऐसी है। 'वधिर विश्व के कानों में' जैसे बादल अपना राग भर देता है, वैसे ही तटस्थ, उदासीन विरोधी आलोचकों के कानों में निराला ने अपनी वज्र हुंकार से कँपकँपी पैदा कर दी है।

निराला की काव्य-कला की विशेषताएँ क्या हैं?

निराला-काव्य का मुखर स्वर है उदात्त, उसका सहज गुण है ओज। उसमें ऐसी शक्ति है जो सिद्ध संगीत की तरह मनुष्य की चेतना को ऊपर उठाती है। यह उदात्त तत्त्व काव्य की विषयवस्तु मूर्ति-विधान, शब्दों की ध्वनि और छंद की लय में एक साथ व्याप्त रहता है। काव्य की ऐसी अखंड आन्तरिक एकता बहुत कम कवियों में—चाहे वे देश के हों या विदेश के—देखने को मिलती है। उदाहरण के लिए 'राम की शक्ति-पूजा' ले सकते हैं। राम-रावण का संघर्ष, राम की पराजय और क्षोभ, परोक्ष रूप में स्वयं निराला के जीवन-संघर्ष का चित्रण—विषयवस्तु महत्त्वपूर्ण है। उसे नाटकीय रूप दिया गया है, राम के चरित्र-चित्रण से। धनुष की प्रत्यंचा शिथिल हो गई है, दृढ़ जटा मुकुट खुलकर पीठ और बाँहों पर फैल गया है। सीता वन्दिनी है। स्वयंवर का दृश्य याद करके एक बार मानो फिर धनुष तोड़ने के लिए राम की भुजा फड़क उठती है। तभी रावण का अट्टहास सुनाई देता है। राम शक्ति की उपासना करते हैं लेकिन उन्हें यहाँ भी तरह-तरह की अड़चनों का सामना करना पड़ता है। एक क्षण निराला के राम अपने को धिक्कारते हुए कह उठते हैं :

धिक् जीवन को जो पाता ही आया विरोध,
धिक् साधन जिसके लिए सदा ही किया शोध।

राम के विरुद्ध हैं महाशक्ति। वह राम की धनुर्विद्या को निष्फल कर देती हैं। रावण महाशक्ति के अंक में वैसे ही शोभित होता है जैसे चन्द्रमा में लांछन दिखाई देता है। ऐसे संघर्ष, पात्रों के नाटकीय अन्तर्द्वन्द्व, लक्ष्मण, हनुमान, विभीषण आदि की भिन्न चरित्रगत विशेषताओं का चित्रण करते हुए निराला ने घटनाओं की पृष्ठभूमि के लिए प्रकृति का यह दृश्य आँका है :

है अमानिशा; उगलता गगन घन अंधकार,
खो रहा दिशा का ज्ञान, स्तब्ध है पवन चार;

अप्रतिहत गरज रहा पीछे अम्बुधि विशाल
भूधर ज्यों ध्यानमग्न; केवल जलती मशाल।

'राम की शक्ति-पूजा ' का छंद अपनी समर्थ विलम्बित गति से विषयवस्तु के ओज को प्रकट करने का साधन बन जाता है।

उदात्त भावना के लिए विस्तृत कथा-वस्तु या सूक्ष्म चरित्र-चित्रण सदा अपेक्षित नहीं है। छोटी कविताओं में भी—'बादल राग', 'जागो फिर एक बार', 'वनबेला', 'दे मैं करूँ वरण' आदि में—यह तत्त्व देखा जा सकता है। निराला थोड़े सारगर्भित शब्दों में एक विशद चित्र खींच देते हैं। संसार को उन्होंने प्राण-संघात का सिन्धु कहा। इतने से ही शक्ति की लहरों का चित्र सामने आ गया।

कोई भी कवि सदा उदात्त और ओजपूर्ण रचनाएँ नहीं कर सकता। एक ही रचना में यदि निरन्तर उदात्त स्वर ही सुनाई दे तो श्रोता विचलित हो उठे। निराला के काव्य की विशेषता है, विरोधी तत्त्वों का संतुलन, उदात्त एवं अनुदात्त का समन्वय। इससे कथावस्तु, चरित्र-चित्रण या छंद-प्रवाह में एकरसता नहीं आने पाती। 'राम की शक्ति-पूजा' में एक ओर राम का पराजित मन है तो दूसरी ओर हनुमान का शक्ति-प्रदर्शन है; विभीषण की दीनता और राज्य-लोलुपता है तो दूसरी ओर लक्ष्मण का अमोघ तेज है। कविता में युद्ध की विभीषिका का वर्णन है तो माँ को याद करते हुए राम की वह सरल उक्ति है : 'कहती थीं माता मुझे सदा राजीवनयन'। ऐसे ही 'बादल राग' में गगन से स्पर्द्धा करने वाले पर्वत हैं जिन पर वज्र गिरता है तो दूसरी ओर पृथ्वी के हृदय में 'सजग सुप्त अंकुर' हैं जो सिर ऊँचा करके बादल की ओर देखते हैं। एक ओर बादल को दुर्धर्ष वीर के रूप में चित्रित किया गया है तो दूसरी ओर किसान का करुण चित्र भी है। विरोधी तत्त्वों की यह विषमता और उनका संतुलन, विषयवस्तु, मूर्ति-विधान और छंद-प्रवाह सर्वत्र देखा जा सकता है।

निराला चतुर काव्य-शिल्पी हैं। उनकी प्रत्येक रचना सुगठित होती है। वह रोमांटिक कवियों की तरह उपमानों का ताँता नहीं बाँधते—चाहे गीत या मुक्तक हो, चाहे प्रबन्ध काव्य। वे अपने भावों को नियंत्रित करके एक सुनिर्मित ढाँचे में ढालते हैं। उनकी बुद्धि तटस्थ रहकर अपना निर्माण-कौशल प्रदर्शित करती है। प्रत्येक रचना में किसी भाव या विचार की विवेक-संगत परिणति देखी जा सकती है। उनके गीत अपने गठन में इतने सुन्दर लगते हैं, मानो संगीत ने स्थापत्य का रूप धारण कर लिया हो!

निराला-काव्य में प्रवाह है लेकिन फैलाव नहीं है। भावना घनीभूत होकर कम से कम शब्दों में प्रकट होती है। इसलिए शब्दों के साधारण अर्थबोध के अतिरिक्त उनमें एक गूढ़ सांकेतिकता के दर्शन होते हैं। कवि के उपमान काँच की तरह चमकते नहीं हैं, हीरे की तरह दमकते हैं। निराला की कविता सहज सुबोध नहीं है। इसका कारण

भाषा की क्लिष्टता नहीं है, भाव की गहराई, व्यंजना का बाँकपन, शब्दों की ध्वनि और छंद की लय का अनूठापन भी इसका कारण है। थोड़ा परिश्रम करने पर जैसे मिल्टन के उदात्त काव्य का रस मिलने पर उसके आगे अन्य कवियों की रचनाएँ फीकी लगती हैं, वैसे ही निराला-काव्य का एक बार रस मिलने पर दूसरे कवि कम अच्छे लगेंगे। काव्य की परख जितनी निखरेगी, उतना ही दिन-प्रतिदिन निराला का काव्य आपको अधिक रुचेगा और क्रमश: वह आपका जीवन-साथी बन जाएगा।

मुक्त छंद लिखने के कारण निराला का बहुत विरोध हुआ। निराला ने दो तरह के मुक्त छंद लिखे हैं : मात्रिक, जैसे 'भिक्षुक' में; और वर्णिक, जैसे 'जागो फिर एक बार' में। मात्रिक मुक्त छंद का आधार हिन्दी के विभिन्न मात्रिक छंद हैं : 'भिक्षुक' में सोलह मात्राओं का छंद। वर्णिक मुक्त छंद का आधार है कबित्त। मुक्त छंद गद्य का दूसरा नाम नहीं है, उसके भी अपने नियम हैं जिनका निर्वाह तुकान्त छंदों के नियमों की अपेक्षा कठिन है। सबसे पहले मुक्त छंद का कोई आधार चरण होना चाहिए जिसकी आवृत्ति में उससे आन्तरिक एकता उत्पन्न होती है, जैसे 'जागो फिर एक बार' नाम की कविता में। यह शीर्षक वाली पंक्ति ही आधार चरण हुई। इसी में थोड़ा हेर-फेर करके भाव के अनुसार लय का उत्थान-पतन दिखाया जाता है। यदि आधार चरण की पूर्ण अवहेलना की जाए तो लय-सौन्दर्य नष्ट हो जाए। शेक्सपियर के नाटकों का 'ब्लैंक वर्स' मुक्त छंद के काफी निकट आता है। दस वर्णों की आधार-पंक्ति के सहारे कहीं छह, आठ, ग्यारह, बारह वर्णों की पंक्तियाँ रची जाती हैं। लय की विविधता के लिए विराम का स्थान बराबर बदलता रहता है। मुक्त छंद का सौन्दर्य इसी में है कि उसमें लय की विविधता है और लय का यह परिवर्तन भावानुगामी होता है। मुक्त छंद के प्रवाह को सम्बद्ध करने के लिए, शब्दावली में आन्तरिक गठन पैदा करने के लिए निराला ने एक विशेष कौशल से काम लिया है जिसे वह ध्वनि के आवर्त कहते थे। जैसे :

समर में अमर कर प्राण
गान गाये महा सिन्धु से
सिन्धु नद तीर वासी!
सैन्धव तुरंगों पर
चतुरंग चमूसंग, इत्यादि।

इन पंक्तियों में समर, अमर, प्राण, गान, सिन्धु, सैन्धव, तुरंग, चतुरंग, चमूसंग आदि में समान ध्वनियों की आवृत्ति की गई है। यह कला निराला ने तुलसीदास से सीखी है, जैसे :

केहि हेतु रानि रिसानि परसत पानि पतिहिं निवारई।

इस पंक्ति में रानि, रिसानि, पानि शब्दों में एक ही ध्वनि दोहराई गई है। तुलसीदास के 'तरुन अरुन बारिज नयन' के कौशल से हम निराला की इस पंक्ति की तुलना कर सकते हैं :

अरुण पंख तरुण किरण खड़ी खोल रही द्वार।

इस तरह का ध्वनि-सौन्दर्य निराला मुक्त छंदों के अलावा अपने तुकान्त छंदों में भी प्रदर्शित करते हैं, जैसे 'राम की शक्ति-पूजा' में :

वानर वाहिनी खिन्न लख रघुपति चरण चिह्न।

या

वारित सौमित्र भल्लपति अगणित मल्लरोध।

ध्वनि के आवर्तों के अलावा स्वर-व्यंजनों के नये सामंजस्य से और विराम का स्थान बदलने से वे साधारण छंदों में अद्‌भुत लय-सौन्दर्य उत्पन्न करते हैं। शब्द-शक्ति के वे ऐसे पारखी हैं कि कोमल और परुष हर तरह की वृत्ति से काम लेकर वे भाषा की व्यंजना-क्षमता के अनूठे उदाहरण प्रस्तुत करते हैं।

क्या कला, क्या विषयवस्तु, क्या भाव, क्या छंद—हर दृष्टि से निराला आधुनिक हिन्दी के अद्वितीय कवि हैं। वह सरल सुबोध नहीं हैं लेकिन नितान्त दुर्बोध और दुरूह भी नहीं हैं। 'जुही की कली' जैसी रचनाओं से प्राय: सभी हिन्दी पाठक परिचित हैं। उनकी 'राम की शक्ति-पूजा' भी सभी काव्य-प्रेमियों में लोकप्रिय हुई है। उनकी श्रेष्ठ रचनाओं की संख्या बहुत बड़ी है। आशा है, जिन लोगों ने अब तक उनकी कविताएँ न पढ़ी होंगी, वे 'परिमल', 'अनामिका', 'गीतिका' आदि उनके संग्रहों की सभी कविताओं को रुचि से पढ़ेंगे।

15

मृत्युंजयी निराला

जीवन-द्रष्टा अनेक हुए हैं; जीवन से निराश होकर मृत्यु का आमंत्रण करने वालों की भी कमी नहीं। जो मृत्यु का सामना करके जीवन का वरण करते हैं, उन बिरले साधकों में थे निराला।

उन पर वेदान्त और स्वामी विवेकानन्द का प्रभाव था, यह बात प्रसिद्ध है। स्वामी विवेकानन्द, वेदान्त, तुलसीदास या कालिदास—इन सबको समझने, उनकी भावधारा को आत्मसात् करने का उनका ढंग अपना था। स्वामी विवेकानन्द की जिस बात ने सम्भवत: उन्हें सबसे अधिक आकर्षित किया था, वह मृत्यु के प्रति उनका दृष्टिकोण था। अपने कवि-जीवन के आरम्भ में ही उन्होंने स्वामी विवेकानन्द की कुछ कविताओं का अनुवाद किया था। 'गाता हूँ गीत मैं तुम्हें ही सुनाने को'—इस अनुवादित कविता का वर्ष उन्होंने 1924 दिया है। इसमें मृत्यु के बारे में कहा गया है :

बार-बार गाता मैं
भय नहीं खाता कभी,
जन्म और मृत्यु मेरे पैरों पर लोटते हैं।

इन पंक्तियों में व्यक्त स्थापना कवि का जीवन-आदर्श बन गई। इसी वर्ष उन्होंने दूसरी कविता का अनुवाद किया : 'नाचे उस पर श्यामा'। इसमें जीवन और मृत्यु का सम्बन्ध एक रूपक द्वारा प्रकट किया गया है। सूर्य की प्रखर किरणों से लोग भय खाते हैं, चन्द्रमा की शीतल किरणों की खोज करते हैं। वे यह भूल जाते हैं कि चन्द्रमा को अपनी शीतल किरणें सूर्य से ही प्राप्त होती हैं।

रुद्र रूप से सब डरते हैं,
देख-देख भरते हैं आह,
मृत्युरूपिणी मुक्तकुन्तला
माँ की नहीं किसी को चाह!

निराला ने निश्चय किया कि रुद्र रूप से डरना नहीं है। चन्द्रमा की शीतल किरणों से छले जाने के बदले सूर्य की प्रखर किरणों का ही सामना करना है। मृत्यु और अभयदायिनी माँ अलग नहीं हैं।

मृत्यु-स्वरूपे माँ, है तू ही
सत्य-स्वरूपा, सत्याधार

इस माँ के पास व्याधि है, रोग है, विष है, मृत्यु तो वह स्वयं है ही।

माँ, तू मृत्यु घूमती रहती,
उत्कट व्याधि, रोग बलवान,
भर विष-घड़े, पिलाती है तू
घूँट जहर के, लेती प्राण।

इस देवी ने मानो अपनी सारी विशेषताएँ अपने भक्त के जीवन में उतार दीं।

अनुवादित कविता में माँ को मृत्यु-रूपिणी कहा गया है। निराला मृत्यु के उपासक नहीं थे, वह मृत्यु पर विजय पाने के आकांक्षी थे। इसलिए उनकी अपनी रचनाओं में जिस आराध्य देवी की वन्दना की गई है, वह मृत्यु से परे है। मृत्यु उसका आभरण है, वह विष के प्याले पिलाती है, मनुष्य को मृत्युंजयी बनाने के लिए।

1925 में उन्होंने गीत लिखा था :

मृत्यु-निर्वाण प्राण-नश्वर
कौन देता प्याले भर-भर?

इन प्यालों को पीने वाला मृत्यु की बाधाएँ पार करके अमर हो जाता है।

मृत्यु की बाधाएँ, बहु द्वन्द्व
पार कर कर जाते स्वच्छंद
तरंगों में भर अगणित रंग,
जंग जीते, मरे हुए अमर।

मरना नहीं, मरकर अमर होना, यह था जीवन का आदर्श।

यह बात नहीं कि निराशा और उदासी ने उन्हें घेरा न हो किन्तु वे उसके पार भी कुछ देखने का साहस सँजोये रहे। 22 अक्तूबर, 1927 के 'मतवाला' में उनकी प्रसिद्ध चुनौती छपी थी :

जीवन चिरकालिक क्रन्दन।
मेरा अन्तर वज्र-कठोर

देना जी भरसक झकझोर,
मेरे दु:ख की गहन अन्ध-
तम निशि न कभी हो भोर।
क्या होगी इतनी उज्ज्वलता
इतना वन्दन-अभिनन्दन?

श्री अमृतलाल नागर के शब्दों में नियति ने मानो उनकी यही प्रार्थना सुनी। उन्होंने सब दु:ख झेलने की प्रतिज्ञा की और अन्त में यह आशा प्रकट की और उनका जीवन-रथ अन्धकार को पार कर जाएगा :

हो मेरी प्रार्थना विफल,
हृदय कमल के जितने दल
मुरझाएँ, जीवन हो म्लान
शून्य-सृष्टि से मेरे प्राण
प्राप्त करें शून्यता सृष्टि की
मेरा जग हो अन्तर्धान
तब भी क्या ऐसे ही तम में
अटकेगा जर्जर स्यन्दन?

'परिमल' में उनकी रचना है : 'पतनोन्मुख'। इसमें मानो आसन्न मृत्यु के दर्शन करके उन्होंने लिखा था :

मास-मास दिन-दिन प्रतिपल
उगल रहे हो गरल अनल
जलता यह जीवन असफल,
हिम हतपातों-सा असमय ही
झुलसा हुआ शुष्क निश्चल!
विकल डालियों से
झरने ही पर हैं पल्लव-प्राण—
हमारा डूब रहा दिनमान!

पल्लव-प्राणों के डालियों से विलग होने में अभी बहुत विलम्ब था। 'आवाहन' में उन्होंने आराध्य देवी श्यामा से मृत्यु को पंजा लड़ाते हुए चित्रित किया :

भैरवी भेरी तेरी झंझा
तभी बजेगी मृत्यु लड़ायेगी जब तुझसे पंजा।

स्पष्ट ही मृत्यु से संघर्ष करने वाला व्यक्ति कवि स्वयं है। 'परिमल' की ये कविताएँ 1927-28 के लगभग रची गई थीं।

'गीतिका' के अनेक गीतों में मृत्यु को स्मरण किया है। उससे भय नहीं, उससे संघर्ष नहीं, वह आकर्षक हो गई है। विश्व-सुन्दरी के हाथों में मरण और अमरता, दोनों वर विद्यमान हैं।

मृत्यु को अपने ही कर म्लान
कर दिया तुमने प्रिया सुघर।

मृत्यु के ज्ञान से प्रणय का आकाश खुल जाता है; मृत्यु के भीतर भी उसी विश्व-सुन्दरी का प्रकाश दिखाई देता है।

मृत्यु में पैठ भंग-भ्रू-लास—
रंग दिखलाती हो सत्वर।

एक अन्य गीत में वह इस सुन्दरी का आह्वान करते हैं। सघन अन्धकार है। आकाश ध्यान में डूबा है। नीलकमल मुँद गए हैं।

यही नील-ज्योति-वसन
पहन नील नयन हसन
आओ छवि, मृत्यु-दशन,
करो दंश जीवन-फल।

'दे, मैं करूँ वरण'—गीत में कवि ने मृत्यु को माँ के चरणों के राग से रंजित देखा है।

दे, मैं करूँ वरण
जननि, दुःखहरण पद-राग-रंजित मरण।

इस मृत्यु-वरण का अर्थ जीवन का अन्त नहीं है, इस जीवन में ही मृत्युंजयी वीर संघर्ष में अजेय रहता है।

लांछना ईंधन, हृदय-तल जले अनल,
भक्ति-नत-नयन मैं चलूँ अविरल सबल,
पार कर जीवन-प्रलोभन समुपकरण।

यह संसार समुद्र के समान है। उसकी लहरें शक्ति की तरंगें हैं। मृत्युंजयी वीर इन तरंगों को पार करता है।

प्राणसंघात के सिन्धु के तीर मैं
गिनता रहूँगा न कितने तरंग हैं
धीर मैं ज्यों समीरण करूँगा तरण।

मृत्यु-सम्बन्धी रचनाओं में निराला का स्वर 'गीतिका' में सर्वाधिक उदात्त है। इस तरह की रचनाओं में ओज गुण का निर्वाह उनकी विशेषता है।

अपने चरणों के राग से मृत्यु को रंजित करने वाली देवी ही रावण को अंक में लिये हुए राम को दर्शन देती है। शक्ति की साधना करके राम रावण पर विजय पाते हैं। सन् '38 के एक गीत में मृत्यु और मुक्ति एक हो जाती हैं।

दिये थे जो स्नेह-चुम्बन,
आज प्याले गरल के घन;
कह रही हो हँस—'पियो प्रिय,
पियो प्रिय, निरुपाय!
मुक्ति हूँ मैं, मृत्यु में आई हुई न डरो।'

सन् '39 के गीत :

उन चरणों में मुझे दो शरण
इस जीवन को करो हे मरण

में उन्होंने एक सीमा तक गीतिका के 'दे, मैं करूँ वरण' के भाव की आवृत्ति की है। गीत का अन्त इस प्रार्थना से होता है :

उठे सृष्टि से दृष्टि, सहज मैं
करूँ लोक-आलोक-संतरण।

सन् '40 में उन्होंने लिखा :

मैं अकेला;
देखता हूँ, आ रही
मेरे दिवस की सान्ध्य वेला।

मृत्यु कल्पना की बात नहीं है। वृद्धावस्था के लक्षण प्रकट हो रहे हैं :

पके आधे बाल मेरे
हुए निष्प्रभ गाल मेरे
चाल मेरी मन्द होती जा रही
हट रहा मेला

इस समय भी व्यंग्य उनका साथ नहीं छोड़ता। नदी, झरने पार कर लिये; अब जो पार करना है, उसके लिए नाव (भेला) नहीं है।

जानता हूँ नदी-झरने,
जो मुझे थे पार करने

कर चुका हूँ, हँस रहा यह देख
कोई नहीं भेला।

नाव के बिना मृत्यु की वैतरणी पार करने वाले कवि का नाम है निराला। सन् '42 के गीत :

स्नेह निर्झर बह गया है।
रेत ज्यों तन रह गया है।—

में मृत्यु का कुहासा घनीभूत हो गया है।

अब नहीं आती पुलिन पर प्रियतमा,
श्याम तृण पर बैठने को, निरुपमा।
बह रही है हृदय पर केवल अमा;
मैं अलक्षित हूँ, यही
कवि कह गया है।

इसी वर्ष उन्होंने दूसरा गीत लिखा जिसमें मृत्यु की निकटता पर अवसाद न प्रगट करके उन्होंने उससे जीवन का सम्बन्ध जोड़ा :

मरण को जिसने वरा है
उसी ने जीवन भरा है।
पग भी उसकी, उसी के
अंक साथ यशोधरा है।

सन् 50 में उन्होंने अनेक गीत रचे जिनमें उन्होंने शान्त भाव से मृत्यु को स्मरण किया। अब वह अपने जीवन में मृत्यु की विकरालता का अनुभव कर रहे थे। जितना ही उनका शरीर विष से दग्ध हो रहा था, उतना ही स्वर कोमल और शान्त होता था। 'अर्चना' के पहले ही गीत में उन्होंने लिखा :

काटे नहीं कटी जो कारा
उसकी हुई मुक्ति की धारा,
वार-वार से जो जन हारा,
उसकी सहज साधिका अरुणा।

अब उनके स्वर में चुनौती नहीं है, सहज विनती है :

प्यास लगी है, बुझाओ।
अमृत के घूँट पिलाओ।

मृत्यु की प्रथम आशा देखकर उन्होंने लिखा :

धीरे-धीरे हँस कर आईं
प्राणों की जर्जर परछाईं
छाया-पथ घनतर से घनतम
होता जो गया पंक-कर्दम
कता कवि आँखों से सत्तम
मृत्यु की प्रथम आभा आई।

अब कवि को कोई चुनौती देता है कि वह मर-मरकर जिए; फूल नष्ट हो जाए और फिर खिले, तब वह वास्तव में खिला।

क्या गले लगाना है बढ़कर
क्या अलख जगाना अड़-अड़कर
क्या लहराना है झड़-झड़कर
जैसे तुम कहकर मुसकाईं।

विष व्यापने पर भी जो देवी अविचल रहती है, वह कवि का ही प्रतीक है :

पिछले कुल खेल समाप्त हुए,
जो नहीं मिले वर प्राप्त हुए,
बीसों विष जैसे व्याप्त हुए,
फिर भी न कहीं तुम घबराईं।

अपनी रुग्णावस्था में भी निराला ही यह सब लिख सकते थे। शैली में उदात्त गुण लाने का किंचित् प्रयास नहीं है। फिर भी सहृदय पाठक के लिए गीतों में अगाध करुणा का सागर लहराता है। कवि ने 'राम की शक्ति-पूजा' के पराजित राम के बारे में लिखा था :

वह एक और मन रहा राम का जो न थका।

राम के मन के समान कवि का भी एक मन था जो कभी थका नहीं।

वही मन शारीरिक और मानसिक व्याधियों पर विजय पाकर इस तरह के गीतों में प्रकट हुआ है। नरकवास उनके इस मन को छू न पाता था। वे दूसरों के लिए प्रार्थना करते थे :

माँ अपने आलोक निखारो,
नर को नरक-त्रास से वारो।

इस नरक-त्रास को कवि स्वयं कैसे झेल रहा था, इसकी झाँकी इस गीत में मिलती है :

भग्न तन, रुग्ण मन
जीवन विषण्ण बन।
क्षीण क्षण-क्षण देह
जीर्ण सज्जित गेह
घिर गये हैं मेह,
प्रलय के प्रवर्षण।
चलता नहीं हाथ
कोई नहीं साथ,
उन्नत, विनत माथ
दो शरण, दोषरण!

यह गीत 'गीत-गुंज' के प्रथम संस्करण में दिया हुआ है। सम्पादकों के अनुसार पुस्तक का रचना-काल 1953-54 है। 'गीत गुंज' के दूसरे संस्करण में सन् '56 का एक गीत है :

मधुर-मधुर, मृत्यु मधुर
सफल जन्म, कम्पित उर।

इस प्रकार सन् '24 से सन् '56 तक—कवि-जीवन के आरम्भ से प्राय: उसके अन्त तक—कवि की मृत्युंजयी साधना का इतिहास सुरक्षित है। निराला की रचनाओं में—गद्य और पद्य में—अनेक राग, रस, गुण और स्वर हैं। इन सबमें व्याप्त एक मूल स्वर है, उस अपराजित और अपराजेय मन का जो ऊपर के उद्धृत गीतों में स्पष्ट देखा-सुना जा सकता है। मृत्यु पर विजय प्राप्त करने की साधना कोई क्षणस्थायी मनोविकार न थी। इस साधना का आधार था—उनके अन्तरतम की जीवन-आकांक्षा। कितने वर्षों तक यह साधना चली! कितने वर्षों तक—मास-मास, दिन-दिन, प्रतिपल—उन्होंने मृत्यु की वेदना को सहा! मृत्यु को उन्होंने मुक्ति कहा लेकिन वह मुक्तिवाली मृत्यु उनकी प्रार्थना आराधना के बहुत दिन बाद आई। जिस मृत्यु का वह प्रत्यक्ष अनुभव करते थे, वह इस भौतिक जीवन की व्याधियों से उत्पन्न हुई थी। कितने कवियों ने इतने वर्षों तक मृत्यु की इस असह्य यंत्रणा को हँसते-हँसते सहा है? कितने कवि इस गरल को पीकर उसकी ज्वाला से झुलसते हुए अपनी रचनाओं में ओज और प्रसाद गुण उत्पन्न कर सके हैं? अपने अन्तिम दिनों में जब उनका तन जर्जर हो गया था,

उनका अपराजेय मन मानो मृत्यु की झाँकी देख आता था और फिर इस जीवन में लौटकर अपनी अनुभूति की उलटबाँसी सुनाने लगता था। उनकी रचनाएँ सरल नहीं हैं; फिर भी सहानुभूति से पढ़ने वालों के मन पर यह छाप जरूर पड़ेगी कि निराला किसी ऐसी अनुभूति की बात कह रहे हैं जो सच्ची है और जो हमारे सामान्य अनुभवों से भिन्न है।

उनके संघर्षों का अन्त हो गया। जो मन से मुक्त थे, वह अब तन से भी मुक्त हो गए। हिन्दी में अभूतपूर्व विरोध पर उन्होंने विजय पाई। उन्होंने सहस्रों हिन्दी पाठकों के हृदय को आन्दोलित किया। जो उनकी चर्चा करता है, वह मानो अपने सगे की, अपने निकटम प्रियजन की चर्चा करता है।

निराला के उज्ज्वल कवि-जीवन का यह श्रीगणेश है। उनकी काव्य-प्रतिभा का प्रकाश दिन-दिन फैलेगा, अधिकाधिक पाठक उन्हें अपनाएँगे। जिन साधारण जनों को वह हृदय से प्यार करते थे, वे शिक्षित होकर विद्वानों की अपेक्षा निराला का महत्त्व अधिक समझेंगे। युगों-युगों तक वे हिन्दी-भाषी जनता के साथ रहेंगे और अपनी काव्यशक्ति से जनजीवन को अनुप्राणित करते रहेंगे।

निराला जी का साहित्यिक जीवन उस युग में बीता जिसमें देश के राष्ट्रीय स्वाधीनता-आन्दोलनों ने अपने उतार-चढ़ाव के सबसे महत्त्वपूर्ण दिन देखे। यह स्वाधीनता-आन्दोलन बीसवीं सदी की नवीन अन्तरराष्ट्रीय परिस्थितियों में विकसित हुआ जिनकी विशेषता थी, रूस की समाजवादी क्रान्ति द्वारा विश्व साम्राज्यवादी घेरे का टूटना। प्रेमचन्द के साथ वह हिन्दी में नई क्रान्तिकारी चेतना के अग्रदूत थे। यह क्रान्तिकारी चेतना नई इसलिए थी कि वह ब्रिटिश पराधीनता से मुक्तिलाभ करके संतुष्ट न होना चाहती थी वरन् व्यापक सामाजिक परिवर्तनों के लिए तत्पर थी। उनकी प्राथमिक रचनाओं में ही क्रान्ति का यह नया उद्घोष सुनाई दिया था :

रुद्ध कोष है क्षुब्ध तोष
अंगना अंग से लिपटे भी
आतंक अंक पर काँप रहे हैं
धनी वज्र गर्जन से बादल!
त्रस्त नयन मुख ढाँप रहे हैं।
जीर्ण बाहु, है शीर्ण शरीर
तुझे बुलाता कृषक अधीर,
हे विप्लव के वीर!

चूस लिया है उसका सार
हाड़ मात्र ही है आधार,
ऐ जीवन के पारावार!

इस तरह की पंक्तियाँ उन्होंने किसी क्षणिक आवेश में न लिखी थीं। निर्धन और पीड़ित जनता से उन्हें गहरी सहानुभूति थी। 'सरोज स्मृति' में उन्होंने लिखा था :

क्षीण का न छीना कभी अन्न,
मै लख न सका वे दृग विपन्न।

वे सचमुच दूसरों का दु:ख न देख सकते थे। पत्थर तोड़ती हुई श्रमिक नारी का चित्र खींचकर उन्होंने श्रमिक जनता के प्रति अपनी मार्मिक सहानुभूति का परिचय दिया था :

उठी झुलसाती हुई लू,
रुई ज्यों जलती हुई भू,
गर्द चिनगी छा गई
प्राग: हुई दुपहर—
वह तोड़ती पत्थर।

उनके लिए सच्चा धर्म था मानवता की सेवा। धार्मिक आडंबरों से उन्हें घृणा थी। 'सेवा-प्रारम्भ' में उन्होंने स्वामी विवेकानन्द के सेवा-कार्यों का चित्रण किया है। एक मुसलमान लड़की का घड़ा टूट जाता है, स्वामी जी उसे घड़ा दिलवा देते हैं, अकाल से त्रस्त भूखे लड़कों को चूड़ा दिलवा देते हैं, गंदे फर्श पर मरती हुई बुढ़िया का घर साफ करके उसे दवा देते हैं। बुढ़िया प्रसन्न होकर कहती है : तुम पिछले जन्म में मेरे बेटे थे। स्वामी जी उत्तर देते हैं : इस जन्म का भी हूँ। वह इस तरह की सेवा और सेवकों के भक्त थे। 'दान' कविता में उन्होंने उन धर्मप्रेमियों पर व्यंग्य किया है जो मनुष्य को भूख से चिल्लाता छोड़कर बन्दरों को पुए खिलाते हैं। 'देवी' कहानी के धर्म-प्रेमी सज्जन पगली भिखारिन को देखकर यह कहते हुए निकल जाते हैं कि "सकल पदारथ हैं जग माहीं। कर्महीन नर पावत नाहीं।" वह जाति-प्रथा, धार्मिक भेदभाव, ऊँच-नीच और छुआछूत के तीव्र विरोधी थे। उन्होंने अपने गाँव के चतुरी चमार को लेकर अद्वितीय रेखाचित्र की रचना की। 'कुल्ली भाट' में उनका दलित मानवता के प्रति प्रेम बड़े समर्थ रूप में प्रकट हुआ है। कुल्ली की पाठशाला में अछूत बालकों को देखकर उन्होंने लिखा था : "इनकी ओर कभी किसी ने नहीं देखा है। ये पुश्त-दर-पुश्त से सम्मान देकर नतमस्तक हो संसार से चले गए हैं। संसार की सभ्यता के इतिहास में इनका स्थान नहीं। ये नहीं

कह सकते, हमारे पूर्वज कश्यप, भारद्वाज, कपिल, कणाद थे। रामायण, महाभारत इनकी कृतियाँ हैं; अर्थशास्त्र, कामसूत्र इन्होंने लिखे हैं; अशोक, विक्रमादित्य, हर्षवर्द्धन, पृथ्वीराज इनके वंश के हैं। फिर भी ये थे और हैं।" मानवता की यह व्यापक धारा निराला साहित्य के एक छोर से दूसरे छोर तक प्रवाहित हुई है। अपनी जीवन-यात्रा की अन्तिम मंजिल में भी उन्होंने स्वाधीन भारत की दुखी जनता को स्मरण करके लिखा था :

माँ अपने आलोक निखारो।
नर को नरक-त्रास से वारो।

जनता के सच्चे सेवकों का वह आदर करते थे। जनता को धोखा देकर उग्र राजनीतिक बातें करने वालों से उन्हें घृणा थी। ऐसे नेताओं के बारे में उन्होंने लिखा था :

खुला भेद विजयी कहाये हुए जो
लहू दूसरों का पिये जा रहे हैं।

पूँजीवादी शोषण की ओर संकेत करते हुए उन्होंने लिखा था :

भेद कुल खुल जाय वह सूरत हमारे दिल में है।
देश को मिल जाय जो पूँजी तुम्हारी मिल में है।

'महगू महगा रहा' का महगू जानता है कि जब बड़े आदमी अपनी धन-सम्पत्ति छोड़ेंगे तभी देश मुक्त होगा। अखबार व्यापारियों की सम्पत्ति है लेकिन वह कहता है कि हमारे लिए लड़ने वाले लोग भी हैं जिनके नाम अभी सुनाई नहीं देते।

निराला जी गद्य और पद्य, दोनों के समर्थ रचनाकार थे। उन्होंने काव्य क्षेत्र में सामन्ती काव्य-परम्परा को हटाने और ब्रजभाषा के स्थान पर खड़ी बोली को प्रतिष्ठित करने में महान् योग दिया। उन्होंने 'राम की शक्ति-पूजा' और 'तुलसीदास' जैसी रचनाओं में अपनी प्रबन्ध-पटुता का परिचय दिया। 'गीतिका' के गीतों में उनकी गेयता फूट पड़ी। 'जुही की कली' जैसी सौन्दर्य-बोध से ओतप्रोत अनूठी रचनाएँ कीं। उनकी कवि-चेतना का क्षेत्र व्यापक था। मृत्यु से लेकर अमर जीवन तक विभिन्न अनुभूतियों और कल्पनाओं को उन्होंने साकार किया। उनमें 'जागो फिर एक बार' के पपीहे का मृदु रव है तो 'बादल-राग' का वज्रघोष भी। तुकान्त और अतुकान्त छंदों में समान सफलता से उन्होंने काव्य-रचना की। उन्होंने 'प्रभावती' में एक नये ढंग के ऐतिहासिक उपन्यास का उदाहरण प्रस्तुत किया। अपने रेखाचित्रों और लघु उपन्यासों जैसे 'बिल्लेसुर बकरिहा' में उन्होंने अवध के ग्रामीण जनों के चरित्र की बहुमुखी विशेषताएँ

उभार कर रखीं। उन्होंने छायावादी धारा को पुष्ट किया, साथ ही यथार्थवाद के विकास में योग दिया। उन्होंने अनेक दार्शनिक निबन्ध लिखे जिनमें कुछ 'प्रबन्ध पद्म' में संगृहीत हैं। उन्होंने अनेक आलोचनात्मक निबन्ध लिखे जिनमें उनकी आलोचना को कथा के समान रोचक बनाने की कला दर्शनीय है। इन निबन्धों में 'पंत जी और पल्लव', 'कला के विरह में जोशी-बन्धु' और 'मेरे गीत और कला' उल्लेखनीय हैं।

अपनी क्रान्तिकारी चेतना के कारण उन्हें समाज के रूढ़िवादियों का तीव्र विरोध सहना पड़ा। उन्हें अपनी युग-प्रवर्तक भूमिका का पूर्ण ज्ञान था, साथ ही वह यह भी जानते थे कि समाज के नेतागण उन्हें क्या समझते हैं। इसलिए 'हिन्दी के सुमनों के प्रति पत्र' में उन्होंने अपने बारे में दो बातें लिखी थीं : एक तो यह कि 'मैं ही वसंत का अग्रदूत'; दूसरी यह कि 'ब्राह्मण समाज में क्यों अछूत'। उन्होंने साहित्य और हिन्दी भाषा की मर्यादा की रक्षा के लिए बहुत सहा। यदि उनमें व्यवहार-बुद्धि होती तो वह भी कोई सरकारी कुर्सी सुशोभित करते किन्तु उन्होंने तो व्रत लिया था कि अपमान की आग को पीकर साहित्य रचेंगे।

लांछना इन्धन, हृदय-तल जले अनल।

वह अनल उनके साहित्य में इस तरह प्रज्ज्वलित है कि उससे काव्य-जगत के कीटपतंगों के पंख झुलस जाते हैं। उस अग्नि को श्रद्धा के फूलों से ढकने का भगीरथ प्रयास किया जा रहा है जिससे जनता केवल फूल देखे और उनके साहित्य की ऊष्मा से बेखबर हो जाए। लेकिन वह अग्निशिखा बुझने की नहीं। निराला ने युग-प्रवर्तन किया। अब वह युग निराला की कीर्तिध्वजा उठाकर आगे बढ़ रहा है।

दस वर्ष पहले जो लोग निराला के चरित्र पर आक्षेप करते थे, उनके शिखा-सूत्र धारण न करने से विक्षुब्ध हो उठते थे, जो उनकी रचनाओं को ऊटपटाँग बताते थे, वे अब उन्हें ऋषि कहते हैं, भारतीय संस्कृति के एक उद्धारक मानते हैं, तुलसीदास और वाल्मीकि से उनकी तुलना करते हैं।

साहित्य के कर्णधार, समाज के गण्यमान्य नेता जब तक बन पड़ता है, तब तक निराला जैसे साहित्यकारों का विरोध करते हैं। जब वे देखते हैं कि विरोध के बावजूद वैसे साहित्यकार मैदान में डटे ही रहे, यही नहीं उनका मान-सम्मान और उनके अनुयायियों की संख्या बढ़ती ही जाती है, तो वे भी श्रद्धांजलियाँ लेकर दौड़ते हैं।

निराला संघर्षों के कवि हैं। वह क्रान्तिकारी और युग-प्रवर्तक हैं—ये बातें इतनी प्रचलित हो गई हैं कि उन्हें श्रद्धा के फूलों से ढका नहीं जा सकता। इसलिए

यह तो कहा ही जाएगा कि वह संघर्षों के कवि हैं लेकिन उन्होंने किसके खिलाफ संघर्ष किया, इस सम्बन्ध में मौन रहकर सत्य पर परदा डाला जा सकता है। रही क्रान्तिकारी होने की बात सो उन्होंने छंदों को तोड़ा, यह उनका सबसे बड़ा क्रान्तिकारी कार्य है!

निराला ने मुक्त छंद लिखे किन्तु उनके जीवन का कोई ऐसा दौर नहीं रहा जिसमें उन्होंने तुकान्त छंद न लिखे हों। 'गीतिका' के सभी गीत तुकान्त हैं, 'राम की शक्ति-पूजा' और 'तुलसीदास' जैसी रचनाएँ भी तुकान्त हैं। उनका वास्तविक महत्त्व छंदों के बन्धन तोड़ने तक सीमित नहीं है।

निराला ने जिस समय लिखना शुरू किया, उस समय सामन्त युग से चली आती अलंकार चमत्कार वाली नायिका-भेद समस्या-पूर्ति वाली परम्परा का जोर था। पुराने संस्कारों वाले कवि और आलोचक देव-विहारी की श्रेष्ठता के कायल थे, कविता में ब्रजभाषा के माधुर्य के आगे खड़ी बोली को कुछ गिनते न थे। निराला काव्य में खड़ी बोली को प्रतिष्ठित करने वालों में हैं। साथ ही उन्होंने नायिकाभेदी परम्परा को भी निर्मूल करने में सशक्त योग दिया। वे कविता लिखते ही न थे, मंच पर जाकर कविता पाठ से जनता का मन मोहते थे और इस तरह उसे प्राचीन परिपाटी के काव्य-प्रेम से विमुख करते थे। इसीलिए आचार्य लोग उन पर आक्षेप करते थे : भाषा लिखना नहीं आता, छंद अलंकार का ज्ञान नहीं है, कविता लिखना कितना आसान हो गया है; रबड़ छंद, केचुआ छंद लिखता है, इत्यादि।

निराला के संघर्षों का कारण यह था। वह सामन्ती संस्कारों और परम्पराओं से लड़ा, उसने साहित्य की प्रगति के लिए मार्ग प्रशस्त किया। फिर क्यों न वह घोर आक्षेपों-आलोचनाओं का केन्द्र बनता?

नायिकाभेदी आचार्यों के अलावा वह उन अनेक कवियों के लिए भी चक्षु-शूल था जो खड़ी बोली के समर्थक थे, जो राष्ट्रीय जागरण के गीत गाते थे और जार्ज पंचम की वंदना भी करते थे। निराला की राष्ट्रीयता का झुकाव समाजवाद की ओर था। वह प्रदर्शन और समझौते की बात न करके क्रान्ति की बात करते थे। उनके बादल की वज्र हुंकार सुनकर आतंक का सहारा लेनेवाले धनी जन अंगना-अंग से लिपटे होने पर भी काँप उठते हैं। आकाश से स्पर्धा करने वाले पर्वत चूर हो जाते है, छोटे-छोटे पौधे प्रसन्न होकर बादल को बुलाते हैं, क्योंकि :

विप्लव रव से
छोटे ही हैं शोभा पाते।

निराला क्रान्तिकारी कवि थे। उनकी क्रान्ति का लक्ष्य था ब्रिटिश साम्राज्यवाद से मुक्ति; जाति, वर्ण, धर्म आदि की सीमाएँ तोड़कर मानव-समानता के आधार पर रचा हुआ समाज। इसलिए कवियों और साहित्यकारों के अलावा राष्ट्रीय नेता भी

उनसे चौकन्ने रहते थे। स्वाधीन भारत के एक ऐसे ही नेता ने निराला को सरकारी सहायता देने से इनकार किया था क्योंकि उनकी समझ में वह कम्युनिस्ट थे। इस पर उग्रजी ने 'हंस' में उन नेताजी की कड़ी आलोचना की थी।

वास्तव में शासन ने उनको सहायता देने में बहुत विलम्ब किया। सहायता तब की, जब वह यथेष्ट जर्जर हो चुके थे। और सहायता भी क्या! दारागंज के एक छोटे-से कमरे में उन्हें रहना पड़ा, जिसमें पहले बिजली का पंखा न था, जिसके पास गर्मियों में संडास की बू आती थी—उसी में उनके प्राण गए।

राष्ट्रीय नेताओं और कवियों के अलावा कुछ छायावादी कवियों को भी उनका युग-प्रवर्तन सह्य न था। वे नेताओं से मिल-जुलकर चलना चाहते थे, बिना काम किये किसी के संरक्षण में दिन काटना चाहते थे। इसके अलावा जब-तब अंग्रेजी प्रेम के कारण उन्हें सूर-तुलसी में भाषा और काव्य का सौन्दर्य फीका लगता था। मध्यकालीन भक्ति-साहित्य के प्रगतिशील तत्त्वों को पहचानने में वे अक्षम थे। निराला से उनकी भी टक्कर हुई। केवल प्रसादजी आजीवन दुःख में, सुख में उनके समर्थक रहे।

साहित्य जगत के अलावा समाज में निराला को प्रतिक्रियावादियों का विरोध सहना पड़ा। वह अपने जीवन में क्रान्तिकारी थे। वह दलित जनों के हिमायती, अहम्मन्य, उच्च वर्णों का अहंकार नाश करने वाले, खान-पान में धार्मिक, जातिगत भेदभाव को तोड़ने वाले थे।

उन्नाव जिले में उच्च वर्णों के रूढ़िवाद से जो परिचित होगा, उसे इस बात पर अवश्य आश्चर्य होगा कि शिखासूत्रहीन निराला जमींदार के खिलाफ चतुरी चमार की पैरवी करके गाँव में बचा कैसे रहा। बचने का कारण यह था कि नौजवान गरीब आदमी दलितजन उसके लिए जान देने को तैयार रहते थे। प्रेमचन्द और बलभद्र दीक्षित के अलावा हिन्दी में कोई ऐसा साहित्यकार नहीं हुआ जो गाँवों की दीन जनता के इतना निकट रहा हो—क्रान्तिकारी ढंग से रहा हो—जैसे निराला। उनका यह पक्ष 'कुल्ली भाट', 'चतुरी चमार', 'बिल्लेसुर बकरिहा', 'देवी' आदि रचनाओं में विशेष निखर कर आया है। वह छायावाद की भूमि पर भी संघर्षों के कवि रहे, वह गद्य में यथार्थवाद की भूमि पर बहुत आगे बढ़े।

उन्होंने सामाजिक रूढ़िवाद पर तीव्र प्रहार किया। उन्होंने जनता की राजनीतिक चेतना को प्रखर किया। उन्होंने हिन्दी पाठकों की क्रान्तिकारी भावनाओं को उभारा, सँवारा। उन्होंने नये छंद, नये मूर्ति-विधान, नई भाव-धारा और शब्दयोजना से हिन्दी काव्य को अभूतपूर्व ढंग से समृद्ध किया।

वर्तमान युग उनकी कीर्ति का उषाकाल है। अभी श्रद्धा अधिक है, उनके साहित्य का अध्ययन कम है। जैसे-जैसे शिक्षा का प्रसार होगा, जनसाधारण की सामाजिक और सांस्कृतिक स्थिति बदलेगी, वैसे-वैसे हिन्दी भाषा प्रदेश के करोड़ों

साधारण जन उन्हें हृदय से प्यार करेंगे। वास्तव में साधारण जनों ने उन्हें सदा अपना माना, सहज ज्ञान से उन्हें पहचाना। इसी से बल पाकर वे इतने दिन जिये। उन्होंने अपार कष्ट सहे लेकिन कभी धनी-मानी, साहित्य-विमुख जनों के सामने अपना माथा नहीं झुकाया। उनका वह उन्नत मस्तक हिन्दी साहित्य का उन्नत भाल है जो झुकना नहीं जानता। इसीलिए उनके साहित्य के साथ उनका जीवन अमोघ प्रेरणा का स्रोत है।

निराला जी को राजनीतिज्ञों से कोई विशेष चिढ़ न थी किन्तु वह साहित्यकार को राजनीतिज्ञ से ऊँचा स्थान देते थे। जिन लोगों ने उनकी 'प्रबन्ध प्रतिमा' पुस्तक देखी है, उन्हें मालूम होगा कि फैजाबाद में राजनीतिक नेताओं को मंच पर और स्वर्गीय आचार्य शुक्ल को नीचे जमीन पर बैठे देखकर उन्हें कितना कष्ट हुआ था। गांधीजी और नेहरूजी से अपनी भेंट का जो विवरण उन्होंने लिखा है. उसमें उनका अहंकार नहीं, साहित्यकार का आत्मसम्मान झलकता है।

सन् '38-'39 में निराला जी के कुछ मित्र नाटक करने का विचार कर रहे थे। उनके इस प्रयत्न में निराला जी का सहयोग था। कुछ मित्र चाहते थे कि इस कार्य के लिए एक राजनीतिज्ञ को चुना जाए। इस सम्बन्ध में उन्होंने श्री अमृतलाल नागर को एक पत्र लिखा था जिनमें मेरा भी उल्लेख था। मुझे उस समय इस सम्बन्ध में कुछ भी पता न था कि निराला जी मेरे बारे में क्या सोचते हैं या किसी को क्या लिख रहे हैं। उनका यह पत्र अभी साल भर पहले चिरंजीव शरद नागर के सौजन्य से मुझे देखने को मित्रा। उसे मैं ज्यों का त्यों उद्धृत करता हूँ। पाठकों को साहित्यकार के आत्मसम्मान के रक्षक निराला के दृढ़ चरित्र का परिचय इस पत्र से मिलेगा।

भूसामंडी, हाथीखाना, लखनऊ

19-1-39

अमृतलाल, सर्वदानन्द, उमाशंकर वगैर:

दोस्तो,

उस रोज नाटक की मीटिंग के सम्बन्ध में सर्वदानन्दजी के कहने के अनुसार निश्चय हुआ था, उनकी जगह यानी माननीय शिक्षामंत्री के वासभवन में रविवार के दिन मीटिंग होगी। मैं अपना उद्देश्य जाहिर कर चुका हूँ कि साधारण व्यक्ति सभापति चुना जाए। रामविलास साधारण और योग्य, दोनों हैं। लेकिन उमाशंकर जी से सुना, आप लोगों में कुछ की राय है, मान. शिक्षा-मंत्री सभापति हों। व्यक्तिगत रूप से उनके प्रति मेरी श्रद्धा है पर इस सभापति चुनने की वृत्ति को मैं अच्छी

निगाह से नहीं देख पा रहा। निश्चय हुआ था, काम करके हुक्कामों की सहानुभूति ली जाएगी। अगर आप लोग मेरी तरह सहयोग देंगे, तो और तभी, मैं काम कर सकूँगा; अन्यथा नहीं। क्योंकि ड्रामा लिखने से खेलने तक का भार मेरा ही कुछ अधिक भारी होगा। कृपया सूचित करें, आप लोगों की क्या राय है। मैंने सर्वदानन्दजी के कारण वहाँ जाने में संकोच नहीं किया, यों मुझे वहाँ मीटिंग करते भी संकोच है। अगर आप लोग बुरा न मानें तो स्थान बदल दें। मेरे यहाँ या अन्यत्र जहाँ कहें, मीटिंग की जगह निश्चित हो। यह जरूर है कि आदर्श साधारण रूप से ही आदर्श बनाया जाएगा। आप जहाँ अड़चन देखते हैं, मुमकिन है, वहाँ सुगमता हो; क्योंकि कुछ विचार-शक्ति मेरे अन्दर भी है। आप दूसरा प्रेसीडेंट भी चुन सकते हैं लेकिन व्यक्ति साधारण हो, साथ ही योग्य। इस तरह निश्चय करके चिट्ठी लिखें। मैंने वहाँ कहा था, अगर शिक्षामंत्री के लड़के न होते तो सर्वदानन्द को सभापति चुन लेने में मुझे एतराज न होता। सभापति और मीटिंग की बात सूचित करें कि किसे चाहते हैं और कहाँ चाहते हैं। इति।

आप लोगों का
निराला

निराला जी के बारे में अनेक किंवदन्तियाँ प्रसिद्ध हैं, जिनमें बहुत-सी निराधार हैं। लोग उनका बाह्य जीवन ही देखते थे—भीतरी बातें जानना भी कठिन था—और जितना देखते थे, उससे अधिक की कल्पना कर लेते थे। मुझे अनेक सज्जनों से निराला जी के विचित्र 'संस्मरण' सुनने को मिले हैं। इस होड़ में कि कौन कितने संस्मरण सुनाता है, लोग संस्मरण गढ़ भी लेते हैं। जब तक निराला जी के पत्रों के आधार पर उनकी जीवनी नहीं लिखी जाती तब तक ऐसी किंवदन्तियाँ प्रचलित रहेंगी और बाद को भी प्रचलित धारणाओं का खंडन करके सत्य का अनुसन्धान करना काफी कठिन होगा।

निराला जी के बारे में एक प्रचलित धारणा यह है कि वह फक्कड़ आदमी थे। जो रुपया मिला, उसे खा-पीकर बराबर किया। पत्नी का पहले ही स्वर्गवास हो चुका था, इसलिए घर में किसी की चिन्ता उन्हें थी नहीं। पुस्तकों से कितनी रॉयल्टी मिलती है, कितनी नहीं, इसकी भी उन्हें चिन्ता नहीं थी।

इस धारणा के विपरीत सत्य यह है कि निराला जी अपने पुत्र श्री रामकृष्ण त्रिपाठी तथा अपने भतीजों आदि का सदा ध्यान रखते थे और समय-समय पर उनकी आर्थिक सहायता करते थे। सन् 1945 में वह इलाहाबाद में थे और उनका स्वास्थ्य बिगड़ने लगा था। वह दारागंज के एक खस्ताहाल घर में (श्री कमलाशंकर सिंह के मकान से भिन्न) श्री मसुरियादीन चौधरी के यहाँ रहते थे। इन दिनों वह स्वयं बर्तन मलते थे और अपने हाथों भोजन पकाते थे। श्री रामकृष्ण त्रिपाठी

लखनऊ में संगीत-शिक्षा पूरी कर रहे थे। निराला जी अपनी कठिन परिस्थिति में भी उनकी बराबर सहायता करते थे। 31 जनवरी, 1945 को उन्होंने रामकृष्णजी को लिखा था :

दारागंज, इलाहाबाद

31-1-45

चिरंजीव रामकृष्ण,

तुम्हारे दोनों पत्र मिले। समाचार मालूम हुए। कल तीस रुपये तुम्हारे खर्च के लिए भेजे, आज पन्द्रह रुपये और भेजते हैं। ट्यूशन कर ली, अच्छा है। जो उद्वृत्त रुपया हो, डाकखाने में या बैंक में जमा करते रहो। बैंक में एकमुश्त सौ रुपए से कम में नहीं होगा। 3-4 महीने में इससे अधिक रकम तुम्हारे हाथ आ जाएगी। हम यथासमय तुमको बचा रुपया भेजते रहेंगे। साल भर में किताबों की रॉयल्टी मिलने लायक होगी।

युग मन्दिर, उन्नाव से उनकी कुछ पुस्तकें प्रकाशित हुई थीं जिनके बारे में इसी पत्र में लिखा था :

चौधरी साहब के युग मन्दिर से हमारी तीन किताबें रॉयल्टी पर निकलीं : (1) बिल्लेसुर बकरिहा, (2) कुकुरमुता, (3) अणिमा। पहली दोनों किताबों के संस्करण समाप्त हो चुके हैं। फिर से छापने के लिए हमने मना किया था। सुना है, 'बकरिहा' का संस्करण वे कर रहे हैं। क्या बात है, मालूम करके लिखना। वे कटरा बिजनबेग चौक, अपनी ससुराल में, डाक्टर साहब के यहाँ सुना है कि हैं इस समय। उनसे रॉयल्टी के हिसाब में सौ-पचास रुपए ले लो, जो वे दें। और सब कुशल है।...

सस्नेह

सूर्यकान्त त्रिपाठी 'निराला'

निराला जी को इस बात का भी ध्यान रहता था कि परिवार में सबके पास यथोचित कपड़े-गहने वगैरह हैं या नहीं। गाँव में जो कामकाज होते हैं, उनमें क्या देना-लेना चाहिए, इसका हिसाब-किताब वह एक कुशल कुलपति के समान रखते थे। 9 अप्रैल, 1945 को उन्होंने इलाहाबाद से रामकृष्णजी को एक पत्र में लिखा था :

चिरंजीव रामकृष्ण,

एक पत्र लिखा था जिसका उत्तर नहीं आया। पच्चीस रुपये भेजे थे। उसकी रसीद मिल गई कि रुपये तुमको प्राप्त हो गए। आज पचहत्तर रुपये भेजते हैं। एक तोले का टीका बनवा लो। चार सौ रुपये का चेक आ गया है। भुनाकर तीन सौ

रुपये भेज देंगे, एक हफ्ते के अन्दर या लेकर आएँगे। कान की कोई चीज, गले की और हाथ की बनवा लेनी हैं। माल खोटा न हो। सोने की परख करा लेना। हाथ का जंजीरदार एक जेवर होता है, तीन-चार तोले तक बन जाएगा। टीका के बाद उसको बनाना है। फिर कानों वाला। तुम्हारी मामी के लिए जंजीर गले की अभी अगर न बन सके तो रहने देना, फिर रुपये भेजेंगे। पचवासे के लिए यह जेवर तभी लेकर जाना, जब तुम्हारी अम्मा आ जाएँ। टीका और एक साधारण साड़ी एक रोज के लिए जाकर दे आना, कृत्य कर लेंगी। कुशल है। इति।

सस्नेह

सूर्यकान्त त्रिपाठी 'निराला'

उनके निधन के बाद उनके परिवार की स्थिति ठीक रहे, कभी-कभी इस बारे में भी वह सोचते थे। 1 अप्रैल, 1946 को उन्होंने रामकृष्णजी को लिखा था :

"तुमको 'चोटी की पकड़' की पांडुलिपि देंगे। रखे रहना। कुछ दिनों में वह अधिक दामों में बिकेगी। हमारे पत्र न खोना—'निराला'।"

घर-गृहस्थी की बातों की चर्चा कभी-कभी वह मुझे लिखे गए अपने पत्रों में भी करते थे। 5 मई, 1945 के पत्र में उन्होंने मुझे लिखा था :

"पैतृक सम्पत्ति रामकृष्ण के नाम कर देना चाहता हूँ, जो कुछ है। मेरी ऑथरशिप (authorship) वाली किताबें भी उनकी होंगी। पारिवारिक हिसाब फिर जैसा होगा। आपको सूचित किया। प्रसन्न हों।"

पत्रों के इन थोड़े-से उद्धरणों से भी यह स्पप्ट हो जाएगा कि निराला जी वैसे 'फक्कड़' न थे, जैसाकि अनेक सहृदय उन्हें कल्पित करते हैं। वह अपने नाते-रिश्ते के लोगों तक का खयाल करते थे, अपने पुत्र श्री रामकृष्ण से उन्हें प्रगाढ़ स्नेह या। इसी प्रकार अपने कष्ट के दिनों में भी उन्हें अपने पुत्र का बराबर ध्यान रहता था और उनका प्रयत्न था कि वह सुखी गृहस्थ जीवन बिताएँ। एक सुसंस्कृत नागरिक के समान उन्हें अपने उत्तरदायित्व का ज्ञान था। उसी उत्तरदायित्व की झलक ऊपर के पत्रांशों में दिखाई देती है।

निराला जी पर इधर अनेक पत्र-पत्रिकाओं ने विशेषांक निकाले हैं। उनमें स्वर्गीय महाकवि के जीवन और कृतित्व पर अनेक महत्त्वपूर्ण लेख निकले हैं।

इस समय एक प्रश्न की चर्चा करना आवश्यक है। यह प्रश्न है निराला जी की रायल्टी का। उनकी पुस्तकों से उनके जीवन-काल में उन्हें कितनी रायल्टी मिली? किस प्रकाशक ने उनकी पुस्तकों पर उन्हें एकमुश्त या किस्तों में कितना दिया, इसका विवरण प्रकाशित हुए बिना निराला के जीवन-इतिहास का ज्ञान अधूरा ही रहेगा।

यह प्रश्न बेवक्त की रागिनी लग सकता है। अब निराला जी रहे नहीं, फिर इस चर्चा से लाभ? निवेदन है कि इन पंक्तियों के लेखक ने उनके जीवनकाल में भी यह चर्चा की थी। उस चर्चा का फल न हुआ हो, इससे वह प्रयत्न निरर्थक नहीं हो जाता। इसके सिवा न्याय की माँग यह है कि निराला की कृतियों से उनके परिवार के लोगों को रायल्टी मिले या वे कृतियाँ राष्ट्र की सम्पत्ति हों और निराला जी की समस्त रचनाओं का प्रकाशन उत्तर प्रदेश की सरकार करे।

निराला जी की रचनाओं का प्रकाशक एक नहीं है, अनेक हैं। यदि उनका सौदा एक जगह पट जाता तो उन्हें प्रकाशक बदलने की जरूरत न पड़ती। पेंशन मिलने से पहले वह दारागंज में एक घटिया से मकान में रहते थे। उस समय वह हाथ से खाना बनाते थे, बर्तन मलते थे, भरसक अपने पुत्र रामकृष्ण की संगीत-शिक्षा के लिए भी खर्च भेजते थे। यदि प्रकाशक ईमानदारी से उनके श्रम का मूल्य उन्हें देते तो उनके मन और शरीर को उतना कष्ट न सहना पड़ता। मद्रास सरकार ने महाकवि सुब्रह्मण्यम् भारती की समस्त रचनाओं का प्रकाशन-भार स्वयं लिया और इसमें न केवल उन रचनाओं के वितरण में सुविधा हुई, वरन् भारती-परिवार को भी उपयुक्त सहायता मिली। उत्तर प्रदेश की सरकार के लिए मद्रास सरकार का यह कार्य अनुकरणीय है।

मेरे कहने से निराला की रायल्टी और कापीराइट की पूरी रकम आँकने के लिए सरकार जाँच-कमीशन न बिठाएगी। लेकिन जिन हिन्दी-प्रेमियों तक मेरी आवाज पहुँच सकती हो, उन तक उसे जरूर पहुँचाना चाहूँगा और कहूँगा कि यह इन्साफ की माँग है। हम हिन्दी-भाषी यह जानना चाहते हैं कि हमारे युग-प्रवर्तक को प्रकाशकों से क्या मिला? और उन्होंने उसकी रचनाओं से कितना कमाया? इससे निराला की जीवनचर्या और कृतित्व को समझने में बहुत सहायता मिलेगी।

बात निराला जी की नहीं, हिन्दी के सभी लेखकों की है। बनारसीदास चतुर्वेदी के शब्दों में निराला जी शोषित साहित्यकारों के प्रतीक थे। हिन्दी लेखक अपनी अन्तर्व्यथा अपने तक रखते हैं लेकिन जो निराला पर बीती थी, वह कमोबेश उन पर भी बीतती है। यह अन्तर्व्यथा श्री अमृतलाल नागर के लेख में प्रकट हुई है। इस लेख को अनेक पत्रों ने उद्धृत किया है जिसका कारण मेरी समझ में यही है कि उसमें जोरदार ढंग से हिन्दी जनता में व्याप्त रोष को व्यक्त किया गया है। नागरजी ने क्षुब्ध होकर लिखा है : "आप इसे मेरी सनक ही मान लीजिए पर इस समय तो यही चाहता हूँ कि हिन्दी के सारे कवि, साहित्यिक, विद्वान, मनीषी नियति के किसी षड्यंत्र से एक ही दिन में सदा के लिए खामोश हो जाएँ तो हमारे भारतीय राजनीतिज्ञों के सिर से हिन्दी का भारी बोझ टल जाए और हिन्दी-भाषी प्रदेशों के पढ़े-लिखे तेज-तर्रार बाबुओं को बेझिझक अंग्रेजी भाषा की पूजा-स्तुति करने की खुली छूट मिल जाए। हिन्दी भाषा-भाषियों को साहित्य या साहित्यिकों की जरूरत

नहीं। निराला जी का देहान्त होने का समाचार सुनकर मैं जीवन में पहली बार एक ऐसी विषम खीझ से भर उठा जो मेरी सांस्कारिक चेतना को अपने-आप में एकदम निरर्थक लगते हुए भी मेरे अन्तःकरण की तहों को छू रही है। मुझे ऐसा लगता है कि निराला के रूप में हिन्दी-भाषी क्षेत्र में साहित्यिक तत्त्वनिष्ठा का मृत शरीर पड़ा है और निराला का स्वर कहीं अलक्ष्य से उठकर कह रहा है—वह देखो, मेरे शव में चौबीस करोड़ व्यक्तियों की अन्तश्चेतना के शव दिखलाई पड़ रहे हैं।"

इसीलिए निराला की रायल्टी कापीराइट का प्रश्न उठाना सामयिक और उचित है। जिन्हें उनके कृतित्व पर गर्व है, उन्हें इस बात का जायजा लेना चाहिए कि निराला के टूटने में प्रकाशकों का हाथ कितना है।

इस बात का जायजा लेना आसान नहीं है। कुछ सम्पादकों को तो साहित्य जैसी विशुद्ध सांस्कृतिक राशि के सन्दर्भ में रायल्टी जैसी भौतिक वस्तु की चर्चा भी असह्य है।

'हिन्दुस्तान' साप्ताहिक ने निराला जी पर विशेषांक निकाला। मुझसे लेख माँगा। मैंने 'गृहस्थ निराला' शीर्षक लेख भेजा। लेख के अन्त मैं निराला जी की रायल्टी की चर्चा थी। 'हिन्दुस्तान' सम्पादक से अपील थी कि वे प्रकाशकों से विवरण प्राप्त करने की कोशिश करें। लेख छपा तो उसमें रायल्टी की चर्चा वाला अंश गायब था।

'हिन्दुस्तान' सम्पादक श्री बांकेबिहारी भटनागर ने दिल्ली में निराला जयन्ती समारोह समिति संगठित की। इसके दो संरक्षकों में साहित्यकार एक भी नहीं है। एक संरक्षक हैं घनश्याम बिड़ला। विशुद्ध साहित्य-सेवा!

निराला जी टूटे, उनका मानसिक संतुलन नष्ट हुआ, इस बात को अनेक लोग जानते और स्वीकार करते हैं। किन्तु तोड़ने वाले कौन थे? इनके बारे में या तो अनेक मित्र मौन रहते हैं या इसके लिए विचित्र सिद्धान्त गढ़ लेते हैं। 'मूर्तिभंजक या भग्नमूर्ति' का प्रश्न उठाने वाले 'धर्मयुग' के लेखक ने एक थ्योरी यह प्रस्तुत की है कि महान् पुरुषों की मूर्तियाँ अपने भीतर से आप टूट जाती हैं। "यह कटु सत्य है कि मूर्तिभंजन करते-करते निराला की भी एक मूर्ति बनकर खड़ी हो गई जिसे भंजित करने की सामर्थ्य तो किसी में नहीं थी परन्तु जैसाकि मूर्तियों के भाग्य में ही लिखा है, वे स्वयं ही विघटित हुईं।" निराला के भाग्य में ही लिखा था कि वह भीतर से टूटें! उन्होंने स्वयं मूर्ति को तोड़ा, उनकी मूर्ति को किसी ने नहीं तोड़ा! यह पूँजीवाद की परोक्ष नहीं, प्रत्यक्ष हिमायत है।

निराला अभावों से जूझे, असुविधाओं से संघर्ष किया, यह बात जगजाहिर है। लेकिन हमारे मित्रों का कहना है कि "सुविधाएँ होने पर उन्नीस-बीस का फर्क भले पड़ जाता, परन्तु उनके लेखन और उनके अभावों में थोड़ा ही सम्बन्ध था।" ये पंक्तियाँ 'धर्मयुग' में प्रकाशित एक अन्य लेख में श्री अजितकुमार ने

लिखी हैं। निराला के अभावयुक्त जीवन को उनके साहित्य से अलग करने का कितना भगीरथ प्रयास किया जा रहा है। निराला के नाम पर आँसू बहाएँ। लेकिन उनके जीवन की सही तसवीर लोगों के सामने न आने पाये! सही तसवीर आने से समाज और साहित्य के न जाने कितने निहित स्वार्थों के ढह जाने का भय उत्पन्न हो जाएगा। इसलिए यह कथा गढ़ी गई है कि "वे अपने ही अन्दर इतने अधिक डूबे रहते थे कि उनका ध्यान इस तरह की बाहरी चीजों की ओर जाता ही न था। परिवेश के प्रति वे बहुत जागरूक रहते थे, परन्तु उसकी कुटिल छाया अपने मन पर न पड़ने देते थे।"

यानी निराला जी की पुत्री सरोज का असामयिक निधन हुआ, उसका इस परिवेश की कटुता से कोई सम्बन्ध न था! स्वयं निराला जी ने 'सरोज-स्मृति' में जो कुछ लिखा, वह झूठ है या उसका कोई और गूढ़ अर्थ है जिसका परिवेश से कोई सम्बन्ध नहीं है?

'सरोज-स्मृति' में कवि ने अपने को 'शत-शर-जर्जर' कहा है। 'हारता रहा मैं स्वार्थ समर'—लिखकर अपनी स्थिति स्पष्ट की है। अपना क्षोभ इन शब्दों में प्रकट किया है :

धन्ये, मैं पिता निरर्थक था,
कुछ भी तेरे हित न कर सका!

इसका अर्थ स्पष्ट न हुआ हो तो आगे लिखा है :

अस्तु मैं उपार्जन को अक्षम,
कर नहीं सका पोषण उत्तम,
कुछ दिन को, जब तू रही साथ।

भला कवि को द्रव्योपार्जन, कन्या के पोषण से क्या मतलब? वह तो परिवेश से अपने व्यक्तित्व और कृतित्व को दूर रखने वाला कवि है न?

निराला जी ने लिखा था :

दुःख ही जीवन की कथा रही,
क्या कहूँ आज जो नहीं कही।

समझदारों के लिए वह जितना कह गए हैं, वह कम नहीं है। जो लोग निराला के जीवन और साहित्य का सत्य उद्घाटित करने में लगे हैं, वे इस दुःखगाथा के बारे में खामोश क्यों रहते हैं?

क्या यह कहने से निराला की मूर्ति खुद टूट गई या निराला-समारोह-समिति में बिड़लाजी का नाम देने से या राष्ट्रपति-भवन में जलसे करने से या निराला के चित्र

के साथ राजनीतिक नेताओं के भव्य चित्र छापने से उस दु:खगाथा पर पर्दा डाला जा सकता है? न्याय की माँग कुछ दूसरी ही है। उसकी ओर दिनकरजी ने संकेत किया है। 'हिन्दी टाइम्स' में प्रकाशित विवरण के अनुसार उन्होंने कहा : "राष्ट्रपिता बापू की मृत्यु के बाद मौलाना आजाद ने अपने एक भाषण में कहा था कि कहीं बापू के खून के छींटे हमारे ही हाथों पर तो नहीं! यही प्रश्न कभी-कभी निराला जी के सम्बन्ध में हम लोगों के मन में भी उत्पन्न होता है।"

निस्सन्देह निराला की दुरवस्था के लिए कुछ लोग जिम्मेदार थे और इस सत्य पर पर्दा डालना अन्याय है। निराला कलम के मजदूर थे। वह साहित्य लिखते थे। जनता के लिए, अपने आनन्द के लिए, और यह साहित्य-रचना उनकी जीविका का साधन भी थी। साहित्यकार-श्रमिक के साथ न्याय होना चाहिए—उसकी सही जीवन-कथा समझने के लिए, हिन्दी के प्रतिभाशाली साहित्यकारों को निराला की-सी नरक-यातना से बचाने के लिए। यही न्याय की माँग है।

16

'यह मतवाला—निराला'

उपर्युक्त शीर्षक से बच्चन जी का लेख साप्ताहिक 'हिन्दुस्तान' तथा उनके निबन्ध-संग्रह 'नये-पुराने झरोखे' में प्रकाशित हुआ है। इससे पहले 23 जनवरी, 1950 में 'संगम' में उनका एक लेख छपा था : 'निराला जी की वर्षगाँठ पर'। दोनों लेखों को देखने से पता चलता है कि बच्चन जी आलोचक रूप में निरन्तर उन्नति करते जा रहे हैं। कविता में एक बार उनका स्वर चाहे सच्चा न लगे, आलोचना का स्वर उनके बढ़ते हुए आत्मविश्वास का पूर्ण साक्षी ठहरता है।

अपने पहले लेख में बच्चन जी ने निराला जी की मन:स्थिति के बिगड़ने की बातों का उल्लेख करते हुए कहा था : "मैं यह बात मानने को तैयार नहीं हूँ कि इतना बड़ा कलाकार व्यक्तिगत मानापमान को इतनी महत्ता दे सकता है। उन्होंने अपने को हिन्दी, हिन्दी कविता, हिन्दी साहित्यकार का प्रतीक ही मान लिया है। उन्होंने अपनी उपेक्षा में हिन्दी की उपेक्षा देखी है। अपनी उपेक्षा तो शायद वे सह जाते पर हिन्दी की उपेक्षा उनके लिए असह्य हो गई है।"

बच्चन जी ने आशातीत उदारता प्रदर्शित करते हुए यहाँ निराला जी को व्यक्तिगत मानापमान से परे माना। उन्हें इस योग्य स्वीकार किया कि व्यक्तिगत उपेक्षा सह लें किन्तु हिन्दी भाषा और साहित्य की उपेक्षा न सहें।

दूसरे निबन्ध में बच्चन जी का यह दृष्टिकोण बदल गया है। उनके नये दृष्टिकोण में दार्शनिकता का पुट है। उन्होंने अमृत और विष का रहस्यमय विश्लेषण किया है। निराला जी क्यों टूटे? इसलिए कि वह देते तो थे अमृत लेकिन उसका प्रतिदान भी चाहते थे। इस चाह से उत्पन्न हुई कुंठा और इस कुंठा ने उन्हें ले डाला। लिखा है : "जो अमृत का दान देने चलता है, वह जानता है कि उसके लिए अन्त में विष ही रह जाता है। प्रतिदान की कामना-कुंठा बनी रहे तो ये विष अधिक कटु हो जाता है। मुझे यह लिखते हुए बड़ा दु:ख हो रहा है कि यह कामना-कुंठा निराला को न छोड़ सकी। निराला ऐसे साधक के लिए इस पर विजय पाना असम्भव न था, पर दुर्भाग्यवश, उनके स्नेही अपने मोह की अतिशयता में इसे उभारते ही रहे।"

इस मूल्यांकन में हिन्दी के मानापमान का सवाल नहीं रहा। यहाँ रह गई केवल प्रतिदान की आकांक्षा! निराला शायद इस आकांक्षा पर विजय पा भी जाते किन्तु उनके मोहान्ध स्नेही उसे उभारते रहे। क्या कहते रहे होंगे निराला जी से उनके स्नेही? यही कि निराला जी, आप हिन्दी के प्रतीक हैं, आप हिन्दी साहित्य के प्रतीक हैं! आपकी उपेक्षा हिन्दी की उपेक्षा है। आप भला हिन्दी की उपेक्षा कब सह सकते हैं?

इसी तरह के मोहान्ध प्रलाप से निराला का अहंकार और जगा होगा, कामना-कुंठा पर उनका विजय पाना असम्भव होगा!

बच्चन जी ने जिस दृढ़ता से निराला-सम्बन्धी मोहपाश को छिन्न-भिन्न किया है, वह उनके अडिग आत्मविश्वास का ज्वलंत प्रमाण है।

मोहपाश के अनेक फन्दे हैं। पहला फन्दा है उनकी मृत्यु के बारे में जन-साधारण के विलाप का। लोग समझते हैं, निराला और जी सकते थे, उन्हें जीना चाहिए था। किन्तु यह सब भ्रम है। बच्चन जी के शब्दों में : "निराला जी की मृत्यु न अप्रत्याशित थी, और न आकस्मिक और न असामयिक ही।" उनकी मृत्यु प्रत्याशित थी, सामयिक—और स्वाभाविक!

इसका कारण यह कि 'राम की शक्ति-पूजा' वह सन् '36 में लिख चुके थे। उसके बाद जो बचा, वह था विष। वह विष लिये वह पच्चीस साल जीते रहे! इससे अधिक आश्चर्य की बात क्या होगी? उस विष को भी वे रस में परिणत करते रहे। फिर यह विष-रस भी समाप्त हो गया : "सात वर्ष से अधिक निराला इससे भी रिक्त होकर अपने को जिलाए रहे, यह कम आश्चर्य की बात नहीं है।"

बच्चन जी ने यह जीवन-मरण का गम्भीर विश्लेषण उसी महीने में कर डाला जिसमें निराला जी का देहावसान हुआ था—यह उनकी प्रज्ञा के प्रतिष्ठित होने का श्रेष्ठ प्रमाण है।

यह तो मोहपाश के पहले फन्दे की बात हुई। दूसरा फन्दा और भी कठिन है। इसका सम्बन्ध है निराला-काव्य के मूल्यांकन से। लोग निराला को, उनके साहित्य को हिन्दी की निधि मानते हैं। समझते हैं कि तुलसीदास और भारतेन्दु की परम्परा की ही एक कड़ी हैं निराला जी। बच्चन जी ने निराला-काव्य में दो परम्पराओं का उल्लेख किया है। एक परम्परा बँगला की, दूसरी हिन्दी की। पहली निराला के लिए स्वाभाविक थी, दूसरी—हिन्दी की परम्परा—निराला के लिए थी कृत्रिम। उनके काव्य में जो कुछ उदात्त और समर्थ था, वह बँगला के कारण। जो कुछ अर्हित था, वह हिन्दी के कारण।

निराला जी के प्रथम कविता-संग्रह 'अनामिका' के बारे में बच्चन जी ने लिखा है : "'अनामिका' में निराला दो सुस्पष्ट, विभिन्न परम्पराओं के अन्तर्गत सृजन करते दिखलाई पड़ते हैं—एक समृद्ध, परिपक्व, सुस्थिर; दूसरी निस्तेज कल की

और प्रयोगात्मक एक बंगाली साहित्य की परम्परा, जिसमें रवीन्द्र और नजरुल रचनाएँ कर रहे थे और दूसरी द्विवेदीयुगीन—इतिवृत्तात्मक—जिसका परिचय उन्होंने 'सरस्वती' पत्रिका से प्राप्त किया था; बंगाल में जनमने, पलने, बढ़ने, शिक्षित होने, युवावस्था तक रहने के कारण पहली निराला के लिए अधिक स्वाभाविक; दूसरी कम, कृत्रिम भी। परिणाम स्पप्ट है। जहाँ निराला खड़ी बोली की तत्सामयिक परम्परा, भाव, भाषा, छंद, रूपक आदि का अनुसरण करते हैं, वहाँ उनकी चीजें इतिवृत्तात्मक, सिलपट, फुसफुसी, भोंडी, सस्ती, सुधारवादी होती हैं—हालाँकि उनमें भी कहीं-कहीं छायावादी कल्पना के अंकुर फूटते दिखाई देते हैं, पर जब वे बँगला की परम्परा के प्रभाव में लिखते हैं, तब उनकी लेखनी के पर लग जाते हैं, उनकी चीजें चुस्त, दुरुस्त, सुष्ठु होती हैं।"

निराला के कवि रूप में सामने आते ही अनेक हिन्दी-रक्षक 'बँगला की नकल है' की गुहार मचाने लगे थे। निराला को घटिया कवि साबित करने के उद्देश्य से वह सब किया जाता था। बच्चन जी का उद्देश्य दूसरा है। वह निराला की गरिमा पर प्रकाश डाल रहे हैं। इस गरिमा का हिन्दी की परम्परा से कोई सम्बन्ध नहीं है, वह देन है बँगला की! युवावस्था तक बंगाल में रहने के कारण बँगला की परम्परा ही उनके लिए स्वाभाविक थी। राम जाने, परिवार के लोगों से वे बैसवाड़ी में बोलते थे या बँगला में! शायद बैसवाड़ी भी कलकत्ते से आकर गाँव में बसने पर—युवावस्था के बाद—सीखी होगी।

सिलपट, फुसफुसी आदि विशेषण पहले भी कहीं सुने थे। याद आया, फिराक गोरखपुरी ने निराला, पंत आदि हिन्दी महारथियों को इन्हीं विशेषणों के उपहार दिये थे। बच्चन जी ने उन्हीं का उपयोग निराला की हिन्दी परम्परा वाली कविताओं की विशेषताएँ बताने के लिए किया है। इससे उनकी मौलिकता में बट्टा नहीं लगता, क्योंकि उन्होंने छायावादी कल्पना के अंकुर के लिए 'चुस्त-दुरुस्त और सुष्ठु'—इन सुन्दर विशेषणों का प्रयोग भी किया है। फिराक को इनकी जरूरत महसूस न हुई थी।

फिराक एक काम और करते थे जो बच्चन जी ने नहीं किया। वह दूसरों की नुक्ताचीनी करने के बाद अपने शेर उद्धृत करके लोगों को बता देते थे कि उनकी निगाह में आदर्श कविता किस तरह की होती है। बच्चन जी ने विनम्रतावश ऐसा नहीं किया। वह चाहते तो निराला की सिलपट, फुसफुसी,भोंडी, सस्ती सुधारवादी रचनाओं के मुकाबले में अपनी चुस्त-दुरुस्त और सुष्ठु पंक्तियाँ रख सकते थे। यथा 'खादी के फूल' से :

मेरे मन में उठता सवाल है रह रह कर
पाता जवाब हूँ इसका ढूँढ़ कहीं नहीं,
मुझको अपने को ठीक समझने की कीमत,

क्यों तुमको देनी
पड़ी जिगर के
लोहू से?

और भी :

जब गांधीजी थे चले स्वर्ग से पृथ्वी को
मानव की पशुता से, दानवता से लड़ने,
तब देवों ने था उनको यह आदेश किया,
लो देह भीम की
बल-विक्रम
बजरंगी का।

यह तो सुष्ठु कविता की मिसाल हुई। निराला जी की 'पंचवटी-प्रसंग' में बच्चन जी ने रवीन्द्र और नज़रुल की प्रतिध्वनियाँ सुनी हैं : "शायद नज़रुल की अधिक।" शायद क्यों? आशा है, आत्मविश्वास की यह अपवाद रूप कभी पुस्तक के दूसरे संस्करण में दूर हो जाएगी। कौन नज़रुल की हर कविता का विश्लेषण करके 'पंचवटी-प्रसंग' से उसकी भिन्नता दिखाने के लिए बैठे? सही सलामती से यह दावा किया जा सकता है कि हिन्दी की किसी भी कविता में बँगला की किसी भी कविता की प्रतिध्वनि गूँजती है।

निराला के सुष्ठु काव्य को हिन्दी परम्परा के अन्तर्गत मानना, हिन्दी परम्परा के प्रभाव से उसका फुसफुसापन न देखना, बँगला के प्रभाव से ही जहाँ-तहाँ वह काव्य चुस्त और दुरुस्त है—यह न पहचानना, मोहपाश का फन्दा नम्बर दो हुआ।

फन्दा नम्बर तीन है मुक्त छंद के बारे में। निराला ने मुक्त छंद लिखा, इसी के द्वारा बँगला की दौलत बटोरी, लेकिन यह छंद हिन्दी में न चला। असल में इस मुक्त छंद का बाप कबित्त भी हिन्दी के आँगन में बंगाल से आकर जम गया था।

यह बात सही है कि तुलसीदास ने कबित्त लिखे; भूषण, देव, मतिराम और पद्‌माकर ने लिखे, भारतेन्दु और रत्नाकर ने लिखे। खड़ी बोली में गोपालशरण सिंह, हितैषी और दिनकर ने लिखे। लेकिन इतने कवियों के लिखने पर भी कबित्त हिन्दी का अपना न हो सका। यह उसके जबर्दस्त विदेशीपन का अकाट्य प्रमाण है।

पंत जी ने बहुत पहले लिखा था और बच्चन जी ने पंत जी के वाक्यों को फिर सादर, साभार उद्धृत किया है। वह इस प्रकार : "कबित्त छंद मुझे ऐसा जान पड़ता है, हिन्दी का औरस जात नहीं, पोष्य-पुत्र है; न जाने, यह हिन्दी में कैसे और कहाँ से आ गया; अक्षर मात्रिक छंद बँगला आदि में मिलते हैं, हिन्दी के उच्चारण-संगीत की वे रक्षा नहीं कर सकते।"

इस सम्बन्ध में बच्चन जी का निष्कर्ष यह है :

"परिणाम तो यही देखने में आया कि निराला के बाद कोई उसका निर्वाह सफलतापूर्वक नहीं कर सका, और पिछले दशक में जो मुक्त छंद आया है, वह स्वर की लय पर नहीं, भाव और अर्थ की लय पर आधारित है, गद्यवत् है, यानी यह पढ़ने के लिए नहीं, देखने-समझने के लिए है।"

बच्चन जी ने एक लेख और लिखा है जिसमें इसी मुक्त छंद की फिर चर्चा की गई है। इस लेख का शीर्षक है : 'पंत' और 'कला और बूढ़ा चाँद'। चाँद के बूढ़े होने पर पंत जी ने भी मुक्त छंद को अपनाया लेकिन बच्चन जी ने पाठक को सावधान कर दिया है कि वह पंत जी के मुक्त छंद को निराला जी के मुक्त छंद न समझ ले। पंत जी के मुक्त छंद का सम्बन्ध गद्य काव्य से है, न कि मुक्त छंद की उस परम्परा से, जो महाकवि निराला से आरम्भ होकर अज्ञेय, गिरजाकुमार माथुर, भारती, सर्वेश्वरदयाल सक्सेना, रघुवीर सहाय, कुँवर नारायण आदि कवियों में विकसित हुई।

पहले उद्धरण को देखने से मालूम होगा कि निराला जी हिन्दी में जो विदेशी कबित्त छंद लाये, उसकी जड़ यहाँ नहीं जमी; वह अकेले ही उसका झंडा ऊँचा किये रहे। दूसरे उद्धरण से मालूम होता है कि अज्ञेय से लेकर कुँवर नारायण तक कवियों की काफी बड़ी पाँति निराला के मुक्त छंद का अनुसरण करती रही!

बच्चन जी को सबसे पहले यह सिद्ध करना है कि निराला जी ने हिन्दी में मुक्त छंद लिखकर हिन्दी पर अत्याचार किया। उसके बाद यह सिद्ध करना है कि उनका अनुसरण करने में किसी को सफलता नहीं मिली। तीसरी बात यह सिद्ध करनी है कि पंत जी ने मुक्त छंद लिखा तो वह यह छंद नहीं, गद्य है।

यह सब सिद्ध करने में उन्हें इस बात की चिन्ता नहीं रहती कि सर्वेश्वरदयाल सक्सेना के खंडित गद्य के टुकड़ों और गिरजाकुमार माथुर के कबित्त छंद पर निर्भर मुक्त छंद में कोई साम्य नहीं है।

अच्छा, पंत जी तो निराला जी के मुक्त छंद के प्रभाव से बच गए। बच्चन जी का अपना हाल क्या है? उनके मुक्त छंद का नमूना देखिए और बतलाइए कि यह गद्य-काव्य है या निराला के अनुकरण पर लिखा हुआ मुक्त छंद है :

और आज
देखा है मैंने,
एक ओर है तुम्हारी प्रतिमा
दूसरी ओर है डांसिंग हाल,
हे पशुओं पर दया के प्रचारक,
अहिंसा के अवतार
परम विरक्त,
संयम साकार,
मची है तुम्हारे सामने रूप-यौवन की ठेल-पेल,

इच्छा और वासना खुलकर रही हैं खेल,
गाय-सुअर के गोश्त का उड़ रहा है कबाब
गिलास पर गिलास
पी जा रही है शराब,—
पिया जा रहा है पाइप, सिगरेट, सिगार,
धुआँधार,
लोग हो रहे हैं नशे में लाल।

इसी तरह की पंक्तियाँ हमने कहीं और पढ़ी थीं। उनके लेखक हैं निराला। बेशक उनकी गति में ओज कुछ ज्यादा है लेकिन मूलत: है वही गति, जो ऊपर बच्चन जी के छंद में है। निराला जी के 'अक्षर मात्रिक' का उदाहरण यह है :

हैं जो बहादुर समर के
वे मर के भी
माता को बचाएँगे।
शत्रुओं के खून से
धो सके यदि एक भी तुम माँ का दाग,
कितना अनुराग देशवासियों का पाओगे!—
निर्जर हो जाओगे
अमर कहलाओगे!

पंत जी ने भले ही अपने बूढ़े चाँद को निराला के मुक्त छंद के प्रभाव से बचा लिया हो, बच्चन जी का छंद उसी की गति का अनुसरण करता है, यह स्पष्ट है।

पंत जी के मुक्त छंद की बानगी भी देख लेनी चाहिए। बच्चन जी की चेतावनी है कि यह गद्यगीत है, 'अक्षर मात्रिक' छंद का प्रवाह नहीं।

उन माणिक पुष्पराग के
जलते कटोरों में
कैसा पावक रहा,
हीरक रश्मियों भरा?—
    (आँखें अलियों-सी
    किस मधु की गलियों में फँसी,
    बन्द कर पाँखें
    पी रही हैं मधु मौन)
तुम चाहते हो
मैं अधखिली ही रहूँ!

खिलने पर
कुम्हला न जाऊँ,
झर न जाऊँ।
हाय रे दुराशा।
मुझमें
खिलना
कुम्हलाना ही
देख पाए!

(हाय री यशोलिप्सा!
अन्धे की दिवस तू—
अन्धकार रात्रि-सी।
लपट में झपट
प्यासों मरने वाले
मृग की मरीचिका है।)

मैंने
हिमालय के
शुभ्र श्वेत मौन को
फूँका,
मानस शंख से
छोटा था वह।...
मैं सूर्य में डूबा
वह स्वच्छ सरोवर निकला,
(मैं) रक्त कमल सा खिला!
मेरे अंग-अंग
स्वर्ण शुभ्र हो उठे।

(घेर अंग-अंग को
लहरी तरंग वह प्रथम तारुण्य की,
ज्योतिर्मयि-लता-सी हुई मैं तत्काल
घेर निज तरु-तन।
खिले नव पुष्प जग प्रथम सुगंध के,
प्रथम वसंत में गुच्छ-गुच्छ।)

पंत जी की पंक्तियों के साथ कोष्ठकों में दी हुई निराला जी की पंक्तियों की तुलना कीजिए! बच्चन जी की लय-मर्मज्ञता की दाद दीजिए जो पंत जी की पंक्तियों को गद्यज और निराला जी की पंक्तियों को कबित्तज मानते हैं! यदि यह कह दें

कि पंत जी ने निराला जी के उसी मुक्त छंद का अनुसरण किया है जिसका कभी उन्होंने विरोध किया था तो सत्य की हत्या हो जाए!

कहने का मतलब यह है कि मोहपाश का तीसरा फन्दा काफी उलझा हुआ है। कबित्त छंद हिन्दी का अपना छंद नहीं। एक उलझाव। इसमें तुलसीदास-देव-मतिराम-भूषण-पद्माकर-भारतेन्दु-रत्नाकर-दिनकर ने कविता रची। यह दूसरा उलझाव। निराला ने अपना 'अक्षर मात्रिक' इसी कबित्त के आधार पर चलाया जो हिन्दी में चला नहीं, और चला भी यहाँ तक कि स्वयं बच्चन जी ने उसकी कद्र की। यह तीसरा उलझाव। पंत जी ने भी मुक्त छंद लिखा जो न गद्य है, न पद्य है, फिर भी निराला जी के छंद के साथ काफी दूर तक कदम मिलाकर चलता है। यह चौथा उलझाव। इन सब उलझावों से बचकर बच्चन जी ने यह सिद्ध कर दिया कि जो कुछ भी वह सिद्ध करना चाहते थे, वह सिद्ध ही है—यह साधारण बुद्धि के लोगों के लिए पाँचवाँ उलझाव है।

कबित्त छंद और मुक्त छंद के अलावा एक और छंद है, 'गजल छंद'। इस 'छंद' में ग़ालिब, मीर, मोमिन, जौक़, जोश, जिगर आदि बीसों कवियों ने रचना की है। निराला ने भी इस 'छंद' में लिखने का प्रयत्न किया। बच्चन जी ने लिखा है : "गजल छंद को हिन्दी में लाने के कुछ भोंडे-भद्दे प्रयोग पहले भी हो चुके थे; निराला की प्रतिभा भी उसमें कोई विशेष निखार-सँवार नहीं ला सकी।

यह तो स्वयंसिद्ध बात है कि जब कबित्त छंद के आधार पर निराला हिन्दी की प्रकृति के अनुकूल कोई बड़ी चीज न दे सके, तब 'गजल छंद' में हिन्दी को वह क्या देते? काश! उन्होंने दोहे लिखे होते, जो हर चौराहे पर ढोलक-मंजीरों की धुन के साथ गूँजते होते।

बापू के अवसान पर, जब मन दुखित-उदास।
धीरज देते हैं हमें, बाबा तुलसीदास॥
नाथू को पापी कहें, अथवा हम निष्पाप।
बापू के तन-त्याग पर, मन में अति संताप॥
सम्प्रदायपन धर्म हो, या अधर्म की मूल।
बापू का हम शोक दु:ख, कैसे पाएँ भूल॥

पाठक समझ गए होंगे, ऐसे सुन्दर-सुन्दर दोहों की रचना महाकवि बच्चन ने ही की होगी।

बाबा तुलसीदास का नाम सुनकर रामायण की याद आ गई। निराला जी ने रामायण के कुछ अंशों को खड़ी बोली में लिखा। सहृदय कवि बच्चन के हृदय को भारी ठेस लगी। "तुलसी के आधुनिकीकरण पर मैंने तो अपना सिर ही धुन लिया।" वाह! आ+धुनिकीकरण के सम पर सिर धुनना कमाल है!

क्या ही अच्छा होता कि निराला जी अवधी में नये गीत लिखते। निराला जी ने अवधी की रचना का रूपान्तर खड़ी बोली में किया; बच्चन जी ने वर्तमान युग में अवधी को ही अधिक आधुनिक बनाते हुए लिखा :

आहि जो, होइ सो नाहिं नहिं, नाहिं जो आहि न होइ।
आहि नाहिं का भेद कहँ, बुझहिं बुध कोइ-कोइ।

स्वयं बच्चन जी ने जितनी सफलता खड़ी बोली में न पाई थी, उससे कहीं अधिक सफलता प्रथम प्रयास में ही अवधी में पा ली। निराला जिन्दगी भर खड़ी बोली लिखने के बाद रामायण के मैदान में चित्त आए। बच्चन जी ने केवल एक बार अवधी में कलम उठाई और गीता के कुरुक्षेत्र में आए पट्ट! इसका एक कारण है। बच्चन जी पर एक सिद्ध महात्मा की दयादृष्टि पड़ी थी। इन्होंने पूछा—क्या पुनर्जन्म होता है? और उन्होंने दृढ़ विश्वास से कहा—होता है। फिर कुछ सोचने लगे, कुछ कहने लगे : "पर मुझे लगा कि जैसे मैं क्षण भर को चेतनाशून्य हो गया और इतने में ही कई जन्मों के आवर्त में घूम आया।" इस चेतनाशून्य आवर्त-परिभ्रमण में बच्चन जी स्वयं बाबा तुलसीदास से अवधी में काव्य-रचना करना सीख आए हों, तो आश्चर्य क्या! बीसवीं सदी में भी सौभाग्य से दैवी चमत्कार एकदम खारिज नहीं हुए।

मोहपाश के आखिरी फन्दे का सम्बन्ध है प्रगतिवाद से। प्रगतिवादी बड़े चालाक होते हैं। इन्हें एक नेता की जरूरत थी। चले और सीधे-साधे पंत जी को पकड़ लाए। निराला जी को भी अपने काफिले का सरदार बना लिया। वास्तव में किसी महाकवि का किसी वाद से सम्बन्ध नहीं होता। बच्चन जी को लोग हालावादी कहते थे लेकिन वास्तव में वह दूध पीकर शराब पर कविता लिखते थे। अब निराला जी को देखिए—शराब पीकर दूध पर कविता न लिखी!

प्रगतिवादी और पंत जी के सम्बन्ध का इतिहास बच्चन जी के शब्दों में इस प्रकार है : "हिन्दी कविता में प्रगतिवाद की चर्चा 1935-36 से आरम्भ हुई। पंत जी की 'युगवाणी' 1939 में और 'ग्राम्या' 1940 में प्रकाशित हुई। दोनों रचनाओं में ऊपरी ऐसा बहुत कुछ था जिसे देखकर प्रगतिवादियों ने उन्हें अपना नेता-सा मान लिया। निराला जगह-जगह कहते सुने जाते : 'मैं प्रोग्रेसिव नहीं ऐग्रेसिव हूँ' पर उनके मन का क्षोभ दिन-दिन बढ़ने लगा। कारण कुछ भी हो छायावादी काल में, जो लोकप्रियता पंत को मिली थी, वह निराला को नहीं मिली थी। निराला उसे हिन्दी का अज्ञान मानते थे।"

एक तो छायावादी काल में निराला पिछड़ गए थे—लोकप्रियता की होड़ में पंत जी बाजी मार ले गए। उसके बाद आया प्रगतिवाद का युग। उसमें भी नेता चुने गए पंत जी। निराला फिर रह गए फिसड्डी। और नेतृत्व न पा सकने के कारण प्रोग्रेसिव के मुकाबले अपने को एग्रेसिव कहने लगे!

इस सारी परिस्थिति का दोष मूलत: प्रगतिवादियों के सिर मढ़ा जाना चाहिए। उन्होंने पंत जी की रचनाओं को सतही निगाह से देखा। इनमें ऊपरी ऐसा बहुत कुछ था जिससे प्रगतिवादियों ने फायदा उठाया और उन्हें अपना 'नेता-सा' मान लिया।

'रूपाभ' के प्रथम अंक में पंत जी ने छायावाद को नमस्कार करने और उससे विदा लेने की घोषणा की। उन्होंने यह भी घोषित किया कि "इस युग की कविता स्वप्नों में नहीं पल सकती। उसकी जड़ों को अपनी पोषण-सामग्री ग्रहण करने के लिए कठोर धरती का आश्रय लेना पड़ रहा है। और युग-जीवन ने उससे चिर-संचित सुख-स्वप्नों को जो चुनौती दी है, उसको उसे स्वीकार करना पड़ रहा है।"

यह सन् '38 की बात है—'ग्राम्या' और 'युगवाणी' के प्रकाशन से पहले की बात है। स्पष्ट है कि कविता स्वप्नलोक में नहीं पल सकती—इस तरह की बातों से लाभ उठाकर प्रगतिवादियों ने पंत जी को नेता-सा माना। बच्चन जी ने इन ऊपरी बातों से पैदा होने वाले भ्रम को दूर करके प्रगतिवादियों का असीम उपकार किया है।

स्वयं पंत जी को 'उत्तरा' की भूमिका में मार्क्सवाद की यथेष्ट आलोचना करनी पड़ी। उन्होंने मार्क्स तथा एंगेल्स के दर्शन की तुलना "बौद्धिकता के शुभ्र अन्धकार के भीतर से रेंगनेवाली झींगुरों की रुँधी हुई झनकारों" से की। उन्हें इस बात पर भी आश्चर्य हुआ कि उनके आलोचक "अपने सांस्कृतिक विश्वासों में मार्क्सवादी ही नहीं, अपने राजनीतिक विचारों में कम्युनिस्ट भी हैं।" मार्क्सवादी होने तक गनीमत थी। लेकिन मार्क्सवादी होने के साथ कोई कम्युनिस्ट भी हो—तोबा!

वैसे किसी समय पंत जी भी अपने को प्रगतिवादी ही नहीं, कम्युनिस्ट भी कहते थे। इसके प्रमाण स्वयं बच्चन जी हैं। उनका एक कविता-संग्रह है : 'हलाहल'। उसकी एक अत्यन्त सुन्दर भूमिका है। 'कृति-परिचय' नाम की यह भूमिका बच्चन जी ने 1946 में लिखी था। 1946 तक पंत जी का प्रगतिवादी दौर समाप्त हो चुका था अर्थात् अब वे ऊपरी बातें न रह गई थीं जिनसे फायदा उठाकर प्रगतिवादी पंत जी को अपना नेता-सा मानते। इसलिए बच्चन जी ने पंत जी के सम्बन्ध में—उनके पूर्वकाल में साम्यवादी होने की—जो बात लिखी है, उसका महत्त्व और भी बढ़ जाता है। वास्तव में उन्होंने पंत जी का कथन ही उद्धृत किया है। यह भी याद रखने के योग्य है कि बच्चन जी 1940 से पंत जी के साथ रहने लगे थे।

बच्चन जी ने लिखा है : 'हम दोनों 8-ए बेली रोड पर 'वसुधा' में रहने लगे। प्रसंगवश यह बतला दूँ कि इस घर का यह नाम पंत जी ने ही दिया था। कहने लगे, जब मैं कालाकाँकर में था तब मेरे निवास स्थान का नाम था 'नक्षत्र', अब मैं 'नक्षत्र' से 'वसुधा' पर आ गया हूँ; फिर यह 'वसुधैव कुटुम्बकम्' की ओर संकेत करता है और इस प्रकार मेरे साम्यवादी विचारों से जोड़ खाता है।"

पाठक इस कथन को 'रूपाभ' के वक्तव्य से मिलाकर उसकी असन्दिग्ध सचाई को और भी प्रमाणित कर सकते हैं। 'रूपाभ' में उन्होंने स्वप्न-लोक छोड़कर यथार्थ

की कठोर धरती पर अवतरित होने की बात कही थी। 'रूपाभ' नाम में उन्होंने 'रूप' शब्द द्वारा इसी तथ्य की ओर संकेत किया था। इसी तरह उन्होंने 'नक्षत्र' छोड़कर वसुधा पर रहने की बात भी कही थी। 'मेरे साम्यवादी विचारों से'—ये शब्द पंत जी के ही हैं और उनका उल्लेख है बच्चन जी के लेख में।

स्वयं बच्चन जी ने 'वसुधा' नामकरण की घटना का उल्लेख करने के बाद उसी भूमिका में लिखा है : "पंत जी उच्च आकाश की आभा का परित्याग कर पृथ्वी पर उतर पड़े थे।" इस गंगावतरण का जितना विज्ञापन 'रूपाभ' के वक्तव्यों में, बच्चन जी की भूमिका में तथा इस कोटि के अन्य गद्य-पद्य में है, उतना प्रगतिवादियों के नेता-निर्वाचन में नहीं। स्वयं पंत जी ग्राम्या-काल में अपने विचारों को साम्यवादी कहते और मानते थे, यह बच्चन जी के वक्तव्य से प्रमाणित है।

बच्चन जी ने ठीक लिखा है कि पंत जी की रचनाओं में 'ऊपरी ऐसा बहुत-कुछ था' कि प्रगतिवादी उससे फायदा उठा सकते थे। दरअसल उनकी नजर थी मलाई पर, खुरचन हाथ लगी सिर्फ बच्चन जी के।

कहने का मतलब यह है कि छायावाद-काल में पंत जी लोकप्रिय थे ही : "जब हिन्दी कविता में नया आन्दोलन चला, तब भी उसका नेतृत्व लोग पंत को ही दे रहे थे।" निराला जी के हाथ लगा क्षोभ यद्यपि—पुन: बच्चन जी के स्मरणीय शब्दों में : "निराला के व्यक्तित्व का एक पक्ष तो उस समय से प्रगतिवादी था, जब प्रगतिवादियों का जन्म भी नहीं हुआ था।" अर्थात् जब 'ग्राम्या' और 'युगवाणी' के नये साम्यवादी कवि का भी जन्म न हुआ था।

बच्चन जी ने प्रमाणस्वरूप निराला जी की 'अधिवास' कविता की पंक्तियाँ उद्धृत की हैं। बच्चन जी के वक्तव्य से जो निष्कर्ष निकलता है, उसे स्वीकार करने में किसी को जरा भी हिचक न होनी चाहिए। निष्कर्ष यह है कि हिन्दी की प्रगतिशील परम्परा की जड़ें इस देश की धरती में बहुत गहरी चली गई हैं। निराला प्रगतिवाद और प्रगतिवादियों के लिए पिता के समान थे। प्रत्येक प्रगतिशील लेखक को इस बात पर गर्व होगा कि निराला उस समय प्रगतिवादी थे जब प्रगतिवादियों का जन्म भी न हुआ था।

यदि कोई कहे कि 'अधिवास' में निराला जी ने जिस करुणा को व्यक्त किया है, वह प्रगतिवाद की तरह संकुचित नहीं है, उसका व्यापक आधार है, तो मैं कहूँगा कि व्यापक मानव करुणा और क्रान्ति के आह्वान में परस्पर विरोध होना तो दूर, दोनों एक-दूसरे पर आश्रित हैं। व्यापक मानव करुणा के बिना क्रान्तिकारीपन उच्छृंखलता और आतंक का रूप ले लेता है और क्रान्ति से विमुख होनेवाली करुणा थोथी भावुकता का रूप ले लेती है। इसीलिए जिस निराला ने एक दुखी को देखकर उसे गले लगाने की बात कही थी, उसी ने 'बादल राग' में क्रान्ति का आह्वान भी किया था :

भय के मायामय आँगन में
बरसो विप्लव के नव जलधर।

यदि कोई कहे कि यह विप्लव वेदान्त का प्रतीक है, निराला ने मायारूपी संसार पर विजय पाने की बात लिखी है, तो विप्लवी बादल की ओर हाथ उठाने वाले दीन कृषक के चित्र की ओर संकेत कर देना काफी होगा :

जीर्ण बाहु, है शीर्ण शरीर,
तुझे बुलाता कृषक अधीर,
ऐ विप्लव के वीर!

निराला जी को एक ओर जहाँ स्वाधीनता और सामाजिक परिवर्तन के पक्ष में क्रान्तिकारी चेतना प्रेरित करती थी, वह दूसरी ओर जातीय भाषा और राष्ट्रभाषा के रूप में हिन्दी को प्रतिष्ठित करने की कामना भी उन्हें साहित्य-सेवा की प्रेरणा देती थी। बच्चन जी के लिए न निराला जी की क्रान्तिकारी भावना का विशेष महत्त्व है, न उनके मुक्त छंद का, न उनके हिन्दी प्रेम का। 'परिमल' की भूमिका की चर्चा करते हुए बच्चन जी ने लिखा है : "भूमिका में निराला ने दो बातों पर विशेष बल दिया था—हिन्दी को राष्ट्रभाषा बनाने के लिए साहित्यिक पौरुष की और भावी कविता के लिए मुक्त छंद अपनाने की आवश्यकता पर। कविता का जीवन से जो सम्बन्ध मेरी कल्पना में उस समय था और शायद आज भी है, उसमें ये दोनों प्रश्न गौण थे।"

बच्चन जी साहित्य और जीवन का जो सम्बन्ध समझते रहे हैं, वह उनकी कविताओं से स्पष्ट है। उनके काव्य का जितना सम्बन्ध मृत्यु से है, उतना जीवन से नहीं। इसलिए हिन्दी को राष्ट्रभाषा बनाने के लिए साहित्यिक पौरुष की बात उनकी समझ में न आए तो आश्चर्य ही क्या। निराला जी अपना और अपनी पीढ़ी के साहित्यकारों का सम्बन्ध सीधे भारतेन्दु हरिश्चन्द्र से जोड़ते थे।

1950 में भारतेन्दु जन्मशती के अवसर पर भाषण करते हुए निराला जी ने प्रयाग में कहा था : "मैं उनके दरबार का एक दरबान मात्र हूँ"। ('भारत', 18 सितम्बर, 1950)

देखिए, निराला की अहम्मन्यता! अपने आगे किसी को गिनते न थे। अपने को भारतेन्दु के दरबार का दरबान कह रहे थे!

अब सुशिक्षित अभिनव आलोचक बच्चन जी का मत देखिए। बच्चन जी का विचार है कि भारतेन्दु और उनके साथियों ने पुनर्जागरण के गीत जरूर गाए लेकिन संकीर्णता से निकल न पाए। "वे अपनी बात समस्त राष्ट्र से नहीं कह रहे हैं, उसके एक वर्ग से कह रहे हैं।" अर्थात् वे केवल हिन्दुओं को हिन्दू जागरण का सन्देश दे रहे थे। उसका कारण यह है। "क्या यह बताने की आवश्यकता है कि हिन्दी उस समय कौन पढ़ता था?" अर्थात् हिन्दी केवल हिन्दू पढ़ते थे, इसलिए भारतेन्दु ने केवल हिन्दुओं के हित में साहित्य रचा! और वह हिन्दू पुनर्जागरण कैसा है? "फिर भी उस संकीर्णता के कारण बहुत कुछ ऐसा लिखा गया है जो साँप के निकल जाने

पर बाँबी पीटने के समान है।" अर्थात्—प्राचीन गौरव का साँप निकल जाने पर भारतेन्दु बाँबी पीट रहे थे। (देखिए, 'नये-पुराने झरोखे', पृ. 118)

यहाँ उद्धरण देकर यह सिद्ध करना आवश्यक नहीं कि भारतेन्दु ने सचमुच राष्ट्रीय साहित्य का सृजन किया था। बच्चन जी उनके साहित्य को राष्ट्रीय नहीं मानते तो न मानें। इससे स्वयं उनकी राष्ट्रीयता सन्दिग्ध हो सकती है, भारतेन्दु की नहीं।

निराला ने हिन्दी भाषा और साहित्य को जो कुछ दिया, उसका मूल्य आँकने में बच्चन जी कितने समर्थ हैं, इसका सबसे बड़ा प्रमाण यह है कि उनके लिए भारतेन्दु और उस युग के अन्य महान लेखक हिन्दू संकीर्णतावाद के प्रचारक हैं।

उनकी सबसे बड़ी खोज यह है कि निराला जी ने 'कुकुरमुत्ता' कविता पंत जी के विरुद्ध लिखी है। इसका प्रमाण यह है कि निराला जी ने 'ज्योत्स्ना' की भूमिका में पंत जी को काव्योपवन में खिला हुआ गुलाब कहा था। 'कुकुरमुत्ता' में गुलाब को खानदानी हरामी कहकर गालियाँ दी गई हैं। इन गालियों का असर पंत जी पर भी पड़ा यद्यपि असर पड़ने में कुछ वर्ष जरूर लगे। 'कुकुरमुत्ता' का पहला हिस्सा 'हंस' में छपा था : मई, 1941 में। उसी में गुलाब को गालियाँ दी गई थीं। बच्चन जी के अनुसार पंत जी बीमार पड़े 1943 में। 'आह को चाहिए इक उम्र असर होने तक!' गालियों का असर डेढ़-दो साल में ही हो गया, काफी जल्दी हुआ। असर भी टायफाइड के रूप में!

निराला जी ने गुलाब का बहुत जगह वर्णन किया है। 'कुकुरमुत्ता' लिखने के बाद शायद उन्हें पंत जी पर तरस आ गया, इसलिए अनेक कविताओं और गद्य में भी गुलाब का वर्णन करने लगे। 'अणिमा' की एक बँगला कविता में 'तोमार चोखे-मुखे गोलाप फोटे' लिखकर उन्होंने एक महिला के मुख और नेत्रों में पंत जी को खिला दिया है। प्रसादजी के निधन पर निराला जी ने जो कविता लिखी थी, उसमें 'गुलाब कवि' पर बच्चन जी की नजर नहीं गई! यहाँ तो गुलाब के साथ कवि शब्द भी जुड़ा है। पंत जी की ओर संकेत होने में कोई सन्देह न होना चाहिए।

प्रसादजी की विजय-ध्वजा लेकर आगे बढ़ने वालों में निराला ने सबसे पहले पंत जी का नाम लिया है।

हे चतुरंग तुम्हारी विजय-ध्वजा धारण कर,
खड़े सुमित्रानन्दन, देयी, मोहन, दिनकर
माखनलाल, नवीन, भगवती, इत्यादि।

इस विजय-ध्वजा को लेकर आगे बढ़ने वाले से निराला जी को इतनी घृणा थी कि गुलाब के बहाने उन्होंने उसे अत्यन्त ग्राम्य तौर असभ्य हरामी आदि गालियाँ दीं। यह सोचना-समझना बच्चन जी के ही योग्य है।

पंत जी गुलाब थे और बच्चन जी की राय में "निराला का प्रतीक कुकुरमुत्ता था, निराला ही कुकुरमुत्ता थे।" इस कुकुरमुत्ते का कबाब बन जाता है और खा भी डाला जाता है! कितना सुन्दर प्रतिवाद है!

शौक से लेकर सवाद
खाती रहीं दोनों
कुकुरमुत्ते का कलिया-कबाब

कबाब बना कुकुरमुत्ते का, बीमार पड़ गया गुलाब!

निराला जी ने गुलाब को गालियाँ दीं और अपने को कुकुरमुत्ता मानकर, महान् घोषित दिया। मेरा विचार है, बच्चन जी ने 'कुकुरमुत्ता' का वही अंश पढ़ा है जहाँ गुलाब को गालियाँ दी गई हैं। निराला जी ने कहीं कुकुरमुत्ते को भी गाली दी है, इसकी भनक भी उनके कान में नहीं पड़ी।

सच समझ जैसे रकीब,
लेखकों में लंठ जैसे खुशनसीब।

बच्चन जी के विचार से यह सब निराला जी ने अपनी तारीफ में लिखा है। एक कवि का जिक्र और है :

कहीं का रोड़ा, कहीं का पत्थर
टी.एस. इलियट ने जैसे दे मारा,
पढ़ने वालों ने भी जिगर पर रखकर
हाथ, कहा, लिख दिया जहाँ सारा।

बच्चन जी के विचार से यहाँ निराला जी अपनी काव्य-करना की विशेषताएँ बता रहे हैं।

और भी नये-पुराने कवियों का उल्लेख है।

मुझी में गोते लगाये वाल्मीकि व्यास ने,
मुझी से पोथे निकाले भास-कालिदास ने,
टुकुर-टुकुर देखा किये मेरे ही किनारे खड़े,
हाफ़िज़ रवीन्द्र जैसे विश्व कवि बड़े-बड़े।

बच्चन जी के विचार से निराला जी कुकुरमुत्ता के बहाने आत्म-प्रशंसा करते हुए कह रहे हैं कि उनका जन्म वाल्मीकि, व्यास, कालिदास आदि सभी से पहले हुआ था और उन्होंने अपने काव्य की सामग्री निराला-साहित्य पढ़कर ही प्राप्त की थी। देखिए, कहता है न कुकुरमुत्ता : "मुझी से पोथे निकाले भास कालिदास ने!"

बच्चन जी प्रतिभाशाली पहले भी थे। जब से विलायत में रिसर्च करके सरकारी नौकर हुए हैं, तब से प्रतिभा के साथ उनका आत्मविश्वास भी बढ़ गया है। इसलिए पहले यदि कहते थे कि निराला जी व्यक्तिगत मानापमान की भावना से परे हैं, तो अब कहते हैं कि वह अहम्मन्यता के प्रतीक थे। अब उनकी मर्मभेदी दृष्टि गुलाब में पंत जी को और कुकुरमुत्ता में निराला जी को देखती है। उन्हें तुलसीदास, देव, पद्माकर आदि का सँवारा हुआ कबित्त छंद विदेशी जान पड़ता है और निराला के काव्य में सबसे महत्त्वपूर्ण तत्त्व वे मालूम होते हैं जिनका सम्बन्ध उनकी दृष्टि में बंगाल से है। भारतेन्दु जैसे सांस्कृतिक जागरण के अग्रदूत उन्हें संकीर्णतावाद-ग्रस्त जान पड़ते हैं। आश्चर्य नहीं, कुछ दिन में उन्हें शेक्सपियर, मिल्टन आदि भी महज ईसाइयों के लिए लिखने वाले सम्प्रदायवादी कवि दिखाई देने लगें!

जिन्हें गुलाब की गन्ध से घृणा है और जिनका रसबोध कुकुरमुत्ते के कबाब तक सीमित है, उनका वर्णन निराला जी ने इस प्रकार किया है :

चली गोली आगे जैसे डिक्टेटर,
बहार उसके पीछे जैसे भुक्खड़ फालोअर
उसके पीछे दुम हिलाता टेरियर—
आधुनिक पोएट!

निराला-साहित्य के विरोधियों का जुलूस कुछ-कुछ इसी तरह का है।